실크로드 여행

실크로드 여행

이지상 지음

북하우스

| 차례 |

실크로드 1 **둔황에서** ● 10
둔황에서의 회상 | 실크로드를 따라 서역으로 가다 | 짜증을 넘고 넘어 | 실크로드 | 몽환 같은 세상 | 대상들의 천국 하미 | 톈산남로를 따라 투루판으로 | 『서유기』의 무대가 되었던 화염산 | 밥 먹었소? | 자전거로 투루판을 돌다 | 교하고성 | 예술가 동무들과 함께 | 위구르족 결혼식

실크로드 2 **우루무치 가는 길** ● 72
톈산북로를 따라 우루무치로 | 나는 염소였다 | 우루무치 풍경 | 천지를 오르다 | 카자흐족 모녀와 유르트에서 1박을 | 이닝 가는 길 | 여자화장실에서 실수를

실크로드 3 **티클라마칸 사막을 건너며** ● 108
쿨자와 이닝 | 돌라 체인지, 마뜨레이아 | 민족의 교차로 이닝 | 러시아 사람들과 함께 | 톈산을 넘어 타클라마칸 사막으로 | 타클라마칸 사막을 따라 카슈가르로

실크로드 4 **파미르 고원의 눈을 헤치며** ● 150
오아시스 카슈가르 | 배낭족들의 휴식처 서만호텔 | 카슈가르의 일요시장 | 아바 호자의 묘 | 하고 싶은 일을 하면서 사는 사람 | 웃기는 꼴뚜기 | 치니바허빈관의 일본인 친구들 | 현대판 실크로드 대상들 | 누가 도둑일까? | 쏠뚜기들의 성폭행 사건 | 타슈쿠르간 | 카라코람 고개를 타다 | 중국이여 안녕

실크로드 5 **파키스탄 입성** ● 212
비자 유감 | 알렉산더 대왕의 후손? | 장수마을 훈자 | 훈자에서 길기트까지 히치하이킹 | 길기트에서 라왈핀디로 | 힘든 비자연장 | 보름날에는 모두 미친다?

실크로드 6 **길이 만나는 곳, 페샤와르** ● 248
스릴 넘치는 페샤와르 | 무법천지 다라에서 피스톨을 쏘다 | 파키스탄 정치의 현장 | 아프가니스탄 난민촌 | 여자들의 수난 | 지역감정 | 역사의 현장 카이버 패스 | 민족의 기질? | 아프간 난민의 부슈캐쉬 | 고미야의 입원

실크로드 7 **택실라에서** ● 296
간다라 미술 | 택실라에 예수의 제자 토마가 왔었을까? | 역사의 보고 택실라 | 조로아스터교 신전 | 파괴된 불상들 | 스와트 계곡으로 | 간다라 미술의 보고 스와트 박물관 | 부카라 | 우데그람 | 스와트의 현재

실크로드 8 **라호르에서 만난 싯다르타** ● 348
공포의 라호르 | 인류의 보물 석가고행상 | 모헨조다로의 게릴라들 | 파키스탄이여 안녕

실크로드 9 **다시 찾은 실크로드** ● 360
사막의 눈 | 폐허의 미로 가득 찬 투루판 | 우루무치는 공사 중 | 타클라마칸 사막의 아름다움 | 카슈가르, 잃어버린 시간을 찾아

여행정보편 ● 390 | 참고도서 ● 411 | 주 ● 414 | 찾아보기 ● 418

| 머리말 |

내 젊은 시절의 꿈이 서린 실크로드

하늘에 나는 새 없고 땅에 뛰는 짐승 없다. 멀리 보아도 눈 닿는 데 없고 갈 곳을 알지 못한다. 다만 죽은 자의 해골이 표적이 될 뿐.

약 1천6백 년 전, 중국 승려 법현은 사막횡단의 어려움을 이렇게 토로했었다. 그러나 지금 그 길은 평범한 여행자들도 기차나 버스를 타고 갈 수 있는 길이 되었다.

그럼에도 불구하고 그 길은 나에게 여전히 평범한 길이 아니었다. 비단이 오갔던 길이라 '실크로드'라 부르고 있지만, 그 길에서 나의 눈길을 끈 것은 비단이 아니라 과거의 흔적들이었다. 법현, 현장, 혜초 등의 구도자들, 여행가 마르코폴로, 고구려계 당나라 장군으로 파미르 고원을 넘었던 고선지 장군…… 그들이 지나쳤을 폐허 앞에서 나는 수천년 전으로 시간여행을 떠났었다.

그곳에는 푹 파묻혀 사라져버리고 싶을 만큼 아름다운 사막은 물론, 죽음의 냄새가 어리는 황량한 사막도 있었으며, 일본열도를 다 삼킬 수 있을 만큼의 거대한 텐산 산맥이 있었다. 초원의 길을 따라가면 카자흐스탄이 나오고, 타클라마칸 사막을 횡단해 세계의 지붕 파미르 고원을 넘으면, 인도나 유럽으로 갈 수도 있다. 또한, 그 험한 길에서 만났던 사람들의 애환과 여행자들의 우정은 얼마나 나의 가슴을 설레게 했던가.

그 길을 처음 떠났던 때는 1991년 10월, 중국에서부터 시작해 파키스탄, 터키를 거쳐 유럽, 이스라엘, 이집트까지 갔었다. 그리고 두번째 중국 실크로드를 갔던 때는 그로부터 11년이 지난 2002년 4월이었다.

여행기를 내면서 현재의 얘기를 다시 쓸 것인가, 예전에 중국, 파키스탄을 편을 다룬 첫 여행기 『길 없는 길, 실크로드』(평화출판사, 현재 절판)를 그대로 살릴 것인가를 두고 고민했었다.

결론은 옛것을 살리자는 것이었다. 비록 현실은 변했지만, 그 길에 남아 있는 과거의 흔적들은 변하지 않았고, 실크로드 여행의 매력은 현실이 아니라 거친 자연과 회상의 세계로 인도하는 역사의 흔적들이며, 첫 글에 그것을 만나는 가슴 설렘이 생생하게 담겨져 있었기 때문이다. 다만, 현재의 변한 실정은 본문에서 따로 언급했고, 직접 떠나는 분들을 위해서 2002년도 여행정보를 뒤에 실었다.

이 글은 거창한 탐험기도 아니고 학술적인 답사기도 아니다. 다만, 배낭을 멘 평범한 삼십대 초반의 여행자가 길을 가며 보고 느끼고 배웠던 것들을 있는 그대로 기록한 글이다.

많이 미숙해서 아쉬운 글이지만 그만큼 풋풋한 젊음이 담겨져 있어 나에게는 애정이 가는 글이기도 하다.

이 글이 나오기까지는 많은 분들의 도움이 있었다. 특히, 최신 파키스탄 정보를 제공해준 여행전문가 김선겸과 낡은 책을 새롭게 만들어준 북하우스에 진심으로 감사드린다.

실크로드 1
둔황에서
사막에는 악령의 소리가 들린다. 그 소리에 홀려, 길을 잃고 죽어간다. —마르코폴로

둔황에서의 회상

나는 다시 둔황에 왔다.

11년 전에는 한기가 뼛속까지 스며드는 10월 말이었으나 지금은 서늘한 4월 말이다.

둔황은 많이 변해 있었다.

막고굴은 여전했지만 거대한 모래 언덕이 있는 명사산에는 관광객을 위한 모래썰매와 낙타까지 등장했다.

어디 둔황뿐이랴.

천지개벽. 이 단어 하나에 중국의 모든 변화가 담겨져 있다.

둔황까지 오는 동안 보았던 중국은 엄청나게 변해 있었다. 각 도시마다 고층건물들이 치솟았고 사람들은 한푼이라도 더 벌려고 혈안이 되어 있었다.

그러나 변하지 않은 것들도 있었다. 시안의 거대한 진시황릉, 병마용갱, 화청지 등 수천년 전의 흔적은 그대로였고 둔황의 막고굴 또한 그대로였다.

이런 고대 유적들 앞에서 11년의 세월이란 찰나와도 같은 시간이었다.

해맑게 웃으며 아버지를 돕고 있는 소년. 소년이 만들고 있는 것은 시시케밥이다.

둔황의 조그만 음식점에 앉아 따반지라는 매콤짭짤한 둔황찜닭에 고량주를 들이킨다.

문득, 예전에 시시케밥(양고기 꼬치구이)에 고량주를 같이 들이키던 일본인 학생 이사카가 생각난다.

그도 이제는 삼십대 중반이 되어 있을 것이다……. 잘 살아가고 있겠지.

이 길을 가며 만났던 수많은 사람들의 얼굴이 주마등처럼 스쳐 지나가고 있다.

오랜만에 찾아간 이곳에는 외국인들을 위한 조그만 음식점, 카페들이 많이 생겼고, 여행자들을 위해 만든 노트들도 보였다.

페이지를 넘기다 보니 한글도 꽤 보인다. 그만큼 한국인들이 많이 온다는 얘기다. 반갑고 재미있다. 각자의 경험을 적은 글과 정보들은 여행자들에게 큰 도움이 된다. 예전에 이 길을 가면서 그토록 한국사람들의 체취가 그리웠었는데 격세지감이다.

그중의 한 글이 눈에 띈다. 예순 살이 넘은 노인이 실크로드와 티베트를 배낭을 메고 여행하고 있단다. 패키지 여행도 꽤 많이 해보았지만 역시 몸으로 부딪치며 헤쳐가는 배낭여행이 최고라며 모두의 건투를 빈다는 내용이었다.

감동스럽다. 나이 예순에……. 보통 체력과 의지가 아니다.

아, 늙어가는 이 노인이 배낭을 메고 험한 길을 가는 이유는 과연 무엇일까?

바로, '살아 있음의 환희'를 느끼기 때문이리라.

물고기처럼 싱싱하게 거친 물살을 헤쳐나갈 때, 온몸에는 짜릿한 환희가 넘쳐흐른다.

그렇다. 나 역시 이것 때문에 계속 여행하지 않았는가? 겪어본 사람만 아는 우리끼리의 비밀스런 체험이요 이심전심일 것이다.

자, 이제 서역을 다시 간다.

서서히 가슴이 두근거려 오고 있다. 앞길에 대한 기대감 못지 않게 과거에 대한 회상 때문이다.

서역으로 가는 길에 다시 선 지금, 몸은 미래로 가려 하지만 마음은 과거를 향해 달리고 있다. 나는 이제부터 기억을 좇아 옛이야기를 시작하련다.

외롭고 막막했으나 가슴 벅찬 '삶의 환희'를 느낄 수 있었던 그 풋풋한 시절의 얘기를…….

실크로드를 따라 서역으로 가다

내일 둔황을 떠난다.

그 동안 스쳐 지나왔던 홍콩, 광저우, 베이징, 시안, 조우취엔, 자위관, 둔황……. 숨가쁜 일정이었다. 그 중국 땅은 어딜 가나 인파가 들끓었다. 그러나 서역은 황량한 벌판이 펼쳐지는 다른 세상일 것이다.

10월 말 둔황의 날씨는 춥다. 이곳에서 머무는 며칠 동안 한기가 뼛속까지 스며들곤 했다. 앞으로 서역을 횡단하는 동안 수은주는 뚝뚝 떨어질 것이다.

오라, 추위여.

전쟁터에 출전하는 병사처럼 나는 배낭을 점검했다. 그리고 밤에 둔황에서 만난 일본 학생 이사카와 근처 식당으로 갔다.

"너는 어디로 가니?"

"저는 꺼얼무를 거쳐 티베트로 갑니다."

이사카는 결연한 목소리로 말했다.

"고산병 조심해."

"리상도요. 실크로드를 따라 파미르를 넘으려면 5천미터나 되는 고지도 통과해야 될 겁니다."

"인명은 재천이라, 모든 게 하늘에 달려 있다."

고량주를 들이마시자 식도가 타들어가고 있었다. 짜릿한 그 열기가 감미롭기 그지없었다.

"이사카. 너 여행은 왜 하니?"

"글쎄요……. 모르겠어요. 그냥 좋아요."

대학 1학년생이라는 그 어린 일본 학생이 그것을 표현하기란 무리일 것이다.

나도 잘 모르지 않는가.

그렇다. 저 미지의 세계를 향해 가는 것이, 그저 좋을 뿐이다.

이제 서역으로 간다.

나는 시시케밥을 꾹꾹 씹으며 전의를 다졌다.

둔황의 밤이 깊어지는 그때, 어디선가 주현미의 〈비 내리는 영동교〉 노랫가락이 들려오고 있었다. 이미 둔황에서 여러 번 들은 가락이었다.

짜증을 넘고 넘어

계획이 틀어졌다.

전날 산 예매표를 들고, 아침 일찍 둔황 버스터미널로 갔더니 뚱뚱한 매표소 아줌마 왈, 버스가 안 온다는 것이다.

"그러면, 버스가 언제 옵니까?"

"알 수 없어."

"알 수 없다니요. 분명히 나는 어제 표를 샀는데요."

"사람이 없어서 안 떠나."

"그러면, 내일은?"

"몰라."

"글피는?"

"몰라."

속 뒤집히네……. 그러면 예매표는 왜 팔아?

할 수 없이 버스로 유위엔까지 가서, 거기서 다시 기차를 타고 하미에 가기로 했는데, 유위엔 행 버스 타는 데도 문제가 있었다. 버스표에 좌석번호가 적혀 있었지만 모두 틀리게 앉은 것이다. 여 차장이 앙칼진 목소리로 제자리에 가 앉으라고 소리쳤지만, 모두 눈만 껌뻑껌

빽······. 피난민처럼 두툼한 솜옷에 짐보따리를 내려놓은 사람들은 꿈쩍 않고 있었다.

아, 이 뚝심들. 그래, 도도히 흐르는 장강(長江)이 항상 물길 따라 흐른다더냐. 사람이 법을 만들고 사람이 또한 법을 폐한다. 중국 인민이 몰려가면 그냥 길이 되는 것이다.

결국 차장이 졌다. 30분 정도 늦었지만 버스는 그대로 떠났다. 이런 민족을 그 까다롭고 질서 좋아하는 일본사람이 지배하려고 겁없이 덤벼들었으니, 될 법이나 한 일인가.

세상은 원래 잘난 체하며 펄펄 뛰는 자가 먼저 미치게 되어 있다. 어이구 모르겠다. 그냥 세월 가는 대로 가는 거다라고 마음먹어야 편하다. 그들에게 질서가 없다면 나도 질서를 잊고, 그들이 조금 더럽다면 나도 같이 더러우면 된다. 서로의 흠을 공유할 때, 거기서 관용이 나오지 않던가. 중국은 이렇게 짜증을 넘고 넘으면서 좋아지는 것이다.

그런데 그 생각은 버스 안에서만 유효했으니······. 두 시간 반만에 유위엔에 도착한 후, 하미 가는 기차표를 사는 데서 역무원이 또 내 속을 뒤집어놓은 것이다.

현재 시간은 1시 50분, 기차 출발 시간은 2시 6분인데, 역무원은 엄청나게 큰 주산알을 튕기고 또 튕기며 태평스럽게 표값 계산을 했다. 확인하고 또 해보고······. 그 사이 내 머릿속에서는 우르르 쾅쾅 번개와 천둥이 치고 있었다.

계산이 끝난 후, 그녀는 표를 가위로 오리다 말고 다시 풀로 붙인 후, 다른 데다 손으로 정성들여 무엇인가를 쓴 후, 그것을 가위로 오려

주었다.

이 사람이 정말……. 초등학교 공작 시간도 아닌데……. 남은 시간은 7분 정도.

사실, 솔직히 얘기해 내가 진짜 화난 이유는 배가 고파서였다. 한 10분만 남아도 기차 역 근처의 식당에서 자장면이라도 먹을 생각이었다. 그런데, 7분이라니. 하지만, 나는 식당을 향해 뛰기로 했다. 먹지 않아도 좋았다. 입에 대고라도 싶었다. 뒤틀어지는 계획을 원상복구하고 싶은 묘한 나의 오기였다.

"자장미엔! 자장미엔! 콰이! 콰이!(자장면, 자장면, 빨리, 빨리.)"

난데없이 뛰어들어 소란을 피는 나를 보고 놀란 주인이 허겁지겁 자장면을 내왔고 두어 젓가락을 입에 넣고 씹는데 이내 기차 올 시간이 다 되어버렸다. 할 수 없이 포기하고 역으로 뛰었는데 기차가 이미 들어오고 있었다.

그런데, 표검사가 너무 많았다. 국방색 제복을 입은 역무원이 대합실 입구에서 표검사를 하고, 다시 개찰구 앞에서 검사를 하고, 그 다음 열차 타는 데서 또 표검사를 했다. 입 속에 남은 자장미엔을 씹는 입이 부르르 떨려오고 있었다.

다행히 기차는 역에서 한동안 정차를 했기에 나는 무사히 기차를 탈 수 있었다.

실크로드

기차는 실크로드를 따라 서역으로 달리기 시작했다.

지도를 보면 히말라야 산맥 위에 티베트 고원이 있고 그 고원 위에 쿤룬 산맥이 있다. 쿤룬 산맥과 더 북쪽의 톈산 산맥 사이에 계란형의 분지가 있는데 이곳이 바로 타림 분지이며 곧 타클라마칸 사막이다.

서역은 좁게는 타클라마칸 사막을 중심으로 하는 타림 분지를 말했으나, 넓게 보면 중앙아시아와 서아시아 전역을 일컬었고, 종교적으로는 천축국인 인도를 포함하는 지역이었다.

이 사막 남서쪽으로 세계의 지붕 파미르 고원이 있고 그곳에서 뻗어 나온 힌두쿠시 산맥과 카라코람 산맥이 아프가니스탄과 파키스탄으로 가는 길을 막고 있다.

예전에 불법을 구하러 인도로 가던 승려들은 타클라마칸 사막을 횡단하고 파미르 고원을 넘어 인도로 갔었다. 그야말로 목숨을 건 길이었다.

그들은 장안(지금의 시안)을 나와 허시후이랑을 거쳐 일단 둔황으로 왔다. 둔황에서 양관, 위먼관[1], 누란까지 온 후 타클라마칸 사막의 남쪽 길인 미란, 니야, 허톈을 거쳐 카슈가르에 도착하는 서역남도의 길을 택하다 이 오아시스 도시들이 멸망하자 누란에서 카라샤르, 쿠처, 아꺼수를 통하는 서역북도의 길을 주로 택했다. 이 서역북도(톈산남로)는 사막의 길이라 불리웠는데 후일 다시 코스가 변동된다.

둔황에서 누란까지 가는 것이 아니라 일단 하미까지 가서 투루판으로 꺾어져 카라샤르, 쿠처를 따라 내려오는 길이 생겼다. 당나라 때의 승려 현장은 바로 이 길을 택했었다.

어느 길을 택하든 모두 카슈가르에서 만나게 되어 이곳에서 파미르 고원을 넘을 준비를 했다.

파미르 고원을 넘는 길도 여러 갈래가 있었다. 그 당시에는 대개 아프가니스탄 지역으로 넘어간 후, 파키스탄을 거쳐 인도로 넘어갔었다. 혜초[2] 스님은 중국 광저우에서 배를 타고 캘커타에 도착해 인도순례를 마친 후 파미르 고원을 넘어 중국의 카슈가르로 왔었다.

톈산북로는 끝없는 초원의 길이 펼쳐지는 순탄한 길로 그대로 유럽으로 이어지게 되는데 서방의 대상들은 이 초원길을 많이 택했었다.

톈산남로든 톈산북로든 대상들의 주요 물품은 실크(비단)였다. 그래서 근세독일의 지리학자 리히트호펜[3]이 이 길들을 실크로드(비단길)라 이름 지은 후, 누구나 실크로드라 부르게 되었다.

실크로드를 통해 중국의 비단만 서방으로 간 것은 아니었다. 수많은 악기, 야채, 과일 들이 서쪽에서 중국으로 왔다. 수박, 포도, 오이, 참깨, 마늘, 호두, 석류, 완두콩, 당근 등은 모두 서쪽에서 중국으로 건너온 것들이었다.

이제 나는 둔황에서 출발하여 하미, 투루판을 거쳐 톈산을 넘을 것이다. 톈산북로의 요충지 우루무치를 거쳐 카자흐스탄과의 국경지역인 이닝까지 간 후, 그곳에서 톈산남로, 즉 타클라마칸 사막을 따라 남하해 카슈가르로 가는 것이다. 그리고 카라코람 고개를 타고 파미르 고원을 넘어 파키스탄으로 가고…… 계속 해를 따라 서쪽으로 간다. 그리고 유라시아 대륙이 끝나고 바다가 시작된다는 포르투갈의 로카곶[4]에 설 것이다.

몽환 같은 세상

차창 밖으로 아스라이 몽환 같은 풍경이 펼쳐지고 있었다. 물기라고는 한점 없는 삭막하고 황량한 벌판, 고비 사막이다. 지평선은 아득히 세상으로부터 물러나 있고, 가끔 사람을 놀래키려는 듯 작은 동산만한 바위들이 불쑥불쑥 나타났을 뿐, 인적이 없다. 쓸쓸하고 황량한 세상에 기차 그림자만 조용히 미끄러지고 있다.

바퀴소리조차 흔적을 남기지 못하는 그 적막함, 손오공과 저팔계가 먼지를 일으키며 달려올 것만 같은 그 몽환 같은 세상…….

약 1천3백 년 전 당승 현장은, 물도 없이 먹을 것도 없이 이 길을 가며 이렇게 외쳤다.

"길이 없다. 다만 사막을 헤매다 죽은 사람의 뼈를 보고 표적을 삼는다."

마르코폴로 또한 이 길을 이렇게 얘기했다.

"사막에는 악령의 소리가 들린다. 그 소리에 홀려, 길을 잃고 죽어간다."

또한 둔황을 나와 하미로 가지 않고 위먼관, 양관을 통해 서역남도로 갔던 중국의 승려 법현[5]은 『불국기』에서 사막 횡단의 어려움을 이렇게 토로했었다.

"하늘에 나는 새 없고 땅에 뛰는 짐승 없다. 멀리 보아도 눈 닿는 데 없고 갈 곳을 알지 못한다. 다만 죽은 자의 해골이 표적이 될 뿐이다."

지금, 그 사막에 길은 분명히 있고, 죽은 사람의 해골도 보이지 않으며, 사막의 악령소리도 들리지 않는다.

죽음의 길이었다는 그 길은 지금 안락하기 그지없다. 비록 3등 완행열차, 90도 각도로 고정된 딱딱한 나무의자에 나는 앉아 있지만, 내 몸은 거침없이 황량한 세상을 돌파하고 있다.

그 거침없는 돌파, 빛처럼 빠른 속도, 안락함이 오히려 나는 원망스럽다. 빠른 만큼, 편안한 만큼 인간은 왜소해질 수밖에 없다. 호흡이 너무 빨라서다. 호흡이 빠르면 사람이 잘아지게 되어 있다.

낙타를 빌려 타고 가면 어땠을까?

아서라, 연극 같은 세상에, 또 무슨 연극 같은 이벤트를 만들 것인고. 시대를 돌리지 못한다면 세월을 타고 그냥 가는 것이다.

기차가 시간의 파도를 타고 한동안 출렁거리자 어느 샌가 저녁이 되었다. 어둠은 점령군처럼 벌판으로 진주했고 태양은 투항하듯 지평선 너머로 가라앉았다.

모두들 하염없이 차창 밖을 내다보고 있다.

꺼칠하고 초췌한 모습들.

태양이 사라지자 이제 어둠 속에서 현실이 코앞에 버티고 서 있다. 세상에서는 빛이 사라지면 꿈을 꾼다지만, 이 사막에서는 빛이 사라지자 현실이 온 것이다.

점점으로 보이는 것은 둔황의 명사산을 오르고 있는 사람이다. 사막을 오르는 것은 나를 오르는 일만큼이나 어려운 일이고 경이로운 일이었다.

현실이란 무엇인가.
그것은 속절없는 시간의 흐름이 아니던가.
기차는 현실에 쫓기기라도 하듯 악을 쓰고 있고, 기차 안에서는 군중들이 궁색하게 꿈틀거리고 있다.
앞자리에 앉은 초로의 노인이 담배를 꺼내 문다. 손등이 거칠다. 생명이 닳아간 흔적일 것이다. 컴컴한 창 밖을 내다보는 노인의 눈빛이 쓸쓸하기 그지없다.
아, 초조하구나.
그 옛날 구법승, 대상들도 우리들보다는 초조하지는 않았으리라. 그들의 길은 꿈과 상상으로 채워진 길이요, 지금 이 저녁나절에 놓여진 우리 앞에 보이는 길은 현실의 길이기 때문일 것이다.

현실이란 또한 무엇인가.

그것은 꿈과 상상과 믿음이 메말라, 시간을 벗어나지 못하는 중생의 마음 아니던가.

지평선을 넘어서면 알 수 없는 세계가 펼쳐지고, 온갖 마법을 펼치는 괴물이 나오며, 설산을 넘어서면 극락이 나올 것이라는 믿음이 충만했던 시대…… 우리는 그 낙원을 잃었다.

현실이 세상을 지배하는 이 시대는 저주받은 시대다. 눈에 보이는 살과 피로 존재를 확인하는 우리 또한 저주받은 존재다. 내가 몽환을 즐기고자 하는 것은 이 저주를 피해보려는 몸짓이리라.

나는 주문을 외는 심정으로, 컴컴한 차창 밖을 통해 과거의 기억을 불러낸다.

학창시절 그토록 와보고 싶었던 실크로드였다.

내 이 길을 가보지 못하면 죽어도 눈을 감지 못할 것이라던 실크로드였다.

그 과거의 열망과 추억이 어우러져 작은 환희가 가슴속에서 솟고 있다. 그 환희가 마법처럼 세상을 조금씩 바꾼다. 그 몽환 속에서 나의 분신은 수천년 전으로, 저 멀리 알 수 없는 공간 속으로 퍼져 나간다.

그리고 새까만 어둠이 목을 조르듯 창을 새까맣게 물들였을 때쯤 나는 다시 현실로 돌아왔다.

하미에 도착한 것이다. 유위엔에서 떠난 지 여섯 시간이 지나고 있었다. 얼마 안 되는 사람들을 내려놓은 기차는 최종 목적지 코르라를 향해 비명을 지르며 달려갔고 나는 아무도 반기지 않는 컴컴한 역사를 향해 걸어 나왔다. 현실이 너무 차가웠다.

대상들의 천국 하미

예전의 실크로드 대상들에게 하미는 빠트릴 수 없는 곳이었다고 들 한다.

13세기에 이곳을 방문한 마르코폴로의 『동방견문록』을 잠시 보자.

"카무르의 여인은 쾌활하고 명랑하며 음탕하다. 카무르[6]에서는 낯선 나그네가 오면 집주인은 환대를 하고 며칠 동안 집을 비워준다. 그 사이 손님은 그 집의 아내와 어울리며 환락의 날을 보낸다. 이것은 그들에게 수치가 아니다."

말하자면 아내를 손님에게 서비스로 빌려주었던 것이다.

원나라 시대, 이것이 몽골왕의 귀에 들어갔다.

"해괴망측한 일이로고, 얼빠진 녀석들 같으니라고. 당장 금지시켜라."

우연의 일치일까? 그로부터 삼 년 동안 재앙이 계속 닥치자 주민들은 탄원을 한다.

"제발, 이 풍속을 지키게 해주십시오."
"그래, 너의 수치를 너희가 원한다면 좋도록 하라."
몽골왕은 어이없다는 듯이 허락하고 말았단다.
어찌해서 이런 풍속이 성했는지 이유는 모르겠지만 그 풍속으로 피해보는 사람은 없던 것으로 보인다. 텐산남로와 텐산북로의 먼길을 힘들게 온 여행자들이 이 풍속을 마다할 리 없었고 아내 또한 남편이 허락한다면 굳이 반대할 리 없었을 것이다. 그들은 쾌활하고 명랑하며 음탕하다고 하지 않았던가?
문제는 남편인데, 그 풍속을 안 따르면 재앙이 닥친다고 했으니 따라야 했을 것이다. 글쎄 속은 좀 탔겠지만. 아마도 그 당시 여행자들은 삭막하고 고단한 길을 가면서도 서로 이렇게 외쳐대며 강행군을 했을 것이다.
"하미, 우리들의 천국, 하미가 얼마 안 남았다."
그러나 지금 그런 풍속은 사라졌다.

역사를 나오니 바람이 찼다.
이곳은 황량한 사막보다 더 낯선 곳이었다.
역의 안내방송은 혀를 굴리는 위구르 말이고, 역 앞에 걸린 간판 글씨는 마치 지렁이가 빠르게 기어가는 듯하다.
캄캄한 밤, 사람들은 칙칙한 어둠 속에 나만 남겨두고 어디론가 모두 도망가버렸다. 일본학생 이사카에게서 들은 바로는 버스터미널 건너편의 초대소가 싸다고 하는데 어디에 버스터미널이 붙어 있는지 모르겠다. 정보책자에도 약도는 물론 별 정보가 없다.

가로등도 별로 없는 깜깜한 거리.

어디로 가야 하나.

배낭을 멘 어깨가 아프고 배도 고프다.

예전에는 좋은 곳이었겠지. 아무 집이나 문을 두드리면 남편은 사라지고 그 집 아내가 시중을 들었다는데……. 나도 한번 해봐?

이때 삼륜차에 덮개를 씌운 것 같은 차가 달려왔다. 무조건 탔다. 이미 탄 사람들이 숨을 씩씩거리며 어둠 속에서 고개를 숙이고 있다. 그들에게 말을 붙여, 여차저차 목적지인 버스터미널로 갈 수 있었고, 그 맞은편에 초대소 간판이 보였다.

동양인인 듯 서양인인 듯 싶은 외모에 무심한 듯 시선을 던진 여인은 위구르족이다.

들어가니 웬 술주정뱅이와 카운터의 여자가 말싸움을 벌이고 있었다. 여자는 나에게 술주정뱅이와 같이 자라고 했다. 물론 나는 싫다고 했다. 그렇게 버티니 다른 방이 나왔다.

방값은 쌌다. 1박에 한국 돈으로 1,400원 정도였으니 말이다. 배낭을 풀고 나와 근처 식당으로 갔다. 저녁으로 또 자장면을 먹었다. 며칠째 계속 자장면, 우육면으로 끼니를 때우다 보니, 속이 별로 안 좋다. 그래도 만만한 게 자장면이다.

저녁을 먹고 들어오다 거리를 어슬렁거리며 사람들 구경을 했다. 위구르족 아가씨 두 명이 지나가다 나를 빤히 쳐다보며 자기들끼리 킥킥거리고 웃어댔다. 예쁘다. 얼굴이 백옥같이 하얘서 어둠 속에서도 빛나고 있었다. 눈은 쌍꺼풀지고 코가 오뚝하니 서구적인데, 얼굴 윤곽은 동그라서 동양적이다. 한족과 위구르족의 혼혈 같았다. 나는 동양의 변방에서 본 이들에게서 서양을 본다. 반면, 서양인들은 이들에게서 동양을 느낄 것이다.

그날 밤, 내 방에는 침대가 세 개 있었다.

누가 오면 같이 자야 하는 다인방이다.

늘 다른 사람들과 다인방에서 같이 자는 게 익숙했지만 아까 술주정뱅이를 생각하니 겁이 났다.

문을 걸어 잠갔다.

누가 와서 문을 두드리더라도 죽은 척하리라.

중국에서는 이게 필요하다.

배 째라 정신!

종종 그들이 이 정신으로 나를 괴롭혔지만, 나 또한 필요할 때는 써먹는 정신이다.

    삶도 마찬가지겠지만, 가끔 여행도 뻔뻔스러운 게 좋을 때가 있다. 너무 예민하고 너무 예절바르면, 이 미친 세상에서 견뎌내질 못한다.

톈산남로를 따라 투루판으로

눈을 뜨니 베이징 시간 8시, 현지시간으로 하면 6시다.

아직 깜깜한 새벽이지만 버스표를 미리 사놓기 위해서는 나가야 한다.

그러나 2층 문은 닫혀 있다. 근무하는 사람도 보이지 않는다. 그렇다고 언제까지 기다릴 수는 없는 일, 2층 화장실로 들어가 창문을 열고 밑으로 뛰어내린 후, 철창문 밑을 낮은 포복으로 기어 나왔다.

건너편 버스터미널에는 이른 새벽부터 표를 사기 위한 사람들로 붐볐으나 투루판 행 매표소에는 사람이 얼마 없었다. 안에서 일하는 여자는 난로가 옆에 서서 자기들끼리 환담을 하고 있다.

"어, 표 좀 삽시다."

매표구 앞에 서 있던 한족 청년이 소리를 질렀다. 그러자 안의 한족 여직원은 앙칼지게 째려보며 소리를 질렀다. 그러자 손님은 찍 소리 못하고 입을 다물고 말았다.

도대체······.

나는 어금니를 지그시 깨물었다.

잠시 후, 앞의 한족 청년과 옆에 서 있던 위구르족 중년과 싸움이 붙었다. 이유는 모르겠지만 말싸움은 급기야 몸싸움으로 번지며 위구르족 사내가 중국 청년을 몸으로 밀쳤다. 그러자 다른 위구르족 노인이 합세해 한족 청년을 완전히 밀쳐내자 그는 아무 소리도 못하고 가버렸다.

짧은 순간이었지만 나는 여기서 어렴풋이 세력판도를 읽을 수 있었다. 여기는 위구르족 세상인 것이다. 권력은 한족이 잡고 있지만, 위구르족의 머릿수와 기세가 한족을 누르고 있었다.

위구르족 노인네가 여세를 몰아 다시 안을 향해 소리쳤다.

"어이, 표 좀 삽시다."

그제야 통통한 한족 여인은 귀찮다는 표정으로 창구 앞으로 와 표를 끊어주었다.

때는 이때라고 생각했다.

이때를 놓치면 또 얼마를 기다릴지 모르는 것이다. 여인이 노인에게 표를 건네주자마자 나는 50위안짜리 지폐를 창구 안으로 들이밀어 그녀의 코앞에 필사적으로 흔들어댔다.

"투루판, 투루판, 밍티엔(내일), 투루판!"

여인은 다행히 외면하지 않았다.

그런데, 표를 끊어주려다 갑자기 고개를 획 들더니 이상하다는 듯이 소리를 질렀다.

"밍티엔?"

눈치를 보니 이상했다.

오늘도 되나? 보통 중국에서 버스표든 기차표든 하루 전에 예약해야 하는 것으로 알았는데.

"진티엔 커이마(오늘도 가능해요)?"

"커이(가능해)."

"지디엔(몇시)?"

"조우디엔 반(아홉시 반)."

시계를 보니 9시다.

"오케이."

그렇게 표를 샀다.

그런데…… 9시 반에 떠나는 버스표를 9시가 되었는데도 팔지 않고 난로 옆에서 잡담이나 하고 있어?

어쨌든 표는 샀으니 다행이었다.

하미 참외맛을 보려던 계획은 틀어졌지만, 그것은 후일 투루판, 우루무치, 이닝, 카슈가르 등에서 수없이 맛을 볼 수 있을 것이다.

짐을 잽싸게 챙겨 나와 식당으로 가니, 웬 중년 사내가 김이 모락모락 나는 우육면을 먹고 있었다. 나도 그것을 먹긴 먹었는데 순탄치가 않았다. 여종업원이 먼지를 풀풀 내며 빗자루로 바닥을 쓰는데, 우리가 먹고 있는 탁자 밑까지 쓸어댄 것이다.

중년 사내와 나는 아무 말 없이 국수그릇을 들고 옆자리로 옮겼으나 먼지 때문에 숨이 막혔다. 우리는 좀더 먼 구석으로 가 궁색하게 앉아 국수를 먹었다.

이상한 일이다. 이젠 화도 나지 않으니.

버스표에는 좌석이 지정되어 있지만 막상 좌석에는 번호가 적혀 있지 않아 아무 데고 앉을 수 있었다. 나는 화염산을 보기 위해 오른쪽에 자리를 잡았다.

운전사는 위구르족, 차장은 한족이었고 승객은 섞여 앉아 있었다. 한족들은 위구르족을 회족이라 불러왔는데 이들은 대개 신장위구르 자치구 일대에 살고 있다.

난 여행하기 전 중국 내의 소수민족을 생각할 때는 모두 한족과 비슷하려니 생각했다. 바로 이름 때문이다. 회족(回族)이라고 한자로 표시하니 그런 느낌을 주는 것이다.

그러나 위구르족은 분명 외모, 옷차림, 언어, 종교 등이 한족과 모두 다르다.

남자든 여자든 짙은 눈썹이 눈 바로 위에서 치켜 올라갔고 미간이 좁은 편이다. 쌍꺼풀이 짙고 눈이 움푹 들어가 상대적으로 볼이 튀어 나온 듯이 보인다. 콧날은 오뚝하고 콧구멍은 좁은 편이다. 앞에 앉은 노인은 매부리코인데 눈알이 대부분 까맣지만 푸른색도 가끔 보인다.

연개소문의 아들 남생[7]의 어머니가 돌궐족[8]이었다는 말을 들은 적이 있는데, 이 돌궐족은 위구르족과 사촌지간 정도 되는 민족이니 어딘지 정이 가는 사람들이다.

이들은 전통옷을 많이 입고 있었다. 여인들은 살색, 검은색 등의 투박한 스타킹을 신고 알록달록한 무늬의 폭이 좀 넓은 스커트를 입는데, 길이는 대개 무릎 아래까지 내려온다. 또 모두 스카프를 머리에 쓰는데 색깔은 여러 종류이다.

청년들은 뉴욕 뒷골목의 갱들처럼 납작한 모자를 푹 뒤집어쓰고 있고 나이든 남자들은 대개 무슬림 신자(이슬람 신자)들이 쓰는 머리에 달라붙는 하얀 실 모자를 썼다.

이쪽저쪽에서 떠드는 말의 억양이 고저가 별로 없이 진행되다 끝이 올라간다.

위구르족은 7세기 당나라에 대항하던 서돌궐이 망하자 8, 9세기에 걸쳐 당과 밀접한 관계를 맺고 토번(티베트)[9]에 대항하며 동서교역에서 재미를 보았으나 9세기 위구르족의 나라가 망하자 타림 분지(타클라마칸 사막, 즉 서역지방) 쪽으로 이주하여 살게 된 후 내리막길을 걸었다. 현재 신장위구르 자치구의 총인구는 1천2백만 명인데 위구르족은 540만 명밖에 안 된다고 한다.

그러나 몇 년 전 카슈가르에서 위구르족 독립운동이 일어난 후로 바싹 긴장한 중국정부는 많은 한족들을 신장위구르 자치지구(우루무치, 투루판 등지)에 이주시키고 있다.

하미를 벗어나 서쪽으로 갈수록 북쪽으로 눈 덮인 톈산이 장엄한 위용을 드러내며 하늘의 절반을 가로막은 채 서쪽으로 뻗어가고 있었다.

아, 톈산!

말만 들어도 내 피를 끓게 하던 톈산 산맥.

고등학교 시절, 세계사 시간에 배웠던 톈산남로, 톈산북로……. 이제 그런 길을 직접 간다고 생각하니 가슴이 떨려왔다.

톈산은 세계의 지붕 파미르 고원 북쪽에서 솟아 올라와 동쪽으로 뻗어가다 몽골초원의 서쪽에서 사그라지는데 연속적으로 이어지다 중간에 끊어지기도 한다.

이 톈산은 동서 2,000킬로미터로 일본열도가 그 속에 폭 파묻힐 정도의 크기니, 문자 그대로 하늘의 산맥인 것이다.

흉노족, 돌궐족, 위구르족, 몽골족 등의 유목민족이 천마를 타고 달리며 이 서역지방을 주름잡았었고, 그들은 이 산맥을 신이 그 성스런 모습을 드러낸 것으로 신성시했다.

그도 그럴 것이 톈산의 눈 녹은 물은 황야를 적셔 오아시스도 만들고 초원을 만들어 주위의 생물들을 먹여 살리고 있었다. 톈산은 곧 생명의 산인 것이다.

아직은 톈산남로, 메마른 황야만 펼쳐져 있을 뿐이다. 톈산북로는 바로 저 톈산 너머 북쪽의 초원길을 말한다.

승객들은 모두 고개를 돌려 톈산을 바라볼 뿐 깊은 침묵이 흐르고 있다. 흰머리가 성성한 늙은 위구르족 여인의 기도하는 눈빛이 매우 아름다웠다.

포효하는 사자의 모습을 닮은 톈산산맥의 장엄한 모습에 압도될 수밖에 없었다.

『서유기』의 무대가 되었던 화염산

중간에 버스가 펑크가 났다.

이런 데서 펑크가 나다니. 모두 불안스런 눈길이다. 운전사는 끙끙거리며 곧 새 바퀴를 갈아 끼우기 시작했다. 보아하니 꽤 시간이 걸릴 것 같다.

주위에는 옥수수 밭과 토담집들이 보였는데, 사람들은 근처의 옥수수 밭으로 달려가더니 소변을 보기 시작했다.

조용한 마을이었다. 길옆으로 방풍림이 높게 솟아 있고 사이사이 누런 토담집 근처에서는 양들이 이리저리 흩어져 풀들을 한가로이 뜯고 있었다. 나도 모르게 마을 안으로 발길이 끌렸다. 아기를 업은 위구르족 여인이 길모퉁이에 앉아서 갑자기 침입한 이방인을 빤히 쳐다보고 있다.

마을 중간에는 시냇물이 흐르고 있다. 톈산의 눈 녹은 물이다. 이런 사막지대에서 시냇물은 바로 생명이다.

태양은 따가웠지만 10월 말의 바람은 선선하기만 했다. 이리저리 돌아다니다 보니 어느 샌가 30분이 지났다.

겁이 더럭 났다.

버스가 떠났으면 어쩌나.

헐레벌떡 아스팔트길로 뛰어나오니 버스가 이미 50여 미터 정도 앞에서 서서히 속력을 내리는 것이 아닌가?

"어이, 서라!"

버스를 놓치면 나는 이 사막에서 홀로 남겨지게 된다.

아이고. 입에서 단내가 나기 시작했다.

옥수수 밭이 가물거리고 버스가 눈앞에 아른거리기 시작했다.

틀렸구나. 단념을 하며 숨을 몰아쉬는데 버스가 서는 것 같았다. 한 100미터 정도 앞에서 버스는 분명 선 것이다.

살았구나. 아마 운전사가 백미러로 날 보았거나 옆 사람들이 내가 없어진 것을 알고 운전사에게 말한 것 같다.

헉헉거리며 버스에 타는 날 쳐다보며 뚱뚱한 위구르족 운전사는 껄껄대고 웃었다.

무정한 사람. 어쩌자고 날 버리고 간단 말이오.

하기야 내 잘못도 있으니 화낼 처지도 못 된다. 이렇게 탄 것만 해도 고맙게 여겨야지. 옆자리에 앉은 뚱보 위구르 아주머니는 고개를 끄덕이며 얼마나 놀랬냐는 듯 쳐다보았다.

다시 버스는 힘차게 달렸다. 톈산 산맥은 하루 종일 달려도 끝남이 없이 하늘을 가로막으며 서쪽으로 이어지고 있었다.

해가 서쪽으로 기울 때쯤 버스는 서서히 낮은 곳을 향해 내려간 후, 메마른 벌판을 한참 달리는데, 갑자기 오른쪽에 기괴한 바위산들이 나타났다.

화염산이다. 『서유기』[10]에서 삼장법사[11] 일행이 불길 때문에 고초

계곡을 따라 오르면 손오공이라도 만날 것 같은 화염산의 정경이다.

를 당하는 기괴한 무대, 바로 그 산.

약 100킬로미터에 이르는 산이니, 산맥이라 불리울 만하다. 그 산을 현지의 위구르인은 '쿠즈로다고(빨간 산)'라고 부르는데, 최고봉은 851미터라고 한다.

톈산의 억센 힘줄이 불끈불끈 솟아 이루어진 이 산은 불길이 치솟는 듯해 그 이름이 유래되었는데, 지금은 연 강우량이 16.6mm의 건조지대지만 태고 적에는 비가 많이 내려 그 빗물 흐른 흔적이 주름이 잡혀 마치 불길이 치솟는 것처럼 보인다고 한다.

화염산은 보이는 것만큼 늘 뜨거운 산은 아니다. 여름에는 지표온도가 80도가 넘는 살인적인 열기를 내뿜지만, 겨울에는 영하 20도까지도 내려가는 곳이며 『서유기』의 주인공이었던 삼장법사 즉 현장이 이곳을 지나 투루판으로 갈 때에는 엄동설한의 2월이었다고 한다.

그러니, 인간의 상상이란 얼마나 즐거운가.

한겨울의 그 산이 펄펄 끓는 화염산으로 변했다. 상상력에 의해 하나의 세계가 창조가 된 것이다. 그리고 그 창조된 세계는 우리의 가슴속에 살아남았다. 어쩌면 그 세계가 시간 속에서 변하는 현실보다 오래갈지도 모른다. 신화의 힘, 전설의 힘, 상상력의 힘……. 나는 그 힘에 이끌려 화염산에서 다른 세계를 보았다.

밥 먹었소?

투루판 버스터미널 바로 옆에 있는 투루판 반점은 찾기가 쉬웠다.

손님들이 몰려와 시끌벅적한 접수처에서 체크인하는데 옆에 있던 젊은 사내가 떠듬거리는 영어로 물었다.

"어디서 왔소?"

"남조선이요."

"아 그래요? 반갑소. 학생이오?"

"아니오. 직장 다니다 그만두고 여행 중이오."

"나는 소설가요. 난징(남경)에서 동료 예술가들과 여행 중이오."

그들도 서역지방은 매우 관심이 있어 이곳에 한 번 와보는 것이 꿈이라고 했다.

투루판빈관은 쌌고 빈방이 많았다. 서역으로 올수록 물가는 싸진다.

방에는 아무도 없었다. 침대 밑에 배낭을 쑤셔 넣고 밖으로 나왔다. 거리에는 이미 어둠이 짙게 깔렸고 가로등이 별로 없어 어둡기만 하다.

숙소 옆 공터에는 좌판이 벌어져 있었다.

노릇노릇하게 구워진 난과 찌개 한 그릇이면 배고픈 여행자에게는 천상의 밥상이다.

국수에, 시시케밥, 호떡의 두세 배 되는 크기의 빵인 난을 먹고, 빨간 속이 드러난 조각난 수박, 노란 하미참외 등을 먹고 나니 배가 터질 것 같았다.

썰렁한 날씨에 먹는 차고 단 수박과 참외는 기가 막혔다.

시시케밥이나 난은 예로부터 유목민족들이 즐겨먹었는데, 이것은 서역지방은 물론, 파키스탄, 터키, 이란, 이집트 등의 서남아시아와 중동 등지의 회교권에서 인기가 있는 음식이다.

주위를 둘러보니 사람들도 남자든 여자든 위구르족들이 대부분이어서, 본격적으로 서역에 왔다는 느낌이 들기 시작했다.

콧노래를 부르며 방으로 돌아오다 아까 만났던 중국예술가들을 만났다. 그들은 나를 반기며 자기들 방으로 데리고 갔다. 얘기 좀 하고 싶은 눈치였다.

"무슨 얘기든 해주시오."

젊은 소설가가 영어로 말했다.

"무슨 얘기든 물으세요. 그러면 답변을 하리다."

이렇게 시작된 대화를 소설가는 주변 사람들에게 통역하기 시작했다. 침대 쪽에 앉은 얼굴이 통통한 이는 오페라 배우고, 그 옆에 앉은 머리가 희끗희끗한 초로의 사내는 화가 그리고 호기심 어린 눈빛으로 바라보는 중년은 사진사라고 했다.

"남조선과 북조선의 통일에 대해서는 어떻게 생각합니까?"

아아. 주제가 너무 심각하다. 할말은 있지만, 남의 나라 사람들에게 이런 주제로 말을 하기가 싫다. 슬쩍 호기심에 물어보는 질문에 진심으로 답한다는 것은 왠지 손해보는 느낌이 들어서다.

"한 민족이니까 해야지요."

원론적으로 얘기하기로 했다.

"미군의 한국주둔에 대해서는 어떻게 생각해요."

그는 뻔한 대답을 원하고 있다. 조금 심술이 난다.

"돌아가야 하겠지요. 한국은 땅값이 비싸니까……."

"……?"

"땅값이 얼만데요?"

그들은 나의 동문서답 같은 대답에 말려들었다.

나는 그들에게 우리의 아파트값을 얘기해주었고, 그들은 엄청난 집값에 놀라서 입을 벌렸다.

그러나 소설가 동무는 끈질겼다. 재빨리 본론으로 돌아온 그는 꽤 정치적인 사람이었다.

그는 한국전이 북침이냐, 남침이냐에 관해 나에게 물었다. 한때 정치에 관심이 많았던 나였지만, 여행 중에는 가급적 정치적인 얘기, 종교적인 얘기는 피하려는 나였기에 슬슬 대화를 마무리 짓고 피신하듯 내 방으로 돌아왔다.

내 방에는 세 사내가 들어와 있었다.

들어가도 아무도 쳐다보지 않는다. 한 사내는 노트에 뭔가를 부지런히 쓰고 있고 두 사내는 트럼프 놀이를 하고 있었다.

썰렁한 분위기다. 침대에 앉아 일기나 쓰기로 했다. 그런데, 노트에 뭔가를 쓰던 사내가 옆에 와서 내 글쓰는 것을 뚫어져라 보기 시작했다.

이 사람이 왜 이러나.

불쾌해진다. 내가 그의 얼굴을 빤히 쳐다보건만 그는 아랑곳하지 않은 채 이제는 내 노트 위로 얼굴을 바싹대기 시작했다.

이 사람 정말 왜 이래. 웃기는 사람이군.

"당신 조선사람이오?"

으잉?

그 사람의 입에서 튀어나온 말은 억센 이북 억양의 우리말이었다.

"그렇소만 당신도 한국사람 아니 조선사람입니까?"

"아니오. 나는 중국사람인데 나의 처가 조선사람이오. 하얼빈 근처에서 살다가 얼마 전에 우루무치로 왔소. 지금은 사업차 투루판을 다니는 중이오. 이거 반갑소."

"조선말을 참 잘하십니다."

"허허. 내가 사는 곳에는 모두 조선사람이 그득 하니 조선말을 안 배울 수 있갔소? 그런데 여기는 웬 일이오?"

"여행 중입니다."

"혼자서?"

"네."

"대단하오. 그래 어디로 가는 중이오?"

"우루무치, 이닝으로 갔다가 다시 톈산남로로 해서 히말라야 산맥을 넘으려고 합니다."

"와. 재미있갔소. 이닝 꼭 가보시오. 좋소."

트럼프를 치던 중국사내들은 우리가 한국말로 떠드는 것을 신기한 듯이 쳐다보며 듣고 있다. 갑자기 방안 분위기가 훈훈해졌다.

"밥은 먹었소?"

"……. 예, 먹었습니다."

아, 그만 가슴이 뭉클해진다.

밥 먹었소? 이 평범한 말이 이다지도 감격적으로 들린단 말이냐. 내가 정에 굶주렸구나.

그래, 정치도 좋고, 종교도 좋지만 이 밥 먹었냐고 관심 가져주는 것만큼 사람을 감동시키는 게 또 어디 있단 말이냐.

돌이켜보니, 집 떠난 지 만 삼 주째이다.

여행을 할 때마다 늘 삼 주가 고비였다. 제일 외로움을 느낄 시기니까. 삼 주가 지나면 그 뒤부터 한두 달 시간 흐르는 것은 잠깐이었다.

자전거로 투루판을 돌다

투루판은 남북 60킬로미터, 동서 120킬로미터, 해발 -154미터의 낮은 분지다. 중국에서 가장 낮은 곳에 위치한 도시이며 세계에서 이스라엘의 사해에 이어 두 번째로 낮은 곳이라 한다. 이곳에 오니 위구르족이 많이 보여, 비로소 중국을 벗어나 낯선 서역땅에 온 기분이 들고 있었다.

이곳은 여름에 오면 섭씨 50도까지 올라가는 무더위 속에서 개도 사람도 모두 축 늘어져 꼼짝을 못한다는 곳이었지만, 10월 말의 날씨는 서늘하기만 했다.

투루판에는 볼 것이 많았다.

정보책자를 보니 유적지로는 소공탑, 교하고성, 고창고성, 화염산 등이 있고 위구르족 민속무용을 볼 수 있다고 했다. 그러나 관광객이 없어 위구르족 민속무용 공연은 열리지 않았다.

이곳을 어떻게 효과적으로 돌까?

봉고차나 택시를 타고 혼자서 편하게 돌아다닐 수도 있지만 혼자니까 비싸다.

결국, 자전거를 타고 돌기로 했다. 지도를 보니 투루판에서 화염산이나 고창고성까지 46킬로미터, 교하고성까지는 12킬로미터, 고창고성까지 왕복 92킬로미터, 다시 교하고성까지 왕복 24킬로미터, 총 116킬로미터다.

그런대로 하루에 볼 수 있을 것 같았다.

자전거를 타고 부지런히 페달을 밟아 소공탑[쑤공타]으로 향했다. 골목길로 들어서자 한가한 풍경이 펼쳐지고 있다. 위구르족 마을아낙네들이 문간에 모여 앉아 얘기하다가 자전거를 타고 나타난 나를 놀란 눈초리로 쳐다본다.

이곳에는 돌집이 많다. 그 사이로 나무들이 촘촘히 들어서 있어 그늘이 넉넉하다. 병아리처럼 골목길을 오가며 놀던 아이들 또한 한쪽에 몰려서서 호기심 어린 눈초리로 나를 쳐다보았다. 여인들은 인도에서 흔히 보았던 펀자브 스타일의 통 넓은 바지를 입고 있었다. 순간, 나는 이곳이 중국이란 사실을 까맣게 잊고 만다.

갈래 길이 나왔다. 어디로 가야 할지 몰라 길 가던 아낙에게 물었다.

"쑤공타, 쑤공타?"

아낙네는 슬며시 웃으며 손가락으로 방향을 가리켰다. 그녀가 가리킨 길을 따라 모퉁이를 돌자마자 소공탑이 보였다.

소공탑은 모스크(이슬람 사원)인데, 미나레트(이슬람 사원의 뾰족한 탑)가 하나뿐인 독특한 이슬람 사원으로 1770년 후반, 이 지방의 실력자가 지었다고 한다.

그런데 평소에 관심없던 나로서는 아무리 보아도 무엇이 독특한 것인지 알 수가 없다. 다만, 이슬람 문화권에 왔다는 것을 느낄 수 있는 정도였다. 붉은 색 벽돌로 여러 가지 기하학적 무늬를 만들어 높게 쌓아 올렸는데 안에는 위구르어와 한자어로 뭐라 쓰여 있었다.

아마도 '알라신은 유일신이며 위대한 창조주이며……' 라는 뜻인 것 같았다.

설핏 구경을 마친 후, 나는 알라신을 뒤로 한 채 큰길로 나와 교하고성을 향해 바람처럼 달렸다. 헉헉거리는 숨소리와 돌아가는 바퀴소리, 그리고 바람소리만 귀를 스쳐가고 있다.

얼마나 오고자 했던 곳이냐. NHK의 〈실크로드〉를 보며, 기타로의 〈실크로드 음악〉을 들으며 '언젠가 가보리' 라고 결심하고 또 결심했던

길이었다. 이제 그 길을 거침없이 나는 달리고 있는 것이다.

한 40분쯤 달렸을까?

길이 밑으로 곤두박질치기 시작했다. 급경사를 이루며 빠르게 교하고성으로 치닫는 길에서 자전거는 속력을 내기 시작했다. 겁이 더럭 났다. 조심해야 한다. 예전에 일본의 아스카에서 자전거를 타다 곤두박질친 경험이 생각났다. 여기서 나동그라지면 끝장이다.

한참을 조심스럽게 내려오자 다시 평지가 시작되는가 싶더니 이내 왼쪽에 정자가 보이고 교하고성이라 써붙인 팻말이 보였다.

교하고성

자전거 자물쇠를 채우고 언덕길을 오르기 시작했다. 이윽고 가파른 언덕에 올라섰는데, 아, 나는 그 자리에 그만 얼어붙은 듯 서고 말았으니, 내 예상을 뛰어넘는 장관이 펼쳐지고 있었다.

장엄한 폐허만 남고 사람들은 모두 사라진 다른 세상. 마치 『서유기』에 나오는 이상하고 기괴한 도시 같았다.

중앙에는 폭 십여 미터의 대로가 시원스럽게 뚫려져 있고 길옆엔 두 키는 족히 넘을 허물어진 토담들이 죽 늘어서 있다. 그 토담들 안쪽으로는 좁고 넓은 골목길들이 미로처럼 뚫려져 있어 마치 누군가 그곳에서 불쑥 튀어나올 것만 같다.

그런데, 아무도 없다. 다만 나의 발걸음소리만 터벅터벅 귓가에 울려 퍼지고 있었다.

두근거리는 가슴을 안고 살며시 골목길로 들어가 무너진 담벼락의 벽면을 살펴보니 선명한 줄무늬가 보였다. 바로 그것이 지층의 표시다.

준비해간 자료에 의하면, 스투파(탑)[12]는 벽돌로 쌓았지만 주택지는 모두 위에서 깎아 내려가서, 지층의 표시가 보인다고 했다.

어떻게 이 거대한 도시를 지표면부터 깎아 만들었단 말인가? 경이롭기만 하다.

기원전 1세기경 교하고성은 고창고성과 함께 투루판 지역의 중심이었다. 이곳에는 처음에 이란계 사람들이 살았고 그들은 이곳을 중심으로 전 투루판 지역에 흩어져 살았다. 전한(前漢) 시대에는 차사국(車師國)으로 불리워졌다.

『한서』[13]에 의하면 차사국은 가구수 7백, 인구 6천 50, 병사 1천 8백 65명의 조그만 왕국이었다. 그 왕국은 땅이 비옥했고 교통의 요충지였기에 항상 주변 강국의 틈바구니에서 시련을 겪었다.

한나라가 공격하면 힘없이 항복하고 그들이 물러가면 다시 근접해 있던 흉노국에 복종할 수밖에 없었다.

"감히 배신을 해, 아직 쓴맛을 덜 보았군."

이렇듯, 차사국은 동네북이었다. 결국 이것을 견디지 못한 차사국 왕은 못 살겠다며 자기 나라를 버리고 한나라로 망명을 하기도 한다.

차사국이 평화를 누리게 된 것은 한무제[14]가 흉노족을 이곳에서 완전히 몰아낸 후였다. 그 평화 속에서 그들이 건설한 주택가, 시장, 절, 관저, 감옥 등 모든 시설의 흔적은 이렇게 그대로 남겨져 있다.

사람은 없고 따가운 햇빛만 이 폐허 위를 감돌고 있다. 길을 따라 걸을수록 이상한 세계로 들어가는 느낌이다.

"야아아아"

소리를 질러보았지만 메아리조차 들리지 않는다.

대로를 얼마쯤 걸었을까, 길 끝에 절터가 있었다. 허물어진 계단을 올라 안으로 들어가니 유치원 운동장만한 터가 나왔다. 이 절터는 남북 80미터, 동서 40미터의 넓이며 약 5미터 정도의 담장에 의해 둘러싸여 있었다.

　입구 바로 오른쪽에 높게 쌓여진 돌무더기가 눈에 띄었다. 팻말에는 불탑이라 쓰여져 있다. 입구 맞은편에는 반쯤 허물어진 단이 있었다. 바로 대전터다. 그 앞에는 좌우로 고루(鼓樓, drum tower), 종루(鐘樓, bell tower) 자리가 보인다.

　담장을 따라 원내의 사방에 승원이 있다. 약 3미터 정사각형의 방으로 되어 있는데 이곳에서 승려들이 잠을 잤다고 한다. 일설에 의하면 서기 7세기경 이곳을 방문한 현장도 1박을 했다고 한다.

　어디에서 27세의 현장이 잤단 말인가?

　이리저리 살펴보지만 알 수가 없다.

　밖으로 나와 주위를 둘러보니 기괴하기 짝이 없다. 온통 허물어져

버린 토담집, 스투파의 잔해가 시간에 녹아버린 촛농처럼 늘어진 채 따가운 태양 아래서 신음하는 듯하다.

그러나 현장이 방문했을 때만 해도 이곳은 번성하던 곳이었다. 동쪽에서 떠오른 햇살이 우뚝 솟은 불탑을 감돌 때 예불을 알리는 북과 종소리를 들으며 마을 사람들은 이 사원으로 몰려들었을 것이다. 청량한 공기를 마시며 경건하게 새벽예불을 드린 후 관청으로 일터로 흩어지며 행복한 하루를 기약했을 것이다. 그러나 그 번영도 시간 앞에서는 속수무책이었다.

동쪽 끝으로 가보니 그곳에 절벽이 있었다. 건너편 대지가 수백 미터 저편에 있고 까마득한 절벽 밑으로는 꽤 넓은 강이 흐르고 있었다. 떨어지면 산산조각이 날 것만 같다. 교하고성은 동, 서, 남쪽이 모두 이런 절벽이라고 했다.

밑에서 불어오는 바람이 볼을 때린다. 한걸음 한걸음 절벽 끝까지 다가가본다. 그리고 옆의 바위에 주저앉아 숨을 가다듬으며 햇살을 쬔다.

교하고성은 글자 그대로 두 개의 하천 사이의 성이다. 두 개의 하천 위로는 깎아지를 듯한 30미터의 벼랑이 치솟아 있고 그 벼랑 위에 세워진 성이 교하고성이다. 벼랑은 남북의 길이 1,600미터, 동서의 폭이 330미터다.

밑의 시퍼런 강물 옆 풀밭에는 풀을 뜯고 있는 소들이 보였다. 갑자기 발 밑의 돌무더기가 무너져 내리며 저 밑바닥으로 곤두박질칠 것 같은 아찔한 생각이 들었다.

그 당시 이곳에 살던 사람들은 이란계 원주민들이었다고 한다. 아마도 그들은 주위의 돌궐족, 한족들에 흡수 동화되었을 것이다. 한무제 때 평화로웠던 이곳은 후한이 망하자 급격한 변동이 오며 차차 폐허가 되고 투루판의 중심은 고창고성으로 옮겨가게 된다.

약 2천 년 전, 까마득한 그 시절이 지금 내 눈앞에 펼쳐져 있다.

예술가 동무들과 함께

평소에 안 타다 자전거를 타려니 몹시 다리가 아팠다. 거기다 안장은 왜 그렇게 높던지.

결국 나는, 고창고성, 화염산, 베제크리크 천불동은 길거리에서 우연히 만난 같은 숙소의 예술가 동무들 봉고차를 이용하게 되었다. 운이 좋은 셈이다.

"우리는 좀 늦게 출발했소. 우선 고창고성, 베제크리크 동굴을 본 후 교하고성을 볼 예정이오."

봉고차는 얼마 안 달려 이내 고창고성 앞에 당도했다.

고창고성.

한때 번영했던 고창국의 터전이다. 불타오르는 듯한 기괴스런 화염산을 배경으로 고창고성의 폐허가 뜨거운 뙤약볕 아래 넓게 널려져 있었다.

교하고성보다는 규모가 컸으나 한바탕 비행기 폭격을 맞은 것처럼 모두 다 허물어져 있다.

"이렇게 폐허가 된 것은 이 성을 만들 때 쓰인 벽돌 때문입니다. 벽돌을 만들 때 견고하게 하기 위해 버들가지나 마른풀을 섞었는데,

이곳에 사람이 살지 않게 된 후 근처의 농민들이 이 벽돌을 깨다 비료로 써버렸어요. 결국 고창고성의 많은 유적들은 근처의 밭으로 사라져 버린 것이에요. 교하고성은 대지를 밑으로 깎아 파면서 만들었기 때문에 그래도 잘 보호되어 있다는군요."

소설가의 친절한 설명이었다.

후한이 멸망한 후, 4세기 초에 이 투루판 지역은 고창고성을 중심으로 흉노족, 티베트족, 돌궐족 들의 세력각축장이 되어버린다. 고창고성에는 한족들이 많이 살고 있었다. 한족들은 열심히 농사를 지었으나 주변의 유목민들은 늘 이들을 약탈했다.

이렇듯, 고창고성을 중심으로 한 고창국은 힘없는 허수아비였다. 이런 상황하에서 교하고성의 차사국과 마찬가지로 고창국의 왕도 한나라로 망명을 시도한다. 그러나 이곳에 뿌리를 내리고 살던 한족들이 분노했다.

"우리를 버리고 너만 살려고 도망가느냐?"

백성들은 왕을 죽여버리고 말았다.

새로운 왕은 현명했다. 한족이긴 하지만 국제정세에 따라 주변의 강대국들에게 현명하게 처신하며 목숨을 보존했다.

고창국은 한때 투루판을 중심으로 카라샤르까지 통치하는 왕국으로 성장하며 실크로드 톈산남로에서 중요한 국가가 되었다. 그러나 북방의 세력이 돌궐족에 의해 통일되고 중국도 수나라가 통일하자 다시 이 양대 세력에 시달리게 된다.

비록 한족 왕조라 마음은 수나라를 동경했지만 가까이 있는 돌궐족의 영향력이 컸다. 왕실 사람들도 한족과 돌궐족이 섞였고 제도, 풍습, 복장도 돌궐과 한족의 것이 섞였다.

그후 수가 멸망하고 당이 건국되자 당과의 사이는 그런대로 좋았다. 당승 현장이 고창국에 들렀을 때는 당태종 치하인 7세기였다.

그는 하미에 들렀다가 고창국 왕의 초청을 받고 잠시 고창국에 들린다. 설법을 마친 후, 떠나려는 현장을 고창국 왕은 보내지 않으려 한다. 고창국 왕은 현장에게 오랫동안 머물며 가르침을 펼 것을 청했으나, 현장은 단식투쟁을 하여 마침내 인도로의 여행을 계속 할 수 있었다.

현장은 이번에는 예정을 바꿔 톈산남로를 택한다.

고창고성에서 위구르족 전통의상을 입고 관광객에게 기념품을 팔고 있는 아이

　이곳에서 얼마 떨어지지 않은 교하고성을 잠깐 들른 후, 구자국[15]과 소륵국에 들려 파미르 고원을 넘게 된다.

　이렇게 한때 번성했던 고창국의 멸망은 교역로에 얽힌 이익 때문에 시작되었다. 둔황에서 서방으로 가기 위해서는 이오(하미)를 지나 고창을 거친 후 카라샤르를 통해 톈산남로를 따라 내려가야 한다. 이때 중간에 있는 이오의 세력이 약해질수록 고창국이 얻는 이익이 많아진다. 중간단계가 하나라도 적어져야만 자기들이 얻는 이익이 커지기 때문이다.

　"이오를 칩시다."

　고창국은 먼저 서돌궐과 연합하여 이오를 친다. 돌궐은 비록 동서로 나누어지고 동돌궐은 당에 항복하였지만 서돌궐은 당나라와 대결하고 있었다.

　노한 당이 고창국에 해명을 하도록 사절을 보내나 고창국의 반응은 냉담했다.

베제크리크 천불동 전경

한술 더 떠 이번에는 당나라와 직접 교역을 원해 고창국을 거치지 않는 옛 길을 부활시킬 것을 당나라에 건의했던 카라샤르(언기국)를 친다.

만약 이 길이 부활되면 고창국의 생명은 끝이었기에, 결국 언기국은 고창국에 의해 멸망되었다.

"감히 우리 대당제국에 거역해? 이를 좌시할 수 없다."

당 태종은 격노해서 대군을 몰아 7천리나 떨어진 고창국을 치기로 한다. 사막을 지나는 멀고 먼 길이었기에 고창국 왕은 설마 했다. 그런데 설마가 사람을 잡은 것이다. 대군이 가까이 왔다는 소식을 듣고는 고창국 왕은 그만 놀라 죽고 만다. 약소국의 비참한 운명이었다. 결국 고창국은 멸망하고 서돌궐은 당과 일전을 벌이기로 하다

서기 651년 전쟁이 일어나고 657년에는 당의 장군 소정방[16]이 부장 소사업을 파견하여 지금의 타슈켄트 지방에서 서돌궐을 멸망시켰다.

천불동 안의 훼손된 벽화

고창국, 서돌궐을 멸망시킨 당나라는 구자국, 소륵국 등을 정복하고 파미르 산중의 타슈쿠르간에까지 군대를 파견해 서역을 완전 장악한 후 쿠처에 안서도호부를 두어 서역을 경영한다.

당태종, 소정방.

그들의 이름은 여기서도 등장하는 것이다.

고구려의 안시성 싸움 때 패해 돌아갔던 당태종, 백제를 멸망시켰던 소정방은 멀리 이 서역에까지 이름을 남기고 있다.

이런 강력한 대제국을 상대해 싸웠던 고구려와 백제는 얼마나 견디기 어려웠을 것인가. 그리고 통일 후 당과 일전을 벌였던 신라다. 우리가 지금 비록 분단이 되어 있지만 어려운 지리적 위치 속에서 혈통과 나라를 보존하고 있다는 것 자체가 쉬운 일이 아닌 것이다.

"자, 이제 갑시다."

소설가가 어깨를 쳤다. 나름대로 이리저리 거닐며 옛날에 잠겨보려던 나였지만 그들과 행동을 함께 할 수밖에 없었다. 여럿이 여행하면 바로 이런 것이 불편하다.

황량한 화염산 사이로 계곡 물이 흐르고 있었고, 그 계곡을 이리저리 돌아 들어가니 호젓한 곳에 베제크리크 천불동이 있었다.

베제크리크 천불동은 그야말로 수난의 현장이었다. 벽화는 모두 다 뜯겨져 있었고 그나마 남아 있던 불상의 벽화에서도 눈이 모두 도려내져 있었다.

14세기 위구르인들이 이 땅을 휩쓸었을 때 이슬람교도였던 그들은 모두 이 벽화의 불상을 우상이라 하여 눈을 도려내며 훼손시켰고, 근세에 들어서는 수많은 외국탐험대에 의해 벽화가 뜯겨진 것이다. 특히 독일탐험대는 이 베제크리크 천불동에서 가장 많은 벽화를 유출해 갔는데 세계대전 때의 폭격으로 지금은 많이 사라졌다고 한다.

결국 10세기경 이곳을 지배한 위구르인들은 처음에 불교를 믿었고 자기들의 모습을 이 벽화에 그려 넣었지만 그후 이슬람으로 개종한 후손들은 그것을 파괴한 것이다.

그 어떤 종교, 정치 이데올로기든, 자기들 것만이 맞고 자기들 사상만이 세상을 구원한다는 근본주의자들 교조주의자들이 가장 위험하다. 당대에는 정당했던 그들의 행위도 세월이 지나고 나면 무식의 극치로 평가를 받고 있다. 그러니 가장 좋은 행위는, 그냥 내버려두는 것일지도 모른다. 인간이 판단하지 말고, 그냥 신에게 맡기고 세월에 맡기는 것이…….

다시 봉고차를 타고 시내로 돌아온 그들은 교하고성으로 갔고 나는 시내에 홀로 남았다.

아직 해가 떨어지려면 시간이 많이 남아 마을 구경을 하기로 했다.

정처없이 자전거를 타고 돌아다녔다. 포도넝쿨이 뒤덮인 길 밑을 지나기도 했고, 자전거로 붐비는 거리에 뒤섞이기도 했다.

하미와는 달리 이곳은 인종 전시장 같았다.

전형적인 위구르 사람들은 물론 광대뼈가 튀어나온 몽골족도 보이고, 마치 아메리칸 인디언 같은 형태의 사람들도 보였다. 이 투루판 지역은 예로부터 한족, 흉노족, 터키족, 위구르족, 이란족, 몽골족들이 뒤섞여 살았기 때문에 혼혈도 많을 것이다.

시장에서 '커보저'라는 만두를 먹었다. 오방떡 같은 크기의 밀가루 빵 안에 양고기와 야채 속을 넣어 만들었는데 맛이 괜찮았다.

장안에는 옷장수가 대부분이었는데 평일임에도 불구하고 사람들이 꽤 많았다. 상인들은 대부분 위구르족인데 한족과는 달리 지나가는 나를 붙잡고 '헬로' 하며 물건을 팔려고 적극적인 태도로 나왔다. 그냥 가려 해도 끈덕지게 달라붙는 것이 마치 우리 남대문 시장을 떠올리게 했다.

위구르족 결혼식

도심에서 약간 떨어진 주택가 골목길을 지나가는데 어디선가 요란한 북소리가 들려왔다. 따라가보니 소리는 막다른 골목 끝 집에서 나고 있었고, 아이들이 둥글게 몰려 있는 문 앞에서 사내들이 북을 치고 있었다.

우선 사진을 한 장 찍었다. 그게 실수였다. 그후부터 나는 그들의 전속사진사가 되고 말았으니.

"이리 들어와요."

"무슨 일입니까?"

"결혼식이라우."

그녀는 내 카메라를 보고 외국여행자인 줄 안 것이다.

그 여인을 따라 들어간 방은 꽤 널찍했다. 방구석에는 위구르족 여인들이 죽 앉아서 날 쳐다보고 있는데, 모두 다 젊은 아가씨들이다.

가운데 앉은 여인은 스카프로 얼굴을 가린 채 엉엉 울고 있었다. 신부처럼 보였다. 주위의 친구들은 근심스런 눈초리로 신부와 날 번갈아 쳐다본다.

아니, 이 기쁜 날 울다니.

나중에 알고 보니 그녀가 앉아 있는 곳은 신랑집이었고 우는 것은 자기를 길러준 부모 곁을 떠나온 슬픔을 표시하는 하나의 의식이었다.
"사진 좀 찍어줘."
할머니, 아니 시어머니는 웃으며 소리쳤다.
카메라를 들자 할머니는 신부에게 외친다.
"얘, 고개 좀 들어."
말이야 잘 모르지만 이런 뜻이었을 게다.
울던 신부는 엉겁결에 고개를 들었는데, 난데없이 나타난 나를 보고 어리둥절한 표정이다. 그런데, 분명 한참 울었는데도 불구하고 눈물자국은 하나도 없다.
"신랑 어디 있냐? 이리 나와, 사진 찍어라."
할머니는 카메라가 없어서 사진을 못 찍고 있었던 중인데 이게 웬 떡이냐 하는 표정이었다.
허름한 양복에 빵떡 모자를 눌러쓴 키가 큰 신랑이 와서 멋쩍은 표정으로 신부 옆에 섰다.
신부는 다시 슬픈 표정을 짓지만 호기심 어린 눈은 카메라를 뚫어지게 쳐다보고 있다.
"하나, 둘, 셋, 찰칵."
"자, 이번에는 우리 자식들 좀 찍어줘."
아들 내외, 손자가 왔다.
"먼저, 아들 내외."
찰칵.
"자, 이번에는 내 손자와 나를."

내 필름은 비싼 슬라이드 필름이다. 가뜩이나 필름을 아껴야 하는데 내 뜻과는 상관없이 찍게 된 것이다. 하지만, 경사스런 이 집의 결혼식을 축하해주고 싶은 심정에 찍어달라는 대로 막 찍어댔다.

"자, 이번에는 내 독사진 좀."

"예, 그러죠."

"내 손자 독사진은 안 될까?"

급기야는 방안에 앉은 할머니 친구들도 찍었다. 할머니는 나를 신부와 친구들이 앉아 있는 방으로 데려갔다. 혼자서 웃으며 뭐라 떠드는데, 처녀들이 그만 얼굴이 붉어지며 눈을 내리뜨는 것을 보니 아마 그중에 하나 골라잡아 보라는 말 같았다.

"돌아가면 사진을 꼭 부쳐줘야 해요."

주소를 적어주면서 할머니의 아들이 신신당부를 했다. 물론 나는 오자마자 사진을 부쳐주었다.

언젠가 그 집을 다시 방문하면 나를 기억하려나.

실크로드 2

우루무치 가는 길

하늘에는 오직 하나의 신이 있고 땅에는 오직 하나의 군주 칸이 있다. 말이 달릴 수 있는 땅에 사는 자, 귀가 있는 자 모두 들을지어다. 우리들에게 도전하는 자는 눈이 있어도 볼 수 없고 붙잡으려 해도 손이 없으며 걸으려 해도 발이 없게 될 것이니라. 신은 짐에게 해 뜨는 곳에서부터 해 지는 곳까지 모든 영토를 부여했노라.—13세기 몽골의 3대 황제 구유크칸이 로마교황에게 보낸 서한 중에서

톈산북로를 따라 우루무치로

　　투루판에서 우루무치까지는 버스로 네 시간 길. 포장은 되었어도 길은 엉망이었다. 몸은 용수철처럼 위로 튀어올랐고, 사람들은 처음에는 재미있어 하다가 나중에는 입을 꼭 다물고 고통스런 표정을 지었다.
　　이윽고 톈산으로 접어들자, 바위 사이로 흐르는 시퍼런 물이 보였다. 멀리서 본 톈산 산맥은 신비하고 위풍당당해 보였지만 막상 와서 보니 기괴스런 바위들의 볼품없는 돌산일 뿐이다.
　　한참 후, 톈산 산맥을 빠져 나오자 서서히 푸른 벌판이 보이며 평

풍력발전을 위해 현재 초원의 길에 세워진 바람개비들

탄한 길로 접어들었다.

말로만 들었던 톈산북로, 즉 초원의 길인 것이다.

고생 끝에 낙이라더니, 편안한 길에서 바라본 차창 밖 풍경은 평화롭기 그지없었다. 드넓은 초원에 말들이 그림처럼 점점이 흩어져 풀을 뜯고 있었고, 카자흐족들의 유르트(게르)[17]가 가끔씩 보였다. 그리고 끝없이 펼쳐진 톈산의 자락에서 카자흐족들은 거칠게 천마를 타고 달리고 있었다.

카자흐란 말은 원래 방랑자, 모험자를 뜻하는 터키어라고 한다. 유목민족 가운데 부족의 구속이 싫어 떨어져 나간 이탈자들을 카자흐라 부르다 보니 하나의 부족 이름이 되어버렸는데, 현재 카자흐스탄 공화국에는 이 카자흐족이 500만 명이나 살고 있으며 신장위구르 자치구 전역에는 약 60만 명이 있다고 한다.

톈산, 천마…….

불현듯 나도 저 천마를 타고 이 드넓은 세상을 바람처럼 달리고 싶은 충동이 인다. 먼 옛날 이곳을 달리던 조상들의 기억이 핏속에 남아 있기 때문일까.

버스는 서서히 도시 속으로 들어가고 있었다.

드디어 우루무치.

현재 신장위구르 자치구의 수도인 우루무치는 몽골어로 '아름다운 목장'이란 뜻이지만, 그 넓은 목장 안에는 고층빌딩들이 가득 차 있었다. 또 '투쟁'이란 뜻도 있는데 실제로 이곳에서 수많은 부족들이 전투도 벌였다.

내가 우루무치에 온 가장 큰 이유는 천지에 오르기 위해서다. 백두산에만 천지가 있는 것이 아니다. 천지는 이 서역변방의 톈산 산맥 위에도 있다. 박격달봉(博格達峰 ; 5,445미터)의 중턱인 해발 1,910미터에 있는 또 하나의 천지는 백두산 천지 못지 않게 나의 흥미를 끄는 곳이었다.

나는 염소였다

표를 사야 했다.

중국에서는 일단 도착하면 다음 행선지 표를 사는 게 급선무였다.

버스에서 내리니 시장이었다. 왁자지껄한 시장 안의 매표소에서 천지 가는 버스표를 물었다가 중년 여인에게 야단만 맞았다.

안 판다는 것이렷다. 그런데 왜 그렇게 소리를 지르냐······.

시장에서 만난 웬 중국인이 천지 행 버스표 파는 곳까지 안내해주겠다고 했다. 그의 자전거를 같이 타고 먼저 자기 집에 들렀는데, 내 짐을 자기 집에 두라고 했다. 그것은 내 간이나 심장을 빼놓으라는 얘기나 마찬가지였기에 그럴 수는 없었다.

나는 내 분신을 메고 다시 사내 자전거의 뒤꽁무니에 매달려 인민공원의 전문(前門)으로 갔다. 꼭 그 사내에게 의지하고 싶어서가 아니라, '도와준다는데야' 가는 데까지 가보자는 심사였다.

사내가 매표소로 뛰어가 물어보더니, 지금은 겨울이라 그곳에 가는 버스가 없다고 했다.

없다······. 그러면 할 수 없지. 그러나 사내의 눈빛이 조금 이상했다. 여행을 하다 보면 느끼는 어떤 직감이 다가왔다.

머뭇거리는 사내와 이별하고 나는 택시를 탔다.

신장반점이란 배낭족 숙소에 짐을 푼 후 나는 다시 인민공원으로 갔다. 매표소에 다시 가서 물어보니 매일 아침에 버스가 떠난다고 했다.

허탈한 웃음이 나오고 말았다. 이래서 여행을 오래하다 보면 사람을 함부로 믿지 못하게 되는 것이다.

어쨌든 표를 샀으니 되었다.

나는 느긋한 마음으로 인민공원을 돌아보기로 했다. 공원 안은 누런 낙엽이 수북이 깔렸고 잎이 다 떨어진 앙상한 나무들이 파란 하늘 밑에서 을씨년스럽게 떨고 있었다. 그 밑에서 위생복처럼 하얀 가운을 걸친 아주머니들이 낙엽을 쓸고 있다.

아, 이 아득한 서역에도 가을이 온 것이다.

가을은 어딜 가나 쓸쓸하다.

나무 벤치에 젊은 연인들이 앉아 밀어를 속삭여도, 중년들이 수북이 덮인 낙엽 속으로 숨어들 것처럼 서로 목을 파묻으며 포옹을 해도, 가끔 목젖을 내보이며 새파란 하늘을 향해 깔깔대고 웃는 계집애들의 웃음소리가 파란 하늘로 울려 퍼져도 가을은 쓸쓸하다. 나는 그 쓸쓸함을 가슴에 안고 벤치에 길게 몸을 뉜다.

눈이 시리구나.

싸늘한 공기가 폐부를 적신다.

베이징에서 약 4천 킬로미터 떨어진 이곳, 그 동안 스쳐왔던 도시와 사람들이 주마등처럼 뇌리를 스치고 있었다.

끈 떨어진 연처럼 바람에 날며 하늘을 날다가 이곳에 툭 떨어진 느낌.

내가 떠나온 세상이 잊혀지고 있었다.

그저 새파란 하늘 밑에서 상쾌한 공기를 마시며 늘어지게 누워 있다는 사실만이 너무도 행복하다.

축복이 따로 있나. 숨쉬고 있다는 게 축복이요, 기적일 것이다. 더 이상은 덤이다. 덤으로 사는 인생인데 겁날 것도 더 원할 것도 없다.

그리스 크레타 섬에 있다는 『그리스인 조르바』의 작가 니코스 카잔차키스의 묘비에 적혀 있다는 말이 생각났다.

"나는 아무것도 원하지 않는다. 나는 아무것도 두렵지 않다. 나는 자유."

니코스 카잔차키스. 기다리시오. 몇 개월 후 당신을 찾아가겠소.

그의 다음과 같은 한 마디 말이 나의 모든 것을 무너지게 만들었었다.

"나는 늘 종이에 자유라 써놓고 염소처럼 그 종이를 먹는다. 그리고 나는 자유롭다고 생각한다."

그때의 그 충격. 아. 나는 염소였구나. 자유, 깨달음, 구원, 은총, 사랑, 해방, 민중…… 수많은 말들을 종이에 쓰고 그것을 염소처럼 먹고 있었다. 그리고 토하고 다시 쓰고 먹고……. 나는 미련한 염소였다.

당신의 그 몇 마디 말에 의해, 미련한 염소가 결국 직장을 떠났고 세상을 떠났는지, 당신은 아는가.

우루무치 풍경

거대한 산업화의 물결은 초원의 길에도 거침없이 몰아쳐 있었다. 내가 상상했던 그 우루무치가 아니었다. 수많은 고층빌딩, TV 속의 상품 선전, 불친절한 상인들, 그리고 타락해가는 인심들…….

거리를 걷다가 길거리에서 아이스크림을 사 먹었다. 아이스크림을 한 입 베어먹는데 누가 가방을 건드리는 느낌이 들었다. 홱 돌아보니 아이스크림을 손에 든 위구르족 소년 하나가 내 가방에서 손을 급하게 떼며 친구들과 시침을 뚝 떼고 사라졌다. 내 가방의 지퍼는 어느 샌가 열려져 있었으나, 다행히 잃은 것은 없었다.

"나쁜 놈들. 아이스크림 사면서, 내 주머니도 뒤지는 놈들이라니까."

아이스크림 파는 아주머니는 큰일날 뻔했다는 듯이 호들갑을 떨었다.

어째, 자본주의 국가보다 사회주의 국가에 오히려 소매치기들이 더 많은가.

광저우 역에서 날치기하다 경찰에게 맞는 날치기범도 보았고, 주취안과 둔황의 매표소에서 내 주머니에 손을 집어넣다 걸린 놈들도 있었다.

조심, 조심, 앉으나 서나 사람 조심이다.

시내를 어슬렁거리다 백화점에 들어가 물건을 구경하는데, 여점원은 구석에 앉아 잡담을 하고 있다. 과자 좀 살까 하고 말을 붙여보고 싶었지만 영 기회를 주지 않는다.

둔황에서 만난 싱가포르 친구들의 얘기가 생각났다.

"우루무치의 어느 상점에서 신발을 사려는데, 점원이 사지 않을 거면 만지지도 말라며 신발을 우리 앞에 확 내동댕이치더라구요."

자기를 귀찮게 했으니 내린 벌이리라.

공연히 한담을 즐기는 그 여점원을 괴롭히고 싶지 않아 그냥 나왔다. 나는 저 여점원들이 무섭다. 처음 중국에 왔을 때 제일 황당했던 것 중의 하나가 거스름돈을 확 던지는 것이었다. 그때의 모욕감이

우루무치의 한 식당 앞에서 손님을 끌기 위한 연주가 한창이다.

란……. 그런데 자기들끼리도 다 그랬다. 그것이 그들의 문화였으니 화낼 필요가 없겠지만 이해가 잘 되지 않았다. 그후, 나도 화가 나서 돈을 줄 때 휙 던지곤 했다.

어스름한 저녁 땅거미를 바라보며 다시 거리를 걸었다. 웬 아름다운 여인이 자전거를 타고 아파트 단지로 들어가고 있다. 불 밝힌 그 아파트 단지는 참 따뜻하게 보였다. 그 따스한 정경을 보고 돌아서자니 갑자기 온 거리가 썰렁하게 보이기 시작했다. 서역변방의 한 도시에서 늦가을 저녁에 나는 멜랑콜리한 기분에 빠져들고 있었다.

거리에서 장사하는 아줌마 둘이 싸움을 하는 것이 보였다.

▲ 시시케밥을 굽고 있는 부부
▶ 바둑과 장기에 한창인 우루무치 남정네들

저 살려고 몸부림치는 아름답고 서글픈 모습들……. 내가 왜 이러지. 싸우는 모습을 보고 아름답다니. 날씨 탓일 게다.

숙소 근처의 허름한 음식점에 들어가니 마침 주인인 듯한 여인이 종업원과 식사를 하고 있었다. 그들이 먹고 있는 것이 뭐냐고 물었더니 젓가락을 준다. 맛을 보니 맵고 짜다. 무를 고추와 간장에 버무린 것 같았다. 그것과 밥 한 그릇, 두부탕을 주문했다.

그런데 여주인은 음식이 나오기 전에, 방금 그들이 먹고 있던 두부부침을 듬뿍 담아 우선 그것부터 먹으라고 했다.

옆에 있던 중년 사내는 담배 한 대를 권하며 우루무치가 좋은지를 물었다.

"하오(좋아요)."

불미스런 일도 있었지만, 바로 이런 사람들 때문에 좋아지는 것 아닌가.

다시 밖으로 나오니 어딘지 이국풍이 감도는 도시가 매력적으로 다가오고 있었다.

호텔로 돌아와 화장실에 들어갔다 잠시 멈칫했다.

화장실 문이 없다. 그 동안 이미 익숙해진 것이지만, 이건 정면을 바라보며 일을 보게 되어 있어 더 황당했다.

내일은 새벽에 일어나야겠군.

천지를 오르다

아침 7시 기상. 신장위구르 자치구 시간으로는 5시다.

일어나자마자 인적 없는 열린 화장실에서 일을 해결했다.

인민공원까지 걸어가는 동안 어둠이 걷히지 않은 새벽거리에서 태극권을 하는 사람들이 보였다. 자세히 보니 위구르족은 없고 전부 한족이다. 어딜 가나 한족들이 항상 일찍 일어나고 위구르족은 늦게 가게문을 열었다.

버스가 출발한다는 인민공원 전문에는 아무도 없었다. 가볍게 몸을 푸는 동안 8시 반이 되었고, 그제야 사람들이 보이기 시작했다. 버스는 정확히 서른세 명이 탈 수 있었는데 나중에 탄 사람 하나는 자리가 없다고 하는 바람에 도로 내릴 수밖에 없었다.

평일인데도 중국사람들이 이렇게 유람하러 다닌다는 현실이 내가 상상했던 것과는 전혀 달랐다.

버스가 떠날 때쯤 해는 동녘을 벌겋게 물들이며 빌딩 위로 고개를 내밀기 시작했다. 도시를 빠져나오자 황량한 벌판이 펼쳐졌고, 메마른 돌산이 불쑥불쑥 솟아 있었다.

그런 풍경에 눈이 익숙해질 무렵 버스는 대로를 벗어나 산골길로 접어들었다. 버스는 기우뚱거리며 좁고 가파른 산길을 기어올랐다.

가끔 가다 인민복을 입은 사내들이 늠름한 말을 타고 길을 내려오는 것이 보였다. 위구르족도 아니고 한족도 아니다. 얼굴이 편편하고 눈이 약간 찢어져 눈매가 날카로웠다. 바로 카자흐족이다.

산을 오를수록 비탈이 심해졌다. 마치 속리산의 말티고개같이 구불구불 휘어진 경사 높은 언덕길을 따라 올라갈수록 밑으로 험준한 톈산 산맥의 모습이 시야에 들어왔다. 뾰족하게 치솟은 산봉우리들이 장관이다. 마치 하늘로 오르는 기분이었다.

이윽고 버스가 섰다. 우루무치에서 거의 세 시간 걸리는 거리였다.

주위를 둘러보니 그냥 산이다.

"운전사 양반, 천지가 어디 있소?"

"저 언덕을 넘으면 돼요. 두 시간 반 후에 버스가 떠납니다."

모두들 언덕길을 오른다. 고개를 넘자 마침내 천지가 모습을 드러내었다.

아. 천지…….

물감을 풀어놓은 듯한 진한 남빛의 물이 골짜기를 메운 채 넘실거리고 있고 주변의 눈 덮인 산봉우리들이 호수를 내려다보고 있었다. 멀리 주봉인 박격달봉 정상의 흰눈이 햇빛을 받아 영롱하게 빛나고 있다.

수면 위를 스쳐오는 찬바람이 가슴을 파고든다.

해발 1,910미터, 수심 백여 미터이며 면적은 3평방킬로미터인 호수 주위에는 말을 탄 카자흐족들이 보이고 멀리 산기슭에 집 한 채가 보였다.

이런 산골 깊은 곳에 신비롭게 숨어 있는 천지.

누가 이런 곳에 호수가 있을 것이라고 상상이나 하겠는가?

예전부터 이 천지는 주변 부족들에게 신성시되었으며 이런 전설이 남아 있다.

기원전 1,000년경. 그러니까 지금으로부터 3,000년 전 중국 주나라의 목천자[18]는 서방정벌에 나서다 이 신령한 천지에 오르게 된다. 신비스런 천지를 넋을 잃고 쳐다보던 그는 호수 한가운데 실오라기 하나 걸치지 않고 유유히 수영을 즐기던 한 여인을 보게 된다. 천자는 이 여인에게 술잔을 돌리며 연회를 베풀고, 여인은 다음과 같은 노래로 감사를 표한다.

흰 구름은 하늘에 있고 산등성이는 스스로 나와 있네
길은 멀고 산천은 그 속에 있네
바라건대 그대 죽지 말고 다시 돌아와주기를

노래를 마친 여인은 어디론가 홀연히 사라졌으며 그녀는 바로 서쪽 나라를 다스린다는 전설의 서왕모[19]였다. 서왕모는 원래 반인반수(半人半獸)의 흉측한 모습으로 재앙과 죽음을 관장하며 동시에 영생과 불사의 능력을 지닌 생명의 여신이기도 했는데, 후일 세월이 흐르면서 죽음보다는 생명의 여신으로 중국인들에게 숭배되었다고 한다.

실오라기 하나 걸치지 않고 수영했다는 서왕모는 보이지 않지만 신비스런 이 호수 앞에 선 나의 가슴은 벅차올랐다. 다른 나라 사람들이라면 그저 아름답고 깨끗한 호수라 생각하는 정도일 것이다. 그러나 우리 민족의 성산 백두산의 천지와 이름이 같은 이 천지에 서니 감회가 깊었다.

백두산의 천지와 텐산 산맥 속의 천지와 무슨 관련이 있는 것은 아닐까?

우리는 우리 자신들을 배달민족이라 한다. 그러나 여태까지 나는 왜 우리를 배달민족이라 부르는지는 깊이 생각해본 적은 없다.

그런데 이번 여행을 하기 전 공부를 하면서 적은 지식이나마 얻을 수 있었다.

언어학자 강길운 박사의 『고대사의 비교언어학적 연구』(pp. 28～43, 새문社)라는 책을 참고하여 정리해보자.

배달민족을 설명하는 데 있어 여러 설이 있지만 배달이란 말은 박달에서 왔으며 이것을 백산(白山)이라 표기한다는 것에 대해서는 거의 일치한다.

다만 박달의 의미에 대해서는 여러 설이 있다.

박달, 즉 백산은 밝은 산이란 뜻이라 주장하는 사람도 있고, 또 육당 최남선은 톈산 산맥에는 일명 톈산(天山)이 있는데 연중 눈에 덮여 있기 때문에 백산이라 부른다는 것이다.

이 산은 바로 우리 민족 동이족의 발상지라고 생각되며 이 백산에 연유하여 백두산(백산)도 바로 톈산을 의미하고 배달민족이란 백산(백두산) 민족 즉, 톈산민족(天山民族)을 뜻한다는 것이다.

그러나 언어학적으로 보면 이렇다.

'박(바쿠)'이란 만주어로 호수를 뜻하고 '달(타아르)'은 고대 터키어(tag)나 고대 몽골어(tar)로 산을 뜻한다. 그러니 박달이란 곧 '호수가 있는 산'을 의미했고 이는 천지가 있는 백두산을 지칭하는 고유명사로 되었다.

그러므로 배달민족은 호수가 있는 백두산을 신성시하고 그 주변에서 사는 민족을 일컫는다고 추정된다.

전문가가 아닌 나로서는 어떤 설을 쉽게 택할 수는 없다. 다만 백두산 천지와 이름이 똑같은 톈산 산맥의 천지 앞에 선 나에게, 호수가 있는 산을 신성시하며 그 주위에서 사는 민족이란 설이 가슴에 다가오고 있었다.
　천지 주위를 거닐고 있는데 어디선가 한 떼의 유럽관광객들이 몰려와 유람선을 탔다. 이곳도 이렇게 사람들이 몰리고 있는 것이다.
　난 반대로 톈산 산맥을 오르기 시작했다.

카자흐족 모녀와 유르트에서 1박을

산 언덕에 유르트(게르)가 보였다.

카자흐족들은 여름이면 양이나 말들을 천지 주변에 풀어놓고 방목을 하면서, 올라오는 관광객을 상대로 숙소와 식사를 제공하여 돈을 벌고 있다 했다.

그러나 늦가을인 지금은 유르트가 하나만 보일 뿐이다.

유르트 앞에는 갈기에 윤기가 흐르고 덩치가 늠름한 말이 한 마리 서 있었다.

내가 가까이 가자 말이 울어댔다. 조금 후 웬 젊은 여인이 문을 열고 나와 두리번거리다 나와 눈이 마주쳤다.

"컴 인(이리 들어와요)."

그녀는 서슴지 않고 나를 안으로 초대했다. 안에서 노파가 환하게 웃음 지으며 맞이했다. 노파의 코가 뾰족하고 얼굴이 길쭉하다. 전형적인 위구르족의 모습이다.

복장도 위구르족 복장이었다. 반면 젊은 아가씨는 청바지에 빨간색 스웨터를 입고 있었다. 얼굴은 평평해서 한족과 비슷해 보이나 찢어지고 치켜 올라간 날카로운 눈매가 카자흐족을 닮았다.

천지 주변의 한 유르트에서 만난 모녀. 유르트 안의 모습이 정겹다.

"카자흐?"

"난, 카자흐예요. 어머니는 위구르족이고 아버지는 카자흐족인데 돌아가셨어요."

카자흐족 아가씨는 영어를 조금 했다. 그녀는 중국어, 영어, 일본어를 같이 엮어놓은 회화책으로 공부한다고 했다.

"당신은 일본사람이에요?"

"아니오. 난 차오시엔런(남조선사람)이오."

"그래요."

덤덤한 표정이다. 눈치를 보니 내가 멀고 먼 외국에서 왔다는 것을 모르고 자기들과 같은 중국 내의 한 소수민족으로 알고 있는 듯했다.

전형적인 유르트

"말 타실래요?"

"말이라뇨?"

"밖에 매어놓은 말을 타고 천지 주위를 도는 거죠. 한 시간에 10위안이에요."

"좋소."

천마에 오르자 안장을 통해 허벅지에 전해오는 말잔등의 감촉이 살지고 부드럽다.

야, 내가 천마를 타는구나.

작은 설레임이 가슴을 스치고 지나갔다. 말에 올라타 세상을 보니 모두 밑으로 보이고 있다. 하늘 중간에 걸터앉은 느낌이 들었다.

말은 산언덕을 오르기 시작했다.

밑으로 내려다보이는 파란 천지에 어린 백설에 뒤덮인 톈산 산맥이 아름다웠다. 한참 동안 그 경치에 취해 있었는데 불현듯 내 자신이 멍청하다는 느낌이 들고 말았다.

이거 뭐……. 천마를 타고 힘차게 달린다면 모를까, 여인이 끄는 말을 타고 맹하니 말잔등에 앉아 있다는 사실이 영 부끄럽기만 했다.

산을 오를수록 길이 험했다. 굴러 떨어지면 바위에 얼굴을 처박을 것만 같아 겁이 났으나 말은 실수하지 않았다. 말을 타고 난 후 여인은 나에게 자기 유르트에서 묵고 가라고 권했다. 숙박료는 10위안이었다.

어떻게 할까?

왕복표를 사놓기는 했지만, 이런 데서 하룻밤 자보는 경험을 놓칠 수는 없다.

"좋소, 하룻밤 자겠소."

유르트는 운반과 조립, 해체가 용이하다. 철거작업은 한 시간, 조립을 최대한으로 잡아도 두 시간이면 끝낼 수 있다고 한다. 대지가 타 버릴 듯한 폭염 속에도 안은 시원하며 매서운 눈보라 속에서도 안은 언제나 따스하다고 하니, 이것은 유목민들 지혜의 결정체였다.

역시 유르트 안은 따뜻했다. 정 중앙에 화로가 타고 있었고 연통은 밖으로 나 있었다.

신을 벗고 마루 혹은 방이라 할 수 있는 곳으로 올라갔다. 방안은 대여섯 명은 넉넉히 잘 수 있는 원형의 공간이다. 화로 안에서는 시뻘겋게 단 나뭇조각이 타고 있었다.

방은 바닥에서 약 20센티미터 정도가 올라와 있었고 양탄자가 깔려 있었다. 양탄자를 들쳐보니 황토흙이다. 그래서 밟으니 푹신푹신한 느낌이 든 것이다.

유르트의 천장은 우산살 같은 모습이고 지름 약 1미터의 구멍이 뚫려 있었다. 통풍구다. 그 구멍은 펠트로 가리기도 하고 열기도 할 수 있어 공기와 온도를 조절하는 것 같았다.

천장은 서서 손을 들면 닿을 정도이고 어깨 높이만한 곳에 직경 약 3미터 정도의 둥근 나무테가 유르트 주위로 빙 돌려쳐져 유르트를 지탱시켜주고 있다.

방안에는 옷장 같은 조그만 궤짝과 식기가 헌 오디오 세트와 함께 놓여 있다.

"천지가 매우 좋소."

"뿌 하오(좋지 않아요)."

아가씨가 짧게 말했다.

"하오(좋아)."

노파가 이내 맞받아치듯이 말했다.

노파는 자기들이 살아왔던 이 터전이 좋지만 이십대 초반의 딸은 바깥 세상을 동경하고 있는 것 같았다.

우루무치가 버스로 세 시간인데 도시생활을 모를 리 없다. 그녀에게 이런 한적하고 평화로운 천지에서의 생활은 따분하기만 할 것이다.

애당초 천지에서 1박을 하려고 생각했던 것이 아니어서 시간이 많이 남았다. 느긋한 마음으로 텐산 산맥과 천지 주변을 돌아다니다 보니 어느 샌가 어두워졌다. 천지의 밤은 생각보다 일찍 왔다.

밤이 되면 할 일이 없다. 저녁을 먹고 일찍감치 잠자리에 들었다.

밖의 기온은 급강하했지만 유르트 안은 따뜻했다. 카자흐족 모녀의 숨소리가 규칙적으로 들린다. 그들은 자기들 습관대로 일찍 잠이 들었지만 천지호수의 파도소리를 듣고 있으려니 잠이 오지 않았.

방랑자란 뜻의 카자흐족. 부족의 구속이 싫어 이렇게 떠돌며 사는 이들의 피가 내 핏속에도 흐르고 있는지도 모른다.

살그머니 밖으로 나왔다. 칠흑 같은 어둠이 덮여 있을 줄 알았는데 휘영청 밝은 달이 호수 주위를 밝히고 있었다. 잠바를 입은 덕택에 추위는 느끼지 못하겠지만 코끝은 아리도록 시리다.

천지 주변에 높이 치솟은 하늘의 산들은 달빛을 머금고 푸르스름하게 빛나고 있었다.

아름답다. 하늘의 산맥 속에 안긴 하늘의 연못가에 서 있자니 속세가 아닌 것 같구나.

카자흐는 방랑자다. 그렇다면 나도 카자흐다. 자유를 찾아 세계

구석구석을 몽유병자처럼 떠도는 사람들은 모두 가련하고 행복한 카자흐다.

　수면 위를 스쳐온 싸늘한 바람에 호숫물이 일렁거리고 달은 하늘의 연못 천지 속에서 잘게 부서지고 있었다. 어디선가 외로운 짐승 울음소리가 길게 울려 퍼지고 있었다.

이닝 가는 길

이닝으로 간다.

서역변방 중의 변방인 이닝.

그 옛날 대상들은 낙타를 혹은 말을 타고 갔으련만 나는 버스를 타고 간다. 우루무치에서 이닝까지 초원을 달리고, 텐산 산맥을 넘어 몇 달이 걸렸을 길이 이제 버스로 이틀이면 된다.

버스 지붕 위에는 짐들이 너무 많아 내 배낭을 실을 수가 없었다. 할 수 없이 배낭을 내 자리 앞에다 간신히 끼워넣으니 발을 넣을 틈이 없었다.

결국 배낭을 가랑이에 낀 형국이 되고 말았는데, 이런 자세로 이틀을 달려야 한다고 생각하니 아찔하기만 했다.

우루무치를 벗어나 서쪽으로 갈수록 초원은 짙은 초록색으로 뒤덮여갔다. 이 대초원을 무대로 흉노, 돌궐, 몽골이 활약하며 세계를 넘보았다.

13세기 몽골의 3대 황제 구유크칸은 로마교황에게 이런 서한을 보낸다.

하늘에는 오직 하나의 신이 있고 땅에는 오직 하나의 군주 칸이 있다. 말이 달릴 수 있는 땅에 사는 자, 귀가 있는 자 모두 들을지어다. 우리들에게 도전하는 자는 눈이 있어도 볼 수 없고 붙잡으려 해도 손이 없으며 걸으려 해도 발이 없게 될 것이니라.

신은 짐에게 해 뜨는 곳에서부터 해 지는 곳까지 모든 영토를 부여했노라.

이 초원의 길은 한나라 때는 흉노족이 차지하고 있었고 당나라 때는 돌궐족이 차지하고 있었다. 이 길은 타클라마칸 사막을 거치는 텐산남로보다 훨씬 편했기에 그만큼 중요했고 한족과 유목민족인 흉노, 돌궐과의 싸움은 끊이질 않았다.

그러나 지금은 한족이 지배하고 있고, 그들에 의해서 길이 잘 뚫려 있다.

버스는 끝없는 초원을 하염없이 달렸고, 어느 샌가 해가 빛을 잃기 시작할 무렵 앞좌석에서 누군가 위구르 노래를 부르기 시작했다.

처음에는 우리의 민요 같은 느릿한 곡조였으나 시간이 갈수록 흥겨운 노래가 나왔고 급기야는 버스 안의 모든 사람들이 합창하기 시작했다. 위구르족에 대해서 잘 아는 것은 없지만 사람들이 노래를 좋아하고 쾌활하다는 것은 직감적으로 알 수 있었다.

어둠이 짙게 깔리자 버스는 길가에 을씨년스럽게 서 있는 초대소 앞에 섰다. 여기서 1박을 하고 가야 한다.

짙은 어둠 속에서 사람들은 창구 앞으로 달려갔다. 나도 같이 뛰었다.

사람들은 초대소 창구 앞에서 서로 밀치며 심한 몸싸움을 벌였다. 모두들 돈을 창구 안으로 들이밀고 '이거런(한 사람)' '양거런(두 사람)' 하며 목이 터져라 외치고 있었다.

나도 빠질 수는 없었다. 부피가 크고 무거운 배낭을 멘 나에게 몸싸움을 당할 자 없다. 이리저리 몸을 한 번 뒤틀자 몇 사람이 내 주위에서 떨어져 나갔다.

"이거런(한 사람)."

여권과 10위안을 주니 방번호가 적힌 종이와 거스름돈 6위안을 주었다. 방값은 4위안(560원)이니 매우 쌌다.

"어서 오시오."

불기 없는 싸늘한 방에는 벌써 세 사람이 와 있었다. 그들은 들어서는 나를 보고 인사를 했다.

"위구르인이오?"

나는 한 사내에게 영어로 물었다.

"아니오, 나는 파키스탄 사람이고 이 두 사람은 위구르인이오. 당신은 어디서 왔소?"

"난 코리아에서 왔소."

"사우스(남한), 노스(북한)?"

"사우스요."

"반갑소, 난 파키스탄에서 비단장사를 하고 있소. 이번에 중국에 왔다가 집에 가기 전에 쿨자라는 곳에 있는 친구 집에 들르러 가는 길이오."

그 파키스탄인은 말하자면 현대판 대상인 것이다. 그들의 조상이

야크와 낙타를 타고 다녔을 길을 현대판 대상은 버스와 기차를 타고 다니고 있다.

옆의 위구르족 청년 둘은 영어를 전혀 못했으나 우리 네 사람은 서로 의사소통을 할 수 있었다. 그것은 매우 기묘한 대화였다. 나는 영어와 서툰 중국어로, 파키스탄 상인은 영어와 위구르어로, 위구르족 청년은 위구르어와 중국어를 섞어가며 얘기를 하니 어찌어찌 의사소통이 되었다.

"당신의 이름은 뭐요?"

"내 이름은 아크바르. 파키스탄의 카라치에 살지요. 당신 이름은?"

"리요, 브루스 리."

"브루스 리? 와하하 거짓말 마시오. 그는 죽었소."

위구르 청년들이 크게 웃었다.

"리틀 브루스 리요."

"무술할 줄 아시오?"

위구르 청년들이 호기심 어린 눈초리로 물었다.

"태권도를 할 줄 아오."

"태권도는 나도 들어서 알고 있소. 한국의 무술이죠."

"당신네 무술은 뭐요?"

"우리 위구르족은 특별한 무술은 없어요. 그러나 굳이 말하자면 박치기요. 여러 말 필요없소. 그저 휙 날라 박치기로 한 방 먹이면 끝나오."

박치기라면 쌍 하며 한 방이면 끝나는 평양 박치기가 예로부터 유명하고 프로레슬러 김일의 전매특허 아니었던가.

"아크바르, 당신네는 무술이 있소?"

"우린 없소. 그러나 우리는 용감하오."

"몇 살이오? 결혼했소?"

아크바르는 한참 동안 손가락으로 자기 나이를 세다가 한참만에 대답했다.

"서른네 살이오. 아내는 하나 있는데 이번 일만 잘 되면 하나 더 얻을 생각이오."

"이번 일이 무슨 일이오?"

"비단장사지. 수지 맞는 장사요. 아내 한 사람 얻는데 한 2만 루피, 즉 천 달러가 필요해요. 아프가니스탄 지역의 여자들은 신앙이 돈독하고 정숙하기로 이름나 조금 비싸요. 하지만 여자는 정숙한 여자가 최고니까 조금 비싸더라도 그쪽에서 얻으려고 해요."

행복한 사내. 부인 하나 더 얻으려는 목적이 이 사내로 하여금 그 모든 고생을 이기게 하고 있다.

"파키스탄으로 가려는데 어때요?"

"환영합니다. 사람들도 좋고 자연도 아름답죠. 그런데 경찰들이 너무 돈을 밝혀 그것이 큰 문제죠."

"정치는 어때요. 정치가 불안하지는 않아요?"

"그게 다 여자가 설치기 때문이에요. 지금 수상은 좋은데 야당 당수인 여자 베나지르 부토가 자꾸 문제를 일으켜요. 여자가 감히 어딜 나와서 그래요. 수치예요 수치. 우리 파키스탄인의 수치예요."

그는 여자에 대해 매우 깔보는 태도를 갖고 있었다.

"당신이 입고 있는 이 회색빛 통 넓은 바지는 뭐라 불러요?"

"셀루와르라 부르고 윗도리는 꺼미즈라고 불러요."

통이 넓고 헐렁해서 마치 우리의 한복바지처럼 보이는데 옷감이 좋지 않아 초췌해 보였다.

"이래봬도 이게 유럽에 건너가서 선풍적인 인기를 끌고 있다고요."

"위구르인들은 텐산을 뭐라 불러요?"

"텡그리 타아르라고 불러요. 중국어의 하늘을 말하는 天(티엔)도 발음은 텡그리에서 온 것이에요. 우리의 종교는 이거 상디(하나의 상제)를 모시는 무슬림이요. 당신의 종교는 뭐요?"

"글쎄. 특별한 종교는 없소."

"없다니? …… 그러면 사람이 죽었을 때 장례는 어떻게 지내우?"

그들은 도저히 이해가 안 된다는 표정으로 고개를 갸우뚱거렸다.

"그거야 어려운 게 아니고……. 어쨌든 나는 어떤 절대자는 있고 우리는 모두 형제이기 때문에 사랑해야 한다고 생각하오."

"하하. 그러면 바로 무슬림이요."

모두들 만족한다는 듯이 웃더니 아크바르는 나를 끌어안고 볼을 부벼댔다.

"우리는 형제요. 알라는 위대한 창조주며 모하메드는 우리의 선지자요. 여자에게 나쁜 짓하고 술 마시고 마리화나 피우면 알가께서 디 노트에 적고 있소. 최후 심판의 날에 나쁜 짓한 것은 모두 벌을 받소. 인샬라."

"인샬라가 뭐요?"

"신의 뜻대로란 말로 아랍어요. 우리 파키스탄 말로는 알라이 말 사라고도 하지요."

"우리 위구르족은 호다임 볼샤라고 하죠. 당신 나라 코리아에서는 뭐라 그래요?

"신의 뜻대로."

"시늬 뜨때로? 시늬 뜨때로. 거 듣기가 괜찮소. 당신 나라말로 원, 투, 스리 해보시오."

"하나, 둘, 셋, 넷 …… 아홉, 열."

그들은 넋을 잃은 채 듣더니 박수를 치고 웃었다.

"와. 신기하오. 괜찮은 말이오."

이 친구들도 꼭 어린아이 같다. 숫자 센 것 가지고 감격을 할까?

"파키스탄 카라치에 오면 우리 집에 오시오. 우리 집에 술 담가놓은 것이 아주 맛있어요. 경찰한테 걸리면 안 되지만 몰래 먹는 술맛이 최고요."

아까는 술 마시면 알라가 노트에 적어놓고 벌준다고 하더니 딴 소리다.

네 개의 허름한 침상에 앉아 얘기를 나누다 보니 어느새 10시가 넘었다. 비록 불기 한점 없는 싸늘한 방이었지만 이들과 따스한 인정을 나누고 나니 마음은 훈훈하기만 했다.

여자화장실에서 실수를

누군가 문을 쾅쾅 두드렸다. 기상을 시키는 것이다. 시계를 보니 베이징 시간 5시 30분. 신장위구르 자치구 시간으로 하면 3시 30분 새벽이다.

일어나자 할 일은 화장실 가는 것이다.

어두컴컴한 길을 더듬어 화장실을 찾았다. 허름한 돌담으로 가려진 화장실을 아무 의심없이 들어갔는데 넓은 공터에는 칸막이도 없고 구덩이만 몇 개 나란히 파져 있을 뿐 아무도 없었다.

깨끗했다. 편한 마음으로 앉아 일을 보는데 인기척이 나더니 뚱뚱한 위구르족 아줌마가 들어왔다. 나를 보았지만 어두워서 여자인 줄 알았는지 그녀는 내 옆으로 와 치마를 들추며 거리낌없이 앉았다.

난 바보같이 '이 지방에서는 남녀가 같이 일을 보는 해괴한 풍속이 있나 보군'이라고 생각하며 고개를 숙인 채 앉아 있었다.

지금 생각하면 왜 그런 생각이 들었는지 참 황당한 일이다. 그런데, 그 순간에는 정말 그런 생각이 들고 말았다.

하지만 그것은 풍속이 아니었다.

마침내 내가 남자인 것을 안 그녀는 꽥 소리를 지르며 일을 보다 말고 화장실을 뛰쳐나가고 말았다.

그녀의 기겁에 놀라 나도 역시 중간에 허겁지겁 뛰쳐나올 수밖에 없었는데 나중에 알고 보니 그곳은 여자변소였던 것이다.

일을 마저 보려고 남자화장실을 찾는데, 희미한 어둠 속 담벼락에 꼬부랑 글씨의 위구르족 글자가 써져 있었고 밑에는 조그맣게 한자로 女子가 써져 있었으며 그 옆에 남자화장실이 따로 있었다.

남자화장실로 들어가니 도저히 그곳에서는 일을 볼 수가 없었다. 그냥 소변과 대변이 뒤범벅이 된 그 컴컴한 구석에서 웬 사내가 엉덩이를 까고 끙끙거리고 있는데…….

결국 나는 근처의 풀밭으로 갔다.

날이 밝은 아침에 버스를 타다 그 아줌마를 만났다. 그녀는 날 이상한 눈초리로 째려보았다. 위구르 말로 뭐라 그랬는데 아마 '흉측한 녀석'이라 욕하는 소리 같았다.

낸들 알고 그랬겠소, 미안하오. 아주머니.

버스는 캄캄한 새벽길을 달렸고 창틈으로 들이치는 한기 섞인 바람이 털스웨터를 뚫고 들어왔다. 잠바가 있었지만 그리 추울 것 같지 않아 일부러 털스웨터만 세 개 껴입었는데 지독하게 춥다.

배낭을 꼭 끌어안은 채 잠을 청했고, 몇 시간 후 서서히 동이 틀 때 창 밖을 보니 어제보다 더 푸른 초원이 시원스럽게 펼쳐지고 있었다.

그리고 파란 하늘 밑으로 백설에 뒤덮인 톈산이 모습을 드러내고 있었다.

가끔 가다 카자흐족들이 말을 타고 달리고 있고, 길 한복판을 메우며 걸어가던 양떼들이 버스에 놀라 허겁지겁 도망가기도 했다.

오후가 되자 세림(사이람)호가 나타났다. 새파란 수면이 잔잔하게 펼쳐져 있고 멀리 백설에 뒤덮인 설산과 어우러져 한 폭의 그림과 같이 아름답다.

세림호는 서역 최서단의 호수로서 해발 2천미터, 둘레 1백킬로미터의 바다와 같은 호수다. 알칼리성이 강하기 때문에 물고기도 살지 않고 마실 수도 없지만 여름이면 위구르족, 카자흐족, 몽골족 등 13개 소수민족이 세림호 주변에 모여 물물교역을 하는 거대한 장이 선다고 한다. 하지만 겨울이 다가오는 11월 초에는 간간이 카자흐족들이 쳐놓은 유르트와 양들만 보일 뿐 을씨년스러웠다.

호수를 지나자 버스는 톈산 산맥을 넘는다. 구불구불 이어진 산길을 따라 올라가자 짙은 녹색 침엽수림이 산마다 빽빽하게 들어찼고, 간간이 보이는 산비탈의 잔설 사이에는 양과 말떼가 흩어져 풀을 뜯고 있었다.

톈산을 넘자 다시 평지가 펼쳐졌고 잠시 후 버스는 목적지인 이닝에 도착했다.

실크로드 3 # 타클라마칸 사막을 건너며 황량한 사막

의 길이 끝없이 펼쳐져 있었다. 한번 들어가면 나올 수 없다는 뜻의 타클라마칸 사막이다. 풀덩어리들이 마치 버섯처럼 군데군데 흩어져 있고 앙상한 뼈대만 남은 산들이 기괴한 모습으로 버티고 서 있다. 먼지를 풀썩거리며 달리는 버스는 반 시간에 한 대꼴로 마주 달려오는 차를 만날 수 있었을 뿐 길은 비어 있다. 배추를 잔뜩 실은 트럭이 사막을 달린다.

쿨자와 이닝

이닝의 거리에는 낙엽이 흩날렸고 을씨년스런 거리에는 가죽부츠를 신은 사람들이 종종 보였다. 중국의 여느 도시와는 다른 이국풍의 분위기가 감도는 국경도시였다.

배낭을 메고 숙소를 찾아 조금 헤매다 근처의 이리빈관으로 갔다. 수속을 밟는데 뒤에서 누가 어깨를 쳤다.

"헤이, 브루스 리. 여긴 웬일이야?"

파키스탄 대상 아크바르가 한 손에 짐 가방을 든 채 웃고 있었다.

"아니, 아크바르. 당신은 쿨자 간다고 했잖아?"

"쿨자가 여기야. 당신이야말로 이닝으로 간다더니 여긴 웬일이야?"

"어, 이상하다. 여긴 분명히 이닝이야. 당신이 틀렸어."

"아냐, 운전사에게 물으니 여기가 쿨자라고 하던데?"

그럴 리가 없다. 분명 여기는 종점 이닝이 틀림없다.

"다시 가서 확인해봐."

아크바르는 나의 주장에 당황하기 시작했다.

"이거 큰일났는데."

허둥지둥 그가 나갔다. 그만 자기가 내릴 곳을 지나친 것 같았다.

내가 묵을 방으로 가 문을 노크하니 웬 서양사람이 문을 빠끔히 열더니 조심스런 눈초리로 쳐다보았다.

"무슨 일이야?"

"아, 나도 이 방에서 묵게 되었어."

"그래. 들어와. 난, 당신이 또 암달러상인 줄 알았지."

"방까지 와서 못살게 해?"

"말도 말아. 밤낮 구별 없이 문을 두드려."

"……. 그런데 쿨자가 어디 있는지 알아?"

"쿨자는 여기야."

"뭐? …… 그럼, 이닝은 어디야?"

"쿨자는 이닝의 위구르 이름이야."

이런, 내 무식 때문에 아크바르가 헛고생을 하고 있겠구나.

이때 누군가 노크를 한 후 들어왔다.

"니 하오 마?(안녕하세요)"

위구르족 청년인데 서양친구에게만 인사하고 날 외면하는 기색이다.

"톰, 지금 갈까요?"

"그럽시다."

톰과 그 위구르족 청년은 박물관에 가기로 미리 약속이 되었다고 했다.

"나도 가면 안 될까요?"

나의 물음에 위구르족 청년이 약간 꺼리는 눈치였다.

"당신은……."

"코리아에서 왔소."

"아. 코리아. 반갑소. 난 당신이 중국사람인 줄 알았소. 난 이닝 토박이요. 같이 갑시다."

"난, 아일랜드에서 온 톰이요."

셋은 오랜 친구를 만난 듯 금방 친해졌다.

톰은 유럽에서 출발해 파키스탄, 카슈가르를 거쳐 이곳까지 왔다고 했다. 즉 내가 갈 길을 거꾸로 온 셈이다.

돌라 체인지, 마뜨레이아

우리가 간 곳은 낙엽이 수북이 깔린 인민공원 안에 있는 삼구혁명(三區革命) 역사전시관이었다. 처음에 혁명이란 말 뜻 때문에 공산주의 혁명에 관계된 유물이 전시되어 있는 줄 알았는데 그것이 아니었다.

"우리는 1947년 국민당군과 여기서 치열한 전투를 했었소. 그 당시 우리 민족의 지도자들의 사진과 활동상이 여기 전시되어 있소."

"그런데 중국정부에서 이것을 허용해요?"

"현재의 중국정부는 우리의 싸움을 위구르 공산주의자와 국민당 정부군과의 싸움으로 규정하고 있기 때문이오. 그러나 그렇지 않아요. 나중에 중국공산주의자들과 협상하러 가던 중 비행기 폭파사건으로 지도자들이 모두 죽었어요. 우연이라고 발표되었지만 우리는 그렇게 믿지 않아요. 단, 하나 살아남은 사람, 사이비딘은 현재 베이징에 감금되어 있는데, 그가 모든 비밀을 알고 있어요. 우리는 독립해야 해요. 몇 년 전 카슈가르에서 독립운동이 일어났어요. 독립운동은 지속될 것이오."

"1800년대 중반에도 많은 사건이 있는 것으로 아는데요?"

톰이 물었다.

"네, 그때는 우리 민족의 운동이라기보다는 청나라와 러시아, 영국 등 열강들의 세력 각축전에 말려들었던 것이죠. 그 당시 러시아가 이닝을 점령했었지요. 그래서 이닝은 러시아 풍이 풍기는 도시죠."

위구르 청년은 번역일을 하고 있으며 외국여행자와 여러 얘기를 나누는 것이 취미라고 했다. 나중에 우리는 그에게 저녁을 샀다.

"우리는 중국사람과 달리 젓가락보다는 숟가락을 많이 써요. 밥도 국물도, 모두 숟가락을 많이 쓰죠. 당신 나라는 어때요?"

"우리나라도 마찬가지죠. 젓가락으로 밥 먹는 사람은 복 달아난다고 하는 말이 있을 정도로 숟가락으로 밥도 먹고 국물도 먹죠. 그런데 같은 동양이라도 일본사람들이나 중국사람들은 젓가락을 많이 사용해요."

"우리는 또 매운 것을 많이 먹어요."

"매운 거라면 우리도 둘째가라면 서러울 정도요."

"재미있네요. 우리와 공통점이 있군요."

"당신도 박치기 잘해요?"

"아니, 그걸 어떻게 알았어요?"

"위구르족이 박치기를 잘한다는 소리를 오다가 들었어요."

"내 특기가 바로 그겁니다. 여러 말할 필요없어요. 붕 날아서 얼굴에 한방 받아버리면 쿵푸고 가라테고 나가 떨어져요."

"태권도는 알아요?"

"네. 전번 서울올림픽 때 태권도 시범을 보았어요. 멋있더군요."

이상한 일이다. 터키족의 사촌인 위구르족, 그들의 풍습은 우리와 비슷한 점이 매우 많다. 아직 밝혀지지 않은 것이 많아서 그렇지 먼 옛날, 우리는 매우 가까웠고 교류가 많았을 것이다. 특히, 고구려가 저 만주대륙을 지배할 때, 수많은 접촉이 있었을 것이다. 다만, 신라가 통일을 이룬 후, 우리는 한반도에 웅크리고 살아 그 교류가 끊겨지며 먼 나라의 민족이라고 생각될 뿐이지.

잠시 침묵을 지키던 톰이 슬며시 웃으며 물었다.

"여기 위구르 말로 욕이 뭐가 있어요?"

"욕이요? …… 호호. 왜요?"

"써먹을 데가 있어서요."

"영어에도 있듯이 우리도 개새끼라고 있어요. 얍디야마 수와르시, 얍디야마는 개 수와르시는 새끼예요."

"얍디야마 수와르시 …… 고마워요."

어느 나라나 개새끼라는 욕이 있다. 그만큼 인간과 가까워서 그럴 것이다.

그와 헤어진 후 숙소로 돌아와 톰에게 물었다.

"톰, 당신은 저 위구르 청년의 마음을 이해할 수 있겠어? 우리도 일본에게 지배받은 적이 있기 때문에 나는 그의 심정을 충분히 이해해."

"리, 아일랜드에 대해서 좀 아나. 우리는 그보다 더해."

아일랜드. 그러고 보니 그가 아일랜드에서 왔다는 것을 깜빡 잊고 있었다. 톰이 뭔가 말하려는 순간 누군가 문을 두드렸다. 톰이 다 안다는 듯이 인상을 쓰며 문을 열자 갱처럼 빵모자를 푹 눌러쓴 위구르족 소년이 마치 신문대금이라도 받으러 온 수금사원처럼 당당하게 외쳤다.

"돌라 체인지(달러 체인지), 마뜨레이아(물건이라는 러시아어로 추정됨), 아디다스(아디다스 체육복이나 운동화를 말함)."

"갓 뎀. 지옥으로나 꺼져라. 얍디야마 수와르시."

톰이 신경질내며 문을 쾅 닫고 돌아서자 다시 문이 부셔져라 두드리며 외쳐댔다.

"돌라 체인지, 마뜨레이아, 아디다스."

"이곳에는 러시아 사람들이 많이 와서 물건을 사가. 그러니 웬만한 외국인은 다 러시아 사람인 줄 알고 달러나 물건교환 하라며 달라붙어 저래. 미칠 지경이야."

다시 조용해지자 톰이 말을 이었다.

"현재 아일랜드는 영국이 점령하고 있는 벨파스트 지역만 빼고는 독립국가지. 점령지는 영국의 손아귀에서 빠져 나올 가능성이 희박해. 그러나 더 심각한 것은 언어야. 30년 전만 해도 아일랜드는 모두 아일랜드어를 쓰고 있었지. 알파벳도 영어와 다르고 문법도 약간 달라. 지금은 영어와 같은 알파벳으로 바뀌었고 국민의 3퍼센트만 아일랜드어를 국어로 사용할 뿐 97퍼센트는 영어를 국어로 사용하고 있는 실정이야. 우리는 말을 잃었어. 수많은 문인들, 많은 사람들이 모두 아일랜드 출신인데. 윌리엄 예이츠, 제임스 조이스, 오스카 와일드, 조지 발래샤, 사무엘 베케트, 섀머스 하니라는 이름을 들어보았어? 또 밥 겔돈, 시내이더 오코너 등의 가수이름을 들어보았어? 많은 사람들은 이들이 영어로 활약하니까 영국사람인 줄 알아. 하지만 그들은 아일랜드인이야. 그보다 한심한 것은 내 자신이 자꾸 아일랜드 말을 잊어가고 있다는 거야."

듣고 보니 안되었다. 그 옛날 외국사람들도 외모가 비슷한 한국인을 일본인 취급하지 않았을 것인가.

이곳 이닝에는 여행자가 많이 오지 않는다. 여행자가 없는 도시에서 비슷한 처지의 사람을 만나 오붓하게 얘기하다 보니 십년지기라도 되는 듯한 정이 들었다.

밤이 깊어 자리에 누웠는데 바깥에서 창문을 두드리는 소리가 들렸다. 톰과 내가 창으로 달려가 밖을 내다보니 어둠 속에서 아까 그 위구르 소년이 큰 소리로 외치고 있었다.

"돌라 체인지, 마뜨레이아, 아디다스."

으아, 이놈을 그냥.

톰과 나는 이를 뿌드득 갈았다.

그후에도 잠들 만하면 '똑똑. 돌라 체인지, 마뜨레이아, 아디다스' 하는데 우리는 귀를 틀어막고 말았다. 시계를 보니 이미 자정을 넘었다.

아아. 귀신은 뭐 하고 있나 저런 놈 안 잡아가고.

민족의 교차로 이닝

늦은 아침 식당으로 가는데 위구르족 청년이 장난 삼아 톰을 보며 외쳤다.

"하라쇼! (러시아말로 좋다는 뜻.)"

"환장하겠네. 하라쇼라니……. 모두 내가 러시아 사람인 줄 알아."

실제로 아침부터 많은 러시아 사람들이 물건꾸러미를 들고 거리를 걷고 있었다. 그러니 중국사람들 눈에는 서양인은 다 러시아인처럼 보이는 것이다.

허름한 식당으로 들어갔을 때, 뚱뚱한 한족 주인도 톰을 보고 '하라쇼'를 외쳤다.

식당 벽에는 유덕화와 주윤발의 사진이 붙어 있고 더욱 가관인 것은 기관단총을 멘 람보 사진이 옆에 붙어 있었다.

"아니, 람보는 여기까지 와 있네."

"여기뿐이 아냐. 반미를 외치는 이란에서도 람보는 인기야. 이란 여행 할 때 람보 비디오 테이프가 날개 돋친 듯이 팔리고 있는 것을 직접 보았지."

미국영화는 이렇게 세계 어디나 침투한 것이다.

아침식사를 한 후 우리는 헤어졌다. 구경은 혼자 해야 제 맛이다. 서로 그것을 잘 알기 때문에 미련 없이 헤어지고 저녁에 다시 만나는 것이다.

이리 강까지 걸어갈 작심을 하고 길을 걷는데 맞은편에서 자전거를 타고 오던 청년이 나를 아는 체했다. 어제 만났던 위구르족 청년이었다.

"어디 가요?"

"이리 강 갑니다."

"안 돼요. 걷기에는 너무 멀어요. 6킬로미터 정도 되는데, 버스를 타요. 바로 저기 보이는 정류장에서 2번 버스를 타고 종점에서 내려 조금 걸으면 이리 강입니다."

그 청년 덕택에 2번 버스를 타고 편하게 이리 강으로 갈 수 있었다.

버스에서 내리니 한적한 시골길이 펼쳐지고 있었다. 길옆으로는 가로수가 빽빽했고, 토담집들이 간간이 들어서 있었으며 아이들이 이리저리 뛰놀고 있는 한가로운 풍경이었다.

얼마 안 걸으니 강이 보였다. 수심은 별로 깊어 보이지 않지만 강의 폭은 꽤 넓어 보였다.

이리 강이었다.

짐을 잔뜩 실은 트럭들이 다리를 건너 서쪽으로 먼지를 일으키며 가고 있었다.

카자흐스탄과의 국경은 어디쯤일까?

마침, 다리 저쪽에서 걸어오던 한족 소녀에게 물었다.

"국경이 여기서 얼마나 되니?"

"멀어요. 걸어갈 수 없어요."

나는 국경까지 가는 길을 포기한 채 다리 위에서 이리 강을 바라보았다.

서쪽으로 계속 가면 국경이 나오고 그곳을 넘어 계속 가면, 알마티, 타슈켄트가 나올 것이다. 그리고 계속 해를 따라 서쪽으로 가면 로마가 나올 것이니, 바로 이 길은 옛날부터 수많은 대상들이 오가던 길이었을 것이다.

그 한복판에 서서 망연히 이리 강을 바라보았다. 불어오는 강바람이 제법 쌀쌀했다. 아무도 보이지 않는 쓸쓸한 강변을 혼자서 이리저리 걷다가, 시내까지 걸어오는 길에 학교에 들렀다.

이닝에서 만난 아이들

무얼 알아서 들른 것이 아니라, 아이들이 들어가길래 그냥 따라 들어가 본 것이다. 중고등학생으로 보이는 아이들이 집에서 점심식사를 마치고 학교로 돌아오는 듯, 교문으로 떼지어 몰려들어가고 있었다.

들어가 보니, 거의 모두 위구르족 학생들이었다. 한쪽에서 여학생들이 나무기둥 사이에 고무줄을 매어놓은 채 고무줄놀이를 하고 있었고 남자아이들은 제기차기를 하고 있었다.

야, 이럴 수가.

나 어릴 적 학교에서 놀던 풍경과 같았다.

아이들의 놀이는 세계 공통이다. 제기차기는 인도, 네팔에서 보았고, 태국의 북부산악지역에서 공기놀이하는 고산족을 보았는데 같이 갔던 영국친구는 자기네도 똑같은 놀이가 있다고 했다. 또한 인도에서

고무줄놀이를 하고 있는 여자아이들

는 자치기를 보았으며 수건돌리기도 우리와 같았다. 후일 불가리아에서 고무줄놀이도 목격했다.

도대체 이런 놀이는 어디에 기원을 둔 것일까?

분명 멀고 먼 세월을 거슬러 가면 인류는 한 곳에서 만날 것이다. 거기가 어디쯤일까?

내 몸은 어슬렁어슬렁 운동장을 돌았지만 나는 이런 생각들과 함께 먼 시간여행을 떠나고 있었다.

학교를 나오기 전, 운동장 한복판에 여학생들 십여 명이 둥글게 둘러앉아 있는 것이 보였다. 그들에게 다가가 사진을 찍자고 하니 소리를 지르며 반가워했다. 그러자 마침 지나가던 선생님들도 달려와 같이 사진을 찍었다.

"이거 반갑소. 내가 만난 최초의 코리안이요. 여행 중이시오?"

"네."

"우리 이닝에 온 것을 환영합니다. 많이 구경하시기 바랍니다."

그렇게 사진을 찍은 후, 돌아오며 인사하는데 나는 작은 충격을 받고 말았으니, 아이들이 나에게 외친 인사말은 중국어인 '짜이 지엔'이 아닌, '빠이빠이'였다.

빠이빠이.

일본에서도, 대만에서도, 홍콩에서도, 싱가포르에서도 아이들은 자기들끼리 헤어질 때, 빠이빠이라 했는데 여기 서역지방에서 빠이빠이라니……. 하긴, 나도 어렸을 때 그랬고, 지금도 한국의 애기들은 빠이빠이라 하고 있다. 그러나, 우리의 중고등학생들은 모두 '안녕'이라 하지 않는가. 말 한마디에서 민족주의를 찾겠다는 의도는 아니지만 어쩐지 우리가 자랑스럽다.

안녕. 안녕.

나는 혼자서 그 말을 중얼거리며 학교를 나왔다.

시내로 돌아오는 길에서 엄청나게 크고 긴 배추를 보았고, 매우 통통하고 주름이 많이 잡힌 고추를 보았으며, 쟁반만큼 큰 난(밀개떡)도 보았다. 그리고 우리에게 익숙한 항아리도 보았다.

다르면서도 어딘지 익숙한 풍경들이다.

이런 사소한 것들을 보면서 천천히 걷는 길이 행복했다.

항아리 사진을 찍으니, 주인아줌마가 '나도 찍어줘' 라는 시늉을 했다.

마다할 일이 아니다. 카메라를 드니 뚱뚱한 위구르족 아줌마는 옷매무새를 가다듬고 긴장하다 살짝 웃어주었다. 나에게 사진을 보내달라는 것도 아니고, 그저 한 번 찍어달란 것이다. 저런 순박하고 소박한 사람들의 눈빛과 웃음을 보는 순간 여행의 피로가 순식간에 사라진다.

다시 시내로 돌아왔다.

아무리 보아도 이닝은 이국풍이 감도는 낭만적인 도시다.

길도 넓고, 누런 낙엽들이 바람에 날리고 있는 거리를 얼굴이 제각각 다른 사람들이 뒤섞여 걷고 있다.

이곳에는 한족, 카자흐족, 키르키즈족, 시보족, 타지크족, 우즈베크족 등 여러 소수민족이 살고 있다는데 한족, 위구르족, 카자흐족은 대중 구별이 가지만 아리안족 계통이라는 키르키즈족, 만주족의 한 갈래라고 하는 시보족 그리고 기타 타지크족, 우즈베크족들은 구별이 어려웠다. 예로부터 교통로였으니 많은 민족이 오갔을 것이고 피가 섞였

카메라 렌즈를 보며 환히 웃고 있는 항아리가게 아주머니. 그녀의 포근한 미소를 다시 보고 싶다.

을 것이다.

남자들은 더욱 구별이 힘들었다.

투루판, 우루무치에서는 한족들도 꽤 눈에 많이 띄었고 위구르족들의 복장도 인민복을 입거나 한족과 별 차이가 없는 복장들이었는데 이곳 이닝에서는 한족들이 별로 눈에 띄지 않고 위구르족들도 그들 고유의 복장인 두툼한 외투를 걸치고 중절모나 털모자를 쓰고 있고 긴 가죽부츠를 신고 있었다.

또 가끔 가다 방울을 단 말이 끄는 마차가 거리를 질주하고 있어 마치 옛날 영화에서 보는 러시아의 어느 한 도시 같다는 느낌이 들곤 했다.

거리 풍경사진을 찍고 돌아서는데 자전거를 탄 사내가 뭐라 소리치며 쫓아왔다.

"마뜨레이아아아."

이 사람 왜 이러나?

제스처로 보아 내 사진기를 자기에게 팔라는 이야기다.

"싫어요."

나는 당황하며 거절했으나, 사내는 포기하지 않고 쫓아왔다.

"아, 안 판다는데 왜 이래."

"마뜨레이아, 마뜨레이아."

나는 뛰기 시작했고, 사내는 페달을 열심히 밟았다.

나는 도둑놈처럼, 그는 형사처럼.

뛰면서도 황당하기 그지없었다. 사람이 많은 시장 골목길로 뛰어들어간 후에야 그는 포기하고 돌아서버렸다.

이곳 사람들은 그저 눈에 보이는 것은 닥치는 대로 사고 싶어하는 것이다. 그만큼 이닝이란 도시는 무역이 활발한 곳이었다.

러시아 사람들과 함께

저녁을 먹으러 가는데 거리의 스피커에서 잡음 섞인 중국어 뉴스가 나오고 있었다. 아무도 없는 깜깜한 골목으로 흘러나오는 뉴스소리가 마치 딴 세상에서 흘러나오는 것 같았다. 방울을 울리며 마차가 어둠 속을 달리고 있었고, 두툼하게 차려 입은 여인네들이 거리의 낙엽을 소리 없이 쓸고 있었다.

매우 기묘한 느낌을 주는 풍경이었다.

톰과 나는 조용조용 이 잠들어가고 있는 거리를 헤매며 식당을 찾았다. 모두 문이 닫혀 있었다. 조금 늦게 나왔더니 이 모양이다. 시간을 보니 8시밖에 안 되었는데 그렇다.

간신히 찾아낸 허름한 식당에서 면을 먹을 수 있어 다행이었다.

날씨가 꽤 추워지고 있었다.

내일이면 저 텐산남로를 따라 카슈가르를 향해 먼길을 가야만 한다. 이제 서서히 중국에서의 여행이 종반전으로 접어들고 있다.

숙소로 돌아오니, 호텔의 홀 안에서 흥겨운 음악소리가 흘러나오고 있었다. 유리창을 통해 안을 들여다보니 안에서는 신나는 춤판이 벌어지고 있었다. 허름한 장식, 희미한 불빛 아래서 청춘남녀가 부둥

켜안고 춤을 추고 있다.
 이게 무엇인고. 카바레 같기도 하고.
 "톰, 한번 들어가볼까?"
 "나, 저런 춤 출 줄 모르는데."
 할 수 없이 우리는 우두커니 서서 유리창 안을 들여다보며 구경만 하고 말았다. 그렇게 다시 숙소로 들어오니 위구르족 청년들이 어떤 방문을 두드리며 소리치고 있었다.
 "마뜨레이아, 아디다스, 돌라 체인지."
 안에서 반응이 없자 나중에는 펄쩍펄쩍 뛰며 문 위로 난 창가를 돈다발로 툭툭 치며 난리들이다. 러시아 사람들이 있는 방 같았다. 가관이었다.
 "불쌍한 러시안들. 내일이면 이 지긋지긋한 곳을 떠나는군."
 톰이 들어오더니 푸념을 했다.
 톰과 나는 내일 떠날 준비를 하느라 짐정리를 했다.
 그런데 비누, 면도기, 자명종시계 등이 들어 있는 조그만 가방이 보이지 않았다. 어제 세면대에서 빨래를 하고 난 후 놓아두고 온 것 같은데, 세면장에 가서 보니 없다.
 누가 가져갔군. 큰일났네. 자명종시계가 없으면 곤란한데.
 "어, 아직도 이게 있잖아."
 톰이 놀란 듯 소리쳤다.
 "뭔데?"
 "L.S.D. 파키스탄의 페샤와르에서 샀던 것인데 아직도 남아 있네. 국경 통과할 때 큰일날 뻔했군. 이거 한번 먹어볼 테야?"

인도나 동남아 여행할 때 하시시나 마리화나를 피는 친구들을 많이 보았지만 L.S.D.는 처음이다. 말로만 듣던 것이라 호기심이 일었다.

"어디 한번 보자."

살색 종이 같은데 만져보니 화장품가루 같은 것이 손에 묻어 나왔다.

"이것은 씹어서 종이째 삼키는 거야."

"기분이 어떤데?"

"좋지. 한번 먹어봐."

"아니, 난 그만두겠어."

톰은 손톱크기만큼 찢어서 종이를 염소처럼 질겅질겅 씹더니 꿀꺽 삼켜버렸다.

"기분이 어때?"

"지금은 몰라. 20분 가량 지나야 돼. 한 일곱 시간 정도 효력이 지속되지."

짐을 다 싸고 나서, 톰을 보니 약기운이 슬슬 퍼지는지 눈을 감고 몽상에 빠져 있다.

"톰. 어때 이제 효과가 나타나?"

"응."

톰은 꼼짝 않고 고개를 끄덕였다.

"지금 기분이 어때?"

"약간 어지럽고 기분이 좋아. 몸이 약간씩 마비되는 느낌이야. 힘줄이 삭는 것처럼 녹작지근해져. 보통 한 시간 정도 지나야 이런 현상이 나타나는데 오늘은 양이 좀 과했나봐. 이것은 시간이 흐를수록 절정에 오르지."

좀 걱정이 되었다. 이 친구 이러다 일 저지르는 것 아냐?

"몸이 약간 뒤틀리는데 기분이 좋군. 달콤해."

그가 눈을 뜨고 말을 많이 하기 시작했다. 마치 술 취한 사람처럼 한 말을 또 하고 말을 잘 잇지를 못한다.

갑자기 카슈가르에서 샀다는 단도를 꺼내더니 한 손으로 날을 만지며 눈을 가늘게 뜨고 중얼거렸다.

"아. 멋있어. 칼이 빛나는군. 칼이 나에게 얘기를 걸어오네. 후후."

아이고, 이 친구 이러다 '칼이 움직인다' 라며 나를 찌르는 것 아닐까?

겁이 더럭 났다.

"저, 톰. 아까 내가 잃어버렸다는 비누하고 자명종시계 있지. 나 그것 좀 찾으러 갔다올게."

이럴 땐 일단 자리를 피하는 게 상책이다. 밖으로 나오며 숨을 돌렸다.

마약. 저런 것 때문에 일시적인 착란상태에서 흉악한 일을 저지른다는 얘기를 신문에서 본 나는 겁이 날 수밖에 없었다.

그러나 저러나 어디로 가야 하지?

일단 열쇠 간수하는 아가씨한테 물어보았으나 모르겠다고 했다. 금방 방으로 들어가기도 그렇고, 막상 갈 데도 없어서 복도를 어슬렁거리는데 옆방문이 벌컥 열렸다.

얼굴이 하얀 러시아 여인이 나오고 안에서는 남녀가 떠들썩거리는 소리가 들렸다.

그렇지. 이 사람들한테 한 번 물어보자.

"저, 혹시 비누, 시계가 들어 있는……."

"노, 노 돌라 체인지, 아디다스……."

안에서 사내들이 우르르 몰려나오며 나를 몰아내기 시작했다.

"노. 노 돌라 체인지."

내가 그렇게 외쳤지만, 이들에게 '노' 자가 들릴 리 없다. 돌라 체인지라는 말을 듣자 또 흥분하기 시작했다.

"워치, 워치(시계, 시계)."

나는 필사적으로 그렇게 외쳤다. 이번에는 그들이 평소에 듣지 않던 단어라, 잠시 그들의 주목을 끌 수 있었다. 나는 천천히 영어로 말했다.

"나는 돌라 체인지 때문에 온 것이 아냐."

"그럼 무엇 때문에 왔어?"

아까 문을 열고 나오던 여인이 서투른 영어로 물었다.

"세면장에서 비누와 자명종시계가 들은 조그만 가방을 혹시 누가 보았는가 해서 물어보러 온 거요."

"누구 그런 것 본 사람 없어?"

"없어."

"아, 그래요. 미안합니다."

돌아서 나오려는데 한 사내가 투박한 영어로 물었다.

"우리는 러시아인이다. 너는 어느 나라?"

"나는 한국에서 왔다."

"세울(서울)?"

"맞아, 세울."

"오, 세울. 이봐 이 친구 세울에서 왔대. 컴 인, 컴 인."

갑자기 그들의 태도가 싹 변했다.

어리둥절해 있는 나에게 서너 명의 사내가 이쪽저쪽에서 악수를 청하고 내 컵에 맥주를 따랐다. 마침 술판을 벌이고 있던 것 같았다.

"반갑소. 정말 반갑소. 자, 한 잔 들어요. 담배. 누가 담배 있지. 이 친구에게 하나 드려."

이들의 환대에 얼떨떨해질 수밖에 없었다. 여행 중 많은 사람들을 만났지만 이들처럼 요란하고 열정적으로 환영하는 사람들은 처음 보았다.

컵이 비자마자 계속 술을 따랐다.

"난, 한국 좋아. 세울 올림픽 굿. 베리 굿. 좋은 나라. 좋은 사람……. 그런데, 코리안 당신은 왜 이곳에 왔어? 볼 것도 없는데."

"강도 보고 산도 보고 사람도 보려고 왔어."

"사람? 노 굿. 세르비스 제로. 마뜨레이아, 돌라 체인지, 아디다스. 우 싫어."

한 여인이 날 쳐다보며 고개를 절레절레 흔들며 손가락으로 동그라미를 만들어 보였다.

세르비스? 아 서비스가 형편없다고.

이들은 남자 넷, 여자 넷이었는데 여행 중이라 했지만 내가 보기에는 물건을 사러 온 것 같았다.

아, 이 세상에 러시아 사람들처럼 정 많고 화끈한 민족이 있을까?

그렇게 쌀쌀맞더니 이렇게 환대를 해.

러시아 여인들은 이곳에서 처음 본다. 피부가 하얗고 청순하며 수줍음을 타는 듯한 가련한 분위기를 풍기고 있다. 그러면서 속에는 뜨거운 열정을 담은 듯한 눈초리다.

사랑스런 사람들. 갑자기 방향을 돌려 카자흐스탄을 거쳐 러시아 쪽으로 가고 싶은 생각이 들 정도였다.

한참 떠드는데 열쇠 간수하는 통통한 한족 안내양이 방문을 열고 들어오더니 이것이 네 것이냐며 조그만 가방을 보여주었다. 내가 잃어버린 바로 그것이었다.

"야, 거 봐. 술을 마시면 모든 것이 풀린다니까. 다시 건배."

마치 무슨 축제를 벌이는 분위기였다.

그들과 어울려 곤드레만드레 취한 후, 방으로 들어오니 톰은 잠을 자고 있었다.

약 기운이 한참일 텐데 무슨 꿈을 꾸고 있을까?

하늘을 날아가는 꿈? 강을 헤엄치는 꿈? 우주를 여행하는 꿈? …… 저런 것 먹으면 환각상태에서 도대체 무슨 꿈을 꾸게 될까?

술기운에 취해 별 생각을 다하다가 서서히 잠이 밀려올 무렵, 러시아 친구들이 파티가 끝났는지 각자 방으로 돌아가며 자기들끼리 이상한 인사를 했다.

"니콜라이, 돌라 체인지."

"나타샤, 아디다스."

"차다예프, 마뜨레이아."

그 듣기 싫은 말들을 자기네끼리 떠들며 낄낄대고 웃고 있었다.

톈산을 넘어 타클라마칸 사막으로

캄캄한 새벽, 버스터미널은 부산했다.
톰은 경치가 좋다는 북동부의 알타이란 곳으로 간다.
"리, 잘 가. 행운을 비네."
"잘 가."
삼일간의 짧은 기간이었지만 여행자라고는 아무도 없었던 이닝에서 오순도순 지내다 보니 깊은 정이 들어버렸는데 막상 헤어지자니 섭섭했다.
만나면 언젠가 헤어지듯이 어디선가 또 만나겠지. 잘 가게 아일랜드 친구.
피난민 집합소 같은 버스터미널에는 수많은 사람들이 자기 버스를 찾느라 입에서 허연 김을 내뿜으며 정신이 없었다.
나도 간신히 버스를 찾아 배낭을 실으려 하니 이미 버스 지붕은 짐들로 꽉 차 있었다. 할 수 없이 늘 그렇듯이 배낭을 좌석에다 끼워놓으니 발 디딜 자리가 없다. 가랑이에 배낭을 끼고 3박 4일을 가야 하는 것이다.
원래는 이닝에서 카슈가르까지 2박 3일이 걸리지만 눈이 많이 와서 3박 4일 가량 걸릴 예정이라 했다.

3박 4일. 말이 3박 4일이지 잠은 허름한 초대소에서 잘 것이며, 구덩이만 파진 화장실에서 일을 보아야 할 것이다. 그리고 4일 동안 내 가랑이는 배낭에 짓눌려 고통스러울 것이다. 하지만, 그래도 낙타를 타고 몇 달을 걸려 갔던 사람들에 비하면 이 길은 너무 편한 것이다.

사람들은 피난민 같았다. 웬 짐이 그렇게 많은지, 지붕에 싣는 것도 모자라, 커다란 짐 한두 개씩을 들고 타서 움직일 틈조차 없이 비좁았다.

1박은 톈산 산맥 중간의 어느 조그만 도시, 2박은 코르라, 3박은 아꺼수에서 하게 된다는 옆자리의 위구르족 노인의 말이었다.

내 어디에서 자든 상관할 바가 아니었다. 그냥 그들이 가는 대로 가면 될 뿐. 그 옛날 6.25때 피난민들의 심정이 이렇지 않았을까? 삶도, 여행도 이렇게 사람들 틈에 끼어서 머리를 파묻고 어디론가 가는 것이다. 그냥 가면서, 옆의 사람들과 체온을 나누면서 미지의 길에 내리는 것이 인생이라면, 어디로 간들 신경쓸 필요 있겠는가. 같이 가는 사람들만 있으면 되지.

버스 안의 승객들은 거의 위구르족이었고 한족은 남매로 보이는 남녀 한 쌍뿐이었다. 위구르족 사람들은 대개 중국어를 못하는 편이었고 영어도 못해 외마디 외에는 대화를 나눌 수 없었다.

드디어 출발.

가슴속에서 가벼운 흥분이 일렁거렸다.

날씨는 춥고, 캄캄한 어둠은 떡 버티고 있는데, 옆자리의 위구르족 노인네가 노래를 부르기 시작했다. 마치 사설시조를 읊듯이 구절구절 넘어가며 끝이 나질 않는다. 그 노랫소리를 들어가며 배낭에 얼굴을 묻고 비몽사몽간을 헤맸다.

약 두 시간 후쯤 조그만 마을에 들러 아침인지 점심인지 모를 식사시간을 가졌다.

허름한 음식점에서 면을 먹는데 마침 옆자리에 앉은 한족 아가씨가 날 아는 체하며 어느 나라 사람이냐고 물었다.

"난 차오시엔(남조선)이요."

그들은 매우 반가워하며 어딜 가냐, 코 큰 친구(톰)는 어디 갔냐? 이 스웨터는 남조선에서 얼마 하냐 등을 물으며 관심을 보였다.

그들은 외로워 보였다.

주변이 모두 위구르족이라 얼굴이 비슷한 나에게 동질감을 느낀 것 같았다.

이들은 무슨 사연이 있어, 이 서역변방 중의 변방에 와서 위구르족 눈치를 보며 살아가는 것일까?

가슴속에는 수많은 사연이 있을 것이다. 중국정부에 의해서 탄압받는 위구르족의 사연이 있고, 오지에 와서 위구르족의 눈치를 보는 중국인의 사연이 있을 것이다.

푸른 초원의 길을 달리던 버스는 서서히 텐산을 오르기 시작했다. 창틈으로 들어오는 바람이 매우 차다. 낮에 햇볕이 비출 때는 더워지기 때문에 아직 잠바를 꺼내 입지 않았다. 스웨터만 세 개 껴입은 상태인데, 견딜 만했다.

버스는 세 시간 정도 간 후 다시 쉬었다. 밥을 먹는 사람도 있으나 대개 양지바른 곳에 앉아 햇볕을 쬐거나 당구게임을 구경하고 있다.

신장지방(신장위구르 자치구) 즉 서역지방을 여행하며 길거리에서 당구치는 모습을 많이 보았다. 주취안, 투루판, 우루무치, 이닝 등 도시든 산간벽지든 공터에 모여 담배내기, 돈내기 당구를 치고 있었다.

버스는 또 산을 넘고 평지를 달리다 세 시간 후 다시 식사시간을 갖는다.

웬 먹는 시간이 이리도 많을까?

음식점에서 서성거리니, 한족 여인은 젓가락을 씻어주며 친절을 베풀었다. 고맙기 그지없었다.

나는 이름도 모르는 면을 시켰다. 면 위에 야채, 고추, 볶은 양고기 등이 덮여 있었는데 맛이 매콤해서 입맛에 맞았다.

다시 버스는 달렸고 서서히 어둠이 깔릴 무렵 누군가 가지고 있는 오디오를 틀었다. 신나고 경쾌한 음악이 나오자 뒷좌석의 비쩍 마른 중년이 일어나 교태스러운 몸짓으로 신나게 춤을 추며 노래 부르고 이쪽저쪽에서 박수를 치고 호응을 한다.

"잘한다. 신나게 한판 놀아보세."

아마도 이런 뜻의 말을 누가 외치자, 이쪽저쪽에서 일어나 같이 춤을 추기 시작했다. 한족들이 탄 중국의 버스에서는 상상도 할 수 없는 풍경들이다. 마치 우리의 관광버스 안 풍경처럼 되어버렸으니 외모는 우리와 달라도 분명히 기질은 비슷하다.

난, 직감으로 확신한다. 우리의 핏속에는 분명히, 북방기마민족, 유목민의 활달한 피가 섞여 있음을.

"아싸, 남조선사람 노래 한번 들어보자."

"그럽시다. 한번 불러봐라."

졸지에 나는 버스 한가운데로 끌려 나왔다.

좋다. 노는 것이라면 당신들 못지 않게 끝내주는 조선사람이다.

아리랑을 불렀다. 단 그때의 분위기가 흥겨운지라 속도를 매우 빨리 불렀는데, 구슬픈 아리랑도 빨리 부르면 흥겹게 느껴진다.

사람들은 열광하기 시작했다.

"앙코르요. 앙코르. 또 불러라."

"오늘도오 걷는다마는 정처 없는 이 바알 길……"

가사는 정확하지 않지만 그들이 알랴. 내 마음대로 가사를 지어서 그냥 불러댔고, 위구르족 사람들은 숨이 넘어가기 시작했다.

그렇게 한바탕 소란이 끝나자 어느 샌가 창밖에는 어둠이 짙게 깔렸고 하얀 잔설이 웅크리고 있는 것이 보였다.

한참 신나게 놀고 나니 깊은 정적이 흐른다. 모두들 눈을 감고 자는 것 같다.

마음이 허전해진다.

날씨 탓일까?

내 기억 속에 있는 사람들이 그리워지고 따뜻한 방구석이 생각난다. 창틈으로 들어오는 찬바람이 털스웨터를 모질게 파고든다.

다리가 가랑이 사이에 낀 배낭에 짓눌려 저려온다. 발을 들어 구부린 채 무릎 위에 얹었다.

옆자리의 노인네가 머리를 의자에 기댄 채 잠을 자고 있다. 꺼칠한 피부가 어둠 속에 피곤한 듯 숨을 죽이고 있다.

버스는 어둠이 산까지 다 먹어버렸을 때가 되어서야 초라한 초대소에 도착했다. 주위는 민가도 안 보이는 외떨어진 곳이다.

나는 외국인이라고 독방을 주었다. 침대가 두 개 있는 방이었고 다행히 벽난로가 있었다.

복도에서 웬 소년이 불을 지핀다. 방안의 벽 일부를 달구어서 보온효과를 내게 되어 있는 것이다. 소년의 회색 빛 긴 외투자락이 추운 곳에 왔음을 실감나게 했다.

"어디서 왔어요?"

"난 차오시엔."

"와, 어떻게 여기까지 왔어요. 처음 보는 난 차오시엔이에요."

소년은 불을 지핀 후 사라졌다.

속이 아파 저녁을 포기했다. 침낭 안으로 몸을 집어넣고 조금 있으니 몸이 따스해진다. 그러나 발은 몹시도 시리다. 발을 비비자 이번에는 코끝이 시리다.

복도에서 떠드는 사람들 소리가 어렴풋이 들려왔다.

옆 침대는 비어 있다. 저기에 누군가라도 같이 자면 좋을 텐데. 톰 생각이 났다. 그도 어느 허름한 초대소에서 잠을 자고 있겠지. 불쌍한 녀석. 배낭을 멘 사람들만 보면 반갑기도 하고 불쌍하기도 하다. 배낭을 멘 친구가 갑자기 문을 열고 들어오며 인사를 할 것만 같다.

그날 밤은 제법 따뜻하게 잤다.

다음날 아침, 시계를 보니 6시다. 현지시간으로 4시니 깜깜한 새벽. 어렴풋한 산등성이의 경계선이 살을 에는 듯한 새벽공기에 투명하게 드러나 있다. 어디선가 쉴새없이 흐르는 물소리가 쌀쌀맞게 들리고 있다.
아침 일찍 일어나 화장실이 아니라, 주변의 공터에서 볼일을 보았다. 엉덩이가 몹시도 시렸다.
버스는 언제 쉬었냐는 듯 새벽 어둠을 뚫고 다시 달리기 시작한다. 창틈으로 들어오는 찬바람이 뼈까지 시리게 만든다. 베이징에서 산 솜바지로 창틈을 막았다.
아무도 말을 않는다. 버스의 엔진소리와 진동에 몸을 맡긴 채 배낭을 감싸안고 눈을 감았다. 그저 이렇게 살아 숨쉬고 있다는 생각만 가물가물 떠오른다. 발끝이 얼어붙는 듯한 통증이 왔다. 발가락을 꼬무락거린다. 아리다. 계속 움직이자 조금 나아지는 것 같았으나 여전히 고통스럽다.
버스가 산을 넘고 초원을 가로지르는 사이 어느 샌가 동녘을 벌겋게 물들이며 해가 산 너머로 고개를 내밀었다.
희미한 여명 속에 꽁꽁 얼어붙은 얼음이 보였다. 길가의 개울이 모두 얼었고 벌판에는 수북이 하얀 눈이 쌓인 것으로 보아 밖의 날씨는 꽤 추울 것 같았다.
온도계를 꺼내 보니 영상 10도다. 고장난 멍텅구리 온도계. 어제도 영상 10도, 오늘도 영상 10도다.
이닝은 한참 추울 때는 영하 35도까지 내려간다고 하니 지금쯤 족히 영하 20도는 될 것 같다.
옆자리의 노인네는 추위를 달래려는 듯 사설조의 위구르 민요를 부르기 시작했다.
높고 낮게 이어지는 노인의 노래는 불현듯 고향의 어느 산길을 달리고 있다는 착각을 일으키게 했다.

중간에 버스가 잠깐 쉬자 사람들은 내렸는데, 이 사람들의 행동을 보고 나는 놀라고 말았다.

하얀 눈을 퍼서 얼굴에 부벼대기 시작하는 것이다. 그리고 벌겋게 충혈된 얼굴로 버스에 타며 모두 '소각, 소각(춥다, 추워)'을 외치며 호들갑을 떨었다.

그까짓 세수 좀 안 하면 어때서……. 하여튼 이 유목민들은 하는 행동들이 거칠고 씩씩하다. 한국사람들과 기질이 비슷한 것을 많이 느끼게 된다.

중간에 식사를 하고 달리다 보니 어느 샌가 버스는 산을 넘어 황량한 벌판으로 들어섰다. 텐산 산맥을 그렇게 넘은 버스는 타클라마칸 사막을 향해 질주하기 시작했다.

배추를 잔뜩 실은 트럭이 달리고 있었다. 투루판이나 코르라 등의 오아시스 지역에서 생산된 배추들이 변방의 여러 지역으로 날라지는 것일 게다.

단조로운 하루가 지나자 해는 어느덧 사막의 지평선 너머로 슬그머니 사라지고 어둠은 기다렸다는 듯이 차창 안으로 밀려 들어왔다.

가끔 멀리 보이는 인가에 불이 켜지고 있었다. 옛일들이 어렴풋이 떠오르며 그리워지기 시작했다. 밝은 전등불 밑의 따뜻한 밥상, 네온사인 휘황찬란한 종로거리를 밝게 웃으며 지나던 사람들, 따뜻하고 밝은 커피숍에서 행복하게 밀어를 속삭이던 연인들, 하루 일을 끝내고 떠들썩한 호프집에서 맥주잔을 기울이던 직장 동료들…….

아, 다시는 돌아갈 수 없는 세상. 난 돌아갈 수 없는 먼길을 홀로 떠나온 것이다.

나는 얼마나 그 평범하고 따뜻했던 세상을 원망했던가? 평범했던 나 자신을 얼마나 한탄했으며, 내 가족과 내 동료와 내 조국을 얼마나 거부했던가?

4년 전 배낭을 메고 길을 떠날 때 내 것으로 여겨지는 주위의 모든 것에 대한 인연을 끊어버리리라 얼마나 다짐했는데, 탯줄을 끊듯이 모든 것을 끊었다고 생각했는데, 나는 초저녁의 어둠에도 이렇게 불안에 떨며 평범한 것들에 대한 그리움에 고개를 떨구고 있다.

아, 나를 놓아버리자. 저 광야의 신에게 몸을 맡겨버리자. 그의 손길이 나를 인도할 것이다.

싯다르타는 구도를 위해 목숨을 내던졌는데 나는 배낭이나 끌어안고 속세의 일을 걱정하고 있구나.

현장은, 혜초는 구법을 위해 일생을 바쳤는데 몇 년이나 되었다고 엄살을 피우는가?

버스는 어느 샌가 허름한 초대소에 도착했다.

또 한바탕의 난리를 치르고 방을 배정받고 나니 하루가 끝나고 있었다.

타클라마칸 사막을 따라 카슈가르로

다음날 새벽, 배탈이 났다. 계속 면만 먹어서 그런지 물을 잘못 먹어서인지 알 수가 없다. 버스를 타고 하루 종일 달릴 텐데 큰일이다. 설사약을 몇 알 먹고 솜바지로 배를 둘렀다. 다른 날과 마찬가지로 새벽에 계속 떨다보니 어느 샌가 해가 떴고 버스 안은 다시 활기를 띠었다.

황량한 사막의 길이 끝없이 펼쳐져 있었다. 타클라마칸 사막이다. 한번 들어가면 나올 수 없다는 뜻의 사막.

그러나 지금, 버스는 날쌔게 달리고 있다. 해가 하늘 높이 치솟자 버스 안은 더워지기 시작했다. 해가 뜨면 더워지고 해가 지면 급격히 기온이 강하하는 것이 사막의 기온이다.

다행히 버스가 달릴 동안은 괜찮더니 점심시간이 되어 쿠처에서 잠시 쉴 때 탈이 났다.

끔찍한 화장실은 가기 싫어 옥수수 밭으로 달려갔다. 아무도 없는 옥수수 밭인 줄 알았는데 이쪽저쪽에서 부스럭거리며 사람들이 일들을 보고 있었다.

그나저나 큰일이다. 오늘 하루 종일과 내일 한나절을 꼬박 가야 하는데 이 모양이니.

배탈만 아니더라도 주위를 둘러볼 생각이었다.

쿠처는 과거 톈산남로의 중요한 오아시스 국가였다. 9세기경부터 이곳에 정착한 위구르족이 현재 대부분 살고 있지만 그 전에는 다른 민족이 살고 있었다고 한다.

이 쿠처에서 발견된 문자는 토하라어로서 아직 해독되고 있지는 않지만 추측건대 그리스나 로마에 가까운 언어라는 것이 밝혀졌다고 한다. 어떻게 해서 그리스에서 동쪽으로 직선 거리로 4천5백 킬로미터나 떨어진 이 사막 속의 오아시스에 그들과 혈통이 같은 민족이 살았을까?

한편 타클라마칸 남쪽의 오아시스를 잇는 서역남도의 도시 누란과 니야에서 발견된 기원전 3,4세기의 문자는 고대 인도어와 비슷한 카로슈티어라고 한다.

이렇게 쿠처를 중심으로 한 서역지방은 동과 서의 문화가 용해되고 혼합된 지역인 것이다. 동과 서의 교류는 한 번에 서쪽 끝에서 동쪽 끝으로 전달된 것이 아니라 이웃지역으로 처음 전파된 후 그곳에서 그 지역에 맞게 동화되고 다시 그 이웃지역으로 전파되는 과정을 거쳤을 것이다.

쿠처는 한나라 때는 구자국으로 등장하며 인구 8만이 넘는 서역 최대의 왕국이었다.

혜초 스님도 이곳에 들렀다고 한다. 『왕오천축국전』[20]을 보면 이런 기록이 있다.

"중국 군대가 있다. 이 구자국에는 절도 많고 중도 많으며 소승불법이 행해지나 중국인 중은 대승불교를 믿고 있다."

이곳은 고구려 유민인 고선지 장군[21]의 발길이 어린 곳이기도 하다. 그는 안서절도사로서 이곳에 있었으며 이곳에서 타슈켄트를 공격해 승리했었으나 750년 탈라스 강변의 전투에서 패하게 된다.

이 탈라스 강변의 싸움에서 잡힌 당나라의 포로 중에 종이 만드는 기술자가 있었고 이 포로는 사마르칸드에 압송되어 아랍세계에 종이 만드는 기술이 전해지게 되었다고 한다.

이런 쿠처를 지나쳐서 곧바로 카슈가르로 가는 것은 카라코람 고개가 막히기 전에 빨리 카슈가르에 도착해야겠다는 생각 때문이었다.

하지만 배탈만 아니라면 잠시라도 시내구경을 했을 텐데 난 배가 아파 옥수수 밭 근처만 배회할 수밖에 없었다. 아무것도 먹을 수 없었다. 버스 안에서 일을 당할까 겁이 났기 때문이다.

다시 버스는 황량한 사막을 달리기 시작했다.

풀덩어리들이 마치 버섯처럼 군데군데 흩어져 있었고 앙상한 뼈대만 남은 산들이 기괴한 모습으로 버티고 서 있었다. 먼지를 풀썩이며 달리는 버스는 반 시간에 한 대꼴로 마주 달려오는 차를 만날 수 있었을 뿐 길은 비어 있었다.

사람들은 일어나 노래를 부르고 흥에 겨워 춤을 추었지만 나는 배를 움켜쥐고 고개를 숙이고 있을 수밖에 없었다.

얼마쯤 갔을까? 배가 살살 아파 오기 시작했다. 큰일났다. 해결방법이 없었다.

"저, 잠깐만 섭시다."

배가 아프다는 몸짓을 하며 차를 세워달라고 운전사에게 매달렸다. 사람 좋게 생긴 위구르 운전사는 차를 급히 세웠다.

"뭐야, 뭐."

노래 부르던 사람들이 고개를 내밀고 무슨 일이냐는 듯 웅성거렸다.

체면 불구하고 버스에서 뛰어내린 나는 주위를 둘러보았다. 아 그때의 절망감. 허허벌판이다. 숨을 데가 없었다. 에라 모르겠다. 버스 뒤쪽으로 달려가다 길 옆에 앉아 일을 보는데 사람들이 버스 안에서 낄낄거리고 웃는 듯하다.

다시 버스에 올라탄 사람들이 껄껄거리며 웃는다. 옆자리의 노인은 배를 가리키며 괜찮냐는 듯이 쳐다보았다. 삼일 동안 한 버스를 타고오다 보니 한가족 같은 정이 들어버린 것이다.

다행히 다음 숙소에 도착할 동안 아무 일이 없었다. 숙소로 들어가기 전 버스 운전기사는 버스에 기름을 넣으러 가고 사람들이 잠시 버스에서 내려 쉬는 동안 야바위꾼들이 나타났다.

트럼프 세 개를 빠르게 섞어놓은 후 킹을 알아 맞추는 게임이었다. 바람잡이들은 100위안, 200위안의 거금을 걸어가며 손님들을 현혹시켰다.

한동안은 아무도 참가하지 않고 구경만 했지만 참을성 없는 우리 버스 안의 한 청년이 시계를 걸었다 보기 좋게 잃고 말았다.

한 승객이 나에게 다 사기라는 뜻의 표정을 지으며 호주머니를 조심하라는 제스처를 했다. 구경하는 사이 소매치기들이 구경꾼들의 호주머니를 노리는 것이다.

다음 버스가 또 도착했다. 이번에는 그 승객들을 상대로 판을 벌인다. 한참을 구경하다 순진해 보이는 아주머니가 걸려들어 100위안을 날려버리고 말았다.

이쪽저쪽에서 탄식의 한숨 소리가 흘러나왔다. 100위안이면 중국에서는 큰돈이다. 물가수준을 생각하면 한 10만원 정도를 잃은 셈 아닐까? 더군다나 시골 아주머니일 텐데. 아주머니는 낭패감에 젖어 고개를 수그린 채 자리를 피했다.

초대소는 그곳에서 얼마 안 떨어진 곳에 있었다. 아꺼수였다.

다음날 새벽은 요란하게 시작되었다.

마지막 날이라고 생각하니 한결 힘이 났다. 허기는 졌지만 속도 괜찮은 편이었다.

사람들은 현지시간으로 4시에 떠난다는 버스 앞에서 출발시간도 되기 전에 모여 운전사 나오라고 소리를 지르기도 하고 음악테이프를 틀어놓은 채 난리를 피우고 있었다.

"잠 좀 잡시다."

이쪽저쪽에서 방문을 열고 항의를 했지만 막무가내다.

사람들은 버스가 떠나자 신이 나서 노래를 부르기 시작했다. 이들은 신이 나서 노래 부르고 지루해도 노래 부르고 답답해도 노래 부른다. 정말 노래를 좋아하는 민족이었다.

현지시간으로 7시 정도 되자 달 같은 해가 힘들게 사막 저편에서 떠오르고 있었다. 사막의 먼지 때문일까? 해는 빛을 잃어 희뿌연 달처럼 보였고 중간엔 허연 안개가 걸려 있다.

중간에 다들 내려서 소변을 본다. 남자들은 오른편으로 여자들은 왼편으로 갈라져서 각자 일을 보았다.

소변 보는 폼이 모두 다르다. 어떤 이는 섰지만 대개 쪼그리고 앉거나 한쪽 무릎을 꿇고 소변을 보았다.

이런 현상은 후일 파키스탄 쪽에서 수시로 보았고, 전에 여행했던 인도에서도 많이 보았으며, 아랍지방에서는 거의 다 그렇다는 소리를 들었다.

그 이유는 뭘까?

나중에 한국에 와서 어떤 분에게 들은 이야기로는 이렇다.

한국에서도 과거 촌에서는 앉아서 소변을 보는 남자들이 많았다는 것이다. 그것은 바로 자락이 넓은 한복 때문에 서서 소변을 보면 옷에 묻을까 봐 할 수 없이 앉아서 일을 보았다는 것인데 맞는 얘기 같다.

위구르족이나 파키스탄 사람들은 우리의 한복 같은 바지를 많이 입고 다니기 때문이다. 개중에는 양복바지를 입은 사람들도 그러는데 아마 습관이 되어서 그런 것 같았다.

건너편 돌산이 황량한 벌판에 우뚝 솟아 있고 까마귀들이 날고 있다. 현장이나 혜초, 마르코폴로는 이 길을 가며 무슨 생각을 했을까?

생명이라고는 하나도 없을 것처럼 보이는 기분 나쁜 황야다.

버스는 마지막으로 안간힘을 쓰며 달렸고 3시쯤 카슈가르에 들어섰다. 멀고 먼 길이었다. 3박 4일 동안 동고동락을 같이 했던 사람들은 언제 보았냐는 듯이 아무 말 없이 뿔뿔이 헤어졌다. 또 혼자가 된 것이다. 몸은 탈진상태에 빠져 다리가 후들거리기 시작했다. 어디론가 가서 쉬고 싶은 마음뿐이었다.

실크로드 4

파미르 고원의 눈을 헤치며

새는 날다

깎아지른 산 위에서 놀라고/사람은 좁은 다리를 건너며 어려워한다./평생에 눈물 흘린 일이 없었는데/오늘만은 천 줄이나 뿌리도다. ― 혜초 스님이 파미르 고원을 넘으며 암담한 심정을 『왕오천축국전』에서 읊고 있다.

오아시스 카슈가르

카슈가르는 오아시스다.

그래서 난 카슈가르에는 야자나무 몇백 그루 혹은 몇천 그루가 있으며 마을 곳곳에서 샘물이 솟아나는 그런 낭만적인 정경을 상상하고 있었다.

그런데 카슈가르는 내 상상을 뛰어넘고 말았다. 곳곳에 빌딩들이 들어서 있고, 돌집들이 끝없이 펼쳐져 있으며, 거리에는 버스, 오토릭샤, 당나귀수레, 마차, 자전거들이 번잡스럽게 다니고 있었다.

사람들이 들끓는 한복판에서 인적 없는 사막길을 나흘간 달려온 나는 어리둥절해지고 말았다. 또한, 조그만 삼륜차 같은 오토릭샤는 인도나 태국에서 많이 보았는데 이 카슈가르에도 흔하게 보여, 잠시 인도 쪽으로 온 기분이 들게 했다.

우선 배낭족들이 모인다는 서만빈관으로 가기 위해 당나귀수레를 탔다. 대형버스와 오토릭샤가 질주하는 거리를 당나귀수레를 타고 가다니……. 키 작고 귀 큰 당나귀는 종종걸음으로 부지런히 달렸으나 노인은 당나귀가 속도를 줄이는 기미가 보이면 나무 회초리로 사정없이 등을 때렸다.

어머니와 함께 시장에 나온 아이

나귀가 끄는 마차와 봉고차가 뒤엉킨 카슈가르 시장

마차도 눈에 많이 띄었는데 당나귀수레에 비하면 그건 대형버스처럼 보였다. 말 목덜미에는 둥근 테두리가 쳐져 있고 여러 색깔의 조그만 종이 매달려 있어 달릴 때마다 딸랑딸랑거려 위풍당당했다.

스카프를 두른 위구르 여인들이 호기심 어린 눈초리로 마차에서 날 쳐다보는가 하면 러시아 사람을 연상시키는 털모자를 쓴 긴 수염의 노인네가 근엄한 표정으로 마차에 앉아 있기도 했다. 또한 거리에는 뚱뚱한 중년 여인들이 고동색 차도르를 푹 뒤집어쓰고 다니고 있었다. 저런 모습은 처음이다. 아무리 차도르를 써도 눈은 드러낸 경우가 많았는데 아주 푹 뒤집어썼으니 앞길이 보이지 않을 만도 한데, 여인들은 잘 다니고 있었다.

수백년 전의 과거와 현재가 혼합된 카슈가르……. 흘러간 과거의 시간이 홀연히 나타나 소용돌이치고 있었다.

카슈가르는 위구르 말로 '처음으로 창조된', '녹색 타일의 왕궁', '옥을 모으는 곳' 등의 뜻이 있다는데 한족들은 카스(喀什)라 부르고 있었다.

카슈가르 시의 인구는 약 25만 정도이다. 여러 소수민족들이 이곳에 사는데 위구르족이 75.5퍼센트를 차지해서 한족은 거의 눈에 띄지 않을 정도로 미미했다.

그만큼 이 카슈가르는 위구르족의 마음의 고향이며 몇 년 전 이곳에서 위구르족 독립운동이 일어나기도 했었다.

배낭족들의 휴식처 서만호텔

서만호텔의 방은 여태까지의 어느 숙소보다 푸근했다. 바닥에는 주홍색 카펫까지 깔려 있었고, 스팀이 들어와 훈훈하고, 요나 이불들이 깨끗해 더할 나위 없이 쾌적했다. 그 편안함에 마음이 풀어지며 이내 곯아떨어지고 말았다.

잠에서 깨어난 후 나는 치니바허빈관을 찾아갔다.

게으름을 피고 싶었지만 우선 궁금했던 카라코람 고개를 넘는 버스가 아직 있는가를 알기 위해서였다. 치니바허빈관은 배낭족보다 파키스탄 대상들이 많이 묵고 있었으며 그들을 위해 파키스탄으로 가는 버스가 이곳에서 떠나기 때문이다.

"파키스탄 가는 버스가 언제까지 있습니까?"

"11월 말까지 거의 매일 떠납니다."

날짜를 보니 11월 9일.

잘 되었다. 이럴 줄 알았으면 그렇게 서두르지 않아도 되는 건데.

나중에 알고 보니 정식으로 카라코람 고개의 개통기간은 5월 1일부터 10월 31일까지이나 현지 사정에 의해 조금 단축될 수도 있고 연장될 수도 있는데, 파키스탄 대상들은 길만 허락하면 지프차를 대절해

12월 초에도 넘어간다고 했다.

　이제 중국여행의 마지막 장소에 왔다고 생각하니 긴장이 풀리고 있었다.

　호텔로 돌아와 밀린 빨래를 했다. 새까맣게 때가 낀 청바지, 스웨터, 양말, 내의 등등. 양말이나 셔츠 등은 별 문제가 아니지만 이렇게 겉옷까지 빨려면 힘이 든다. 빨래를 하고 침대에 눕자 다시 잠에 곯아떨어지고 말았다.

　얼마쯤 잤을까?
　서양친구들이 원탁에 앉아 떠들고 있었다.
　"여, 잘잤어?……. 이것 같이 필 테야?"
　"뭔데?"
　"하시시."
　하시시……. 마리화나(대마초)보다 약간 품질이 좋은 것으로 알고 있다.
　이 친구들 도대체 이런 것을 어디서 구입하는 걸까?
　주먹 크기의 4분의 1정도 되는 돌 같은 하시시를 조금씩 갈아 담뱃가루와 섞기 시작했다.
　"이건 파키스탄의 페샤와르에서 샀어. 5달러 정도야. 엄청 싸지……. 그곳은 천국이야."
　미국에서 왔다는 사내는 횡재라도 했다는 듯한 표정으로 자랑스럽게 이야기했다.
　국경 통과할 때 걸렸으면 어쩌려고, 배짱 좋다.
　동남아 여행할 당시 배낭족들 사이에 구전되어 내려오는 유명한

이야기가 있다.

몇 년 전, 호주청년 두 명이 태국에서 마리화나를 피다 남은 것을 배낭에 넣고 말레이시아 국경을 넘다 걸렸다. 서양 같으면 크게 문제될 일은 아니었지만, 말레이시아에서는 마약소지자는 사형이다. 호주정부에서 필사적으로 구명운동을 벌였지만, 말레이시아 정부는 이들을 예외없이 사형시켜버렸다.

이것이 영화로도 나왔다는 얘기를 들었는데, 배짱 좋은 미국친구가 하시시 예찬론을 늘어놓았다.

"헤로인, 코카인, 필로폰(히로뽕)을 복용하는 자들은 미친놈들이야. 그것은 사람을 폭력적으로 만들거나 아주 가게 만들지. 또 습관성이기 때문에 난 입에도 안 대."

"하시시는?"

영국친구가 물었다.

"하시시는 괜찮아. 마리화나, 하시시는 사람을 평화롭게 만들고 습관성이 아니기 때문에 좋아. 그러나 이것을 필 때도 법칙은 있지. 첫째, 마음이 편안할 때, 둘째, 장소가 안락할 때, 셋째, 좋아하는 사람들과 같이 있을 때 피워야지 이 중에 하나라도 만족되지 않으면 나는 안 피워. 이게 하시시를 피는 사람들의 법칙이지."

이 친구 하시시 도사라도 되는 듯 열변을 토했다.

그러나 모든 것은 자꾸 하면 습관이 되는 게 아닐까?

하시시든 마리화나든 허위에 가득 찬 사이비 종교든 정치이데올로기든 너무 집착하고 몰두하면 인간을 몰락시키지 않겠는가?

"자, 한번 피워봐."

"관두겠어."

그들은 말없이 돌려가며 하시시를 피워댔다.

"이것을 피면 말이야. 너와 나의 경계가 없어져. 의식이 하나가 된다고. 온 우주와 내가 하나가 되는 것을 느끼지. 이런 기분 어디서 느끼겠어?"

하시시를 핀 이들은 이번에는 사탕과 초콜릿 등을 먹으며 기분 좋은 표정으로 잡담을 늘어놓기 시작했다.

너와 나의 경계가 사라진다, 온 우주와 하나가 된다? 그거야 물론 좋겠지만, 약을 이용해 얻는 것은 순간의 환상 아닐까? 노력 없는 결과를 원하는 마음은 언제나 사람을 타락시키는 것 아닐까?

카슈가르의 일요시장

늘어지게 잤다. 사막을 횡단하는 동안 초대소에서 현지시간 5, 6시에 일어나다가 8시 정도에 일어나니 몸이 거뜬했다. 한방의 친구들은 어느 샌가 전부 나가버렸다.

일요시장을 보러 모두 나간 것이리라.

카슈가르는 옛날에는 소륵국(疎勒國)이라 불렸다.

『한서』의 「서역전」에 보면 "소륵국은 장안을 떠나서 9천3백50리. 가구수 1천5백10. 인구 8천6백47······. 시열(市列)이 있으며 서쪽은 대월씨(大月氏), 대원(大苑), 강거(康居)로 통한다"고 적혀 있다고 한다.

시열이라 함은 시장을 말하며 대월씨, 대원, 강거란 현재 구소련의 남부 즉 투르크메니스탄, 우즈베키스탄, 타지키스탄, 키르기스스탄, 카자흐스탄 등과 아프가니스탄 지역을 말한다.

또한 카슈가르는 텐산남로(서역북도)와 누란, 허톈을 거쳐오는 서역남도가 만나는 곳이니, 이렇게 길이 만나는 곳에는 시장이 열리기 마련이다.

이 카슈가르에 오는 중요한 목적 중의 하나가 일요시장을 보는 것이라 할 수 있을 정도로 카슈가르 시장은 유명하다.

거리로 나가니 온 도시가 버글거리고 있었다.

마치 전쟁이라도 난 것 같았다. 거리에는 마차, 당나귀수레에 온 집안 가재도구를 싣고, 노인, 중년, 아이들 등 온 가족이 걸터앉아 어디론가 떠나는 피난민 행렬이 이어지고 있었다.

마치 흑백 전쟁영화를 보는 것만 같았다. 하지만 그들은 피난민 행렬이 아니었다. 시장에 내다 팔 물건을 싣고 장으로 몰려가는 것이었다.

가끔 열 살 가량 먹은 아이가 짐을 너무 많이 실어 무너져내릴 것 같은 당나귀수레를 솜씨 있게 몰고 가기도 하고, 남자들은 칙칙한 고동색이나 검회색의 외투를 걸친 채 투박한 모자를 쓰고 콧수염을 날리며 장으로 가고 있었다.

이 카슈가르에서 모자를 안 썼다거나 콧수염이 없는 사람을 본다는 것은 마치 한국에서 모자를 썼거나 콧수염 기른 사람을 보는 것처

카슈가르 시장 풍경

럼 매우 드문 일이다.

　시장은 넓은 터에 자리잡고 있었는데 이미 인파에 뒤덮여 있었다.

　입구에서 처음으로 본 것은 잡화점이었다. 조금 가다 보니 순대집 같은 곳이 보였다. 순대라면 돼지창자로 만드는데 무슬림들이 그것을 먹을 리는 없다. 자세히 보니 양의 창자인 것 같다. 창자 속에 쌀, 나물 등을 버무려 넣은 '웹갸이숩'이라 불리는 음식으로 위구르족에게 매우 인기 있는 음식이었다. 한번 먹어 보니, 우리 순대 못지 않게 맛이 좋았다. 국물까지 있었는데 구수하고 짭짤하며 비린내도 별로 나지 않아 괜찮았다.

　양은그릇, 옹기가 쌓여져 있는 곳도 있고, 그 옆에서 아직은 손님이 없는지 땅콩장수, 해바라기씨 장수들이 포대 옆에 앉아 따뜻한 햇살을 즐기며 꾸벅꾸벅 졸고 있었다.

　노란 잣대를 들고 여인들의 시선을 끌기 위해 일장연설을 하는 포목점 주인의 옆에는 실장수가 실꾸러미를 늘어놓고 있었는데 눈에 티가 들어갔는지 딸로 보이는 어린 소녀가 아버지의 눈꺼풀을 벌려 입으로 불고 있다. 효녀다.

　옆에는 솜뭉치를 쌓아놓고 팔고 있고 그 옆에는 중고품 신발장수가 흥정을 벌이고 있었다. 또 그 옆에는 신발을 수선하려는 듯 구두수선공들이 줄지어 앉아 있는데 여인들도 있다.

　한쪽에서는 아직 피 묻은 양가죽을 늘어놓고 팔고 옆에는 염소, 양들의 몸통이 시뻘건 피를 뚝뚝 떨어뜨리며 갈고리에 걸려져 공중에 둥둥 매달려져 있다. 피비린내가 진동을 한다.

　그 밑에서 사람들이 고기를 올려다보며 흥정을 하고 발 밑에는 염

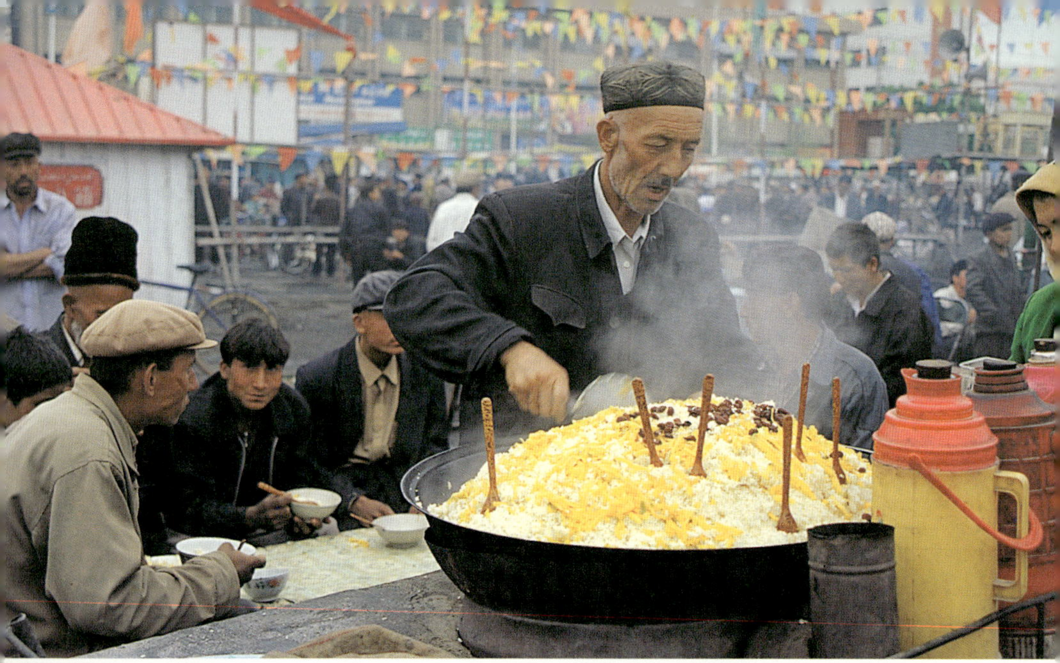
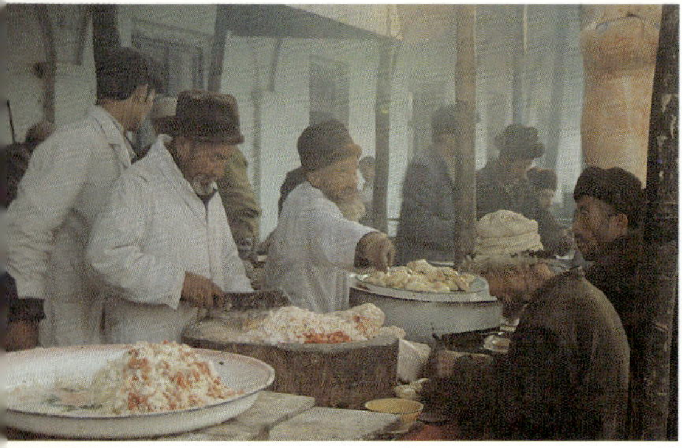
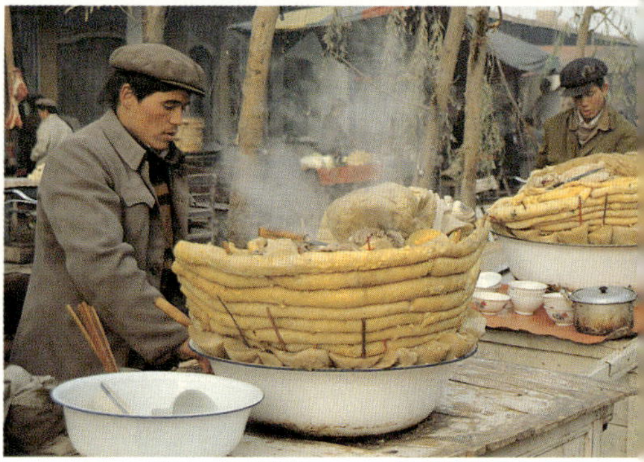
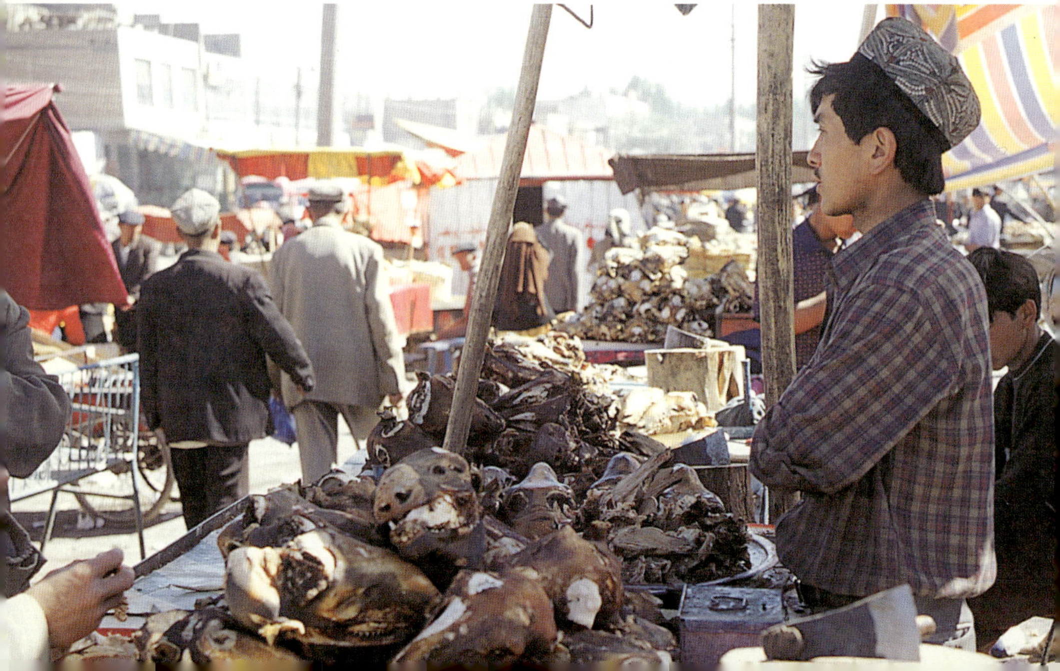

소머리가 사이좋게 나란히 길바닥에 놓여 있다. 눈을 반쯤 감은 채 마치 잠자는 것 같기도 하고 편하게 웃는 것 같기도 하다.

갑자기 옆으로 양가죽 외투에 양털모자를 쓴 사내가 다가왔다. 양가죽 겉에는 곱슬곱슬한 양털이 그대로 있어서 마치 양이 걸어오는 착각을 일으켰다. 깜짝 놀라는 나를 보고 양털모자의 사내가 양머리를 들어올리며 껄껄 웃는다.

이런 장에서는 약방의 감초처럼 빠지지 않는 것이 거지다. 허름한 옷차림의 거지가 정육점 앞을 지나며 구걸을 하자 이쪽저쪽에서 살 한 점씩 떼어준다. 십시일반이라 저렇게만 모아도 꽤 많은 고기를 모을 수 있을 것 같아 보인다. 길에 앉아 있는 여자거지에게 돈을 주는 할아버지들도 있었는데, 옷차림을 보면 누가 거지인지 모를 정도로 모두 남루했다.

겨울이 코앞인데도 배추, 고춧가루, 수박, 토마토, 양파, 감자, 무 등 야채와 과일이 즐비하다.

이쪽저쪽에서 상인들은 '까샤, 까샤'를 외쳐대고 있었다. 위구르 말로 '어서 오세요'란 뜻 같았다.

웬 소년이 인파를 헤치며 '뽀샤, 뽀샤'를 외쳐댔다. 쟁반에는 팥빵 크기의 동그란 빵이 있었는데, 처음에는 뽀샤가 그 빵 이름인 줄 알았는데, '뽀샤'란 말은 아마 '비키세요, 갑시다.'라는 뜻 같았고, 빵 이름은 시키마체라고 했다.

한낮이 다가오자 장안은 발 디딜 틈 없이 붐비기 시작했다. 그 번잡한 시장구석에 말시장이 있었다. 구경꾼들 사이를 말장수들이 말 타고 달리며 시범을 보이고 있었다. 사람들은 그 말을 보며 자기가 살 말을 점찍는 것인데, 뒷다리의 우람한 근육, 길고 풍성하게 늘어진 말총, 하늘을 향해 쭉 뻗은 긴 목, 그리고 우렁찬 울음소리 등, 내가 여태까지 본 말 중 가장 멋진 말이다.

옆에는 송아지들이 목을 땅으로 축 늘어뜨리고 팔려가길 기다리고 있고, 그 옆의 공터에서는 당나귀를 타고 달리는 아이들이 있었다. 아이들은 안장 없이 자기만한 당나귀를 탄 채 회초리로 당나귀 잔등머리를 사정없이 치고 당나귀는 아프다는 듯 '커엉, 커엉' 하며 화통 삶아먹은 듯이 울며 뛴다. 몸집이 작고 눈망울이 큰 당나귀의 그런 모습이 꽤나 측은하게 보였다.

한쪽에서는 수박을 잘라 팔고 있었다. 맛을 보니 차고 달기가 기가 막히다. 옆의 멜론 또한 수박 못지 않게 달고 맛있다.

장 부근의 공터에서도 장사꾼들이 늘어서 있다. 중고전축에다 음악테이프를 팔기도 하고 그 옆에는 텔레비전을 파는 사람들도 있다. 전자시계를 파는 곳도 있다. 전자시계는 이제 서역의 이 변방에서도 흔해빠진 물건이 되었다.

장에서 약간 떨어진 곳에는 상설시장이 있었다. 모자가게들이 많이 있고 칼 파는 곳에서 수많은 종류의 칼을 팔고 있었다. 그중에는 '메이드 인 코리아'도 있었다.

어떤 경로로 이곳까지 흘러들어 왔을까?

동포를 만난 듯이 반갑다.

슬슬 배가 고파질 무렵, 시장은 온갖 음식냄새가 진동을 한다. 그중에서도 가장 강렬한 냄새는 역시 양고기 꼬치구이, 시시케밥이다.

한쪽에서 여인네가 쇠꼬챙이에 양고기 조각을 가지런히 꽂고 남

카슈가르 거리에서 노래를 부르고 있는 두 노인

구걸하고 있는 이와 적선하고 있는 이의 차이는 앉아 있느냐와 서 있느냐 정도 아닐까!

편은 손바닥 너비 정도의 길쭉한 양철통 안의 숯불 위에 쇠꼬챙이를 얹은 채 밑에다 부채질을 하면 숯불 위에 불꽃이 일고 매캐한 양고기 냄새를 풍기며 익기 시작한다

옆의 만두가게에도 사람들이 구름과 같이 몰려 있다. 우선 밀가루 반죽을 엿가락처럼 길게 늘이다가 말아서 동그랗게 만든다. 그리고 그것을 옆 사람에게 넘기면 적당한 크기로 잘라서 둥근 막대로 밀어서 얇은 만두피를 만든다. 그 만두피를 갖고 옆 사람은 양고기와 야채를 섞은 속을 넣고 쌈 싸듯이 싼 후 밖으로 조금 빠져 나온 속은 나무막대로 쑥 밀어넣는다. 그러면 아이는 그 만두를 둥그런 나무찜통에 넣고 뚜껑을 닫고 찌는 것이다.

모두 분업화해서 하는데 눈코 뜰 새 없이 바쁘다.

그 옆은 국수가게다. 밀가루반죽을 팔뚝굵기로 만들어 양손을 쫙 피어 늘인 후 순식간에 반으로 접어 꽈배기처럼 꼬기 시작한다. 길이가 반으로 줄어든 이것을 다시 반복해서 길게 늘인다. 그리고 다시 반으로 접어 꼰다. 이것을 몇 번 되풀이하자 여러 번 꼬여진 밀가루 반죽은 결국 여러 개의 얇은 면으로 된다. 이것을 끓는 물에 삶은 후 야채 수프, 간장에 버무려 먹는데 앉을 자리가 없을 정도로 사람들이 붐볐다. 일하는 사람들도 신나는지 큰소리로 웃으며 일을 하고 있다.

재미있는 것은 한 사람이 뭐라고 '워어어어' 라며 길게 외치면 일하던 사람들이 모두 다 따라서 '워어어어' 라고 길고 길게 외쳐 마치 늑대들이 합창을 하는 것 같아 자꾸 웃음이 나왔다.

그 옆은 빵가게다. 둥그런 밀가루 피에 양고기 속을 넣고 가로로 반을 접는다. 양 귀퉁이를 다시 접고 구우면 되는데 이름은 '쌈사' 라

고 했다.

　요구르트도 판다. 큰 쟁반에 담아 파는데 하얗게 담겨 있기에 처음엔 순두부인 줄 알고 무작정 사서 먹었다. 웬걸 시금털털한 맛의 요구르트다. 소화에 도움을 주는 유목민족이 좋아하는 음식이라고 한다. 그들은 그것을 '칼라'라고 했다. 대개 빵과 함께 칼라를 먹는다.

　이리저리 발길 닿는 대로 움직이다 보니 양시장에 왔다. 양들이 서로 목을 맞댄 채 두 줄을 지어 머리를 감추려는 모습으로 열을 지어 서 있다.

　소녀가 양떼 곁에 서 있는데 말로만 듣던 '직미법(直眉法)'의 눈썹이다. 직미법이란 위구르족들의 화장법으로 눈썹을 짙게 화장품으로 이어놓아 미간이 붙어버린 것처럼 보이는 것이다. 사진을 찍으려

일자 눈썹 모양의 전통적인 위구르족 화장을 한 소녀

하니 소녀는 수줍은 듯 계속 얼굴을 피했다.
 엿장수도 있다. 깨엿도 있고 동그랗게 뭉쳐진 엿도 있다. 한국의 엿이나 똑같다.
 장의 변두리 쪽으로 가니 장외 간이이발소가 있었다. 노인부터 중년사내들이 나무의자에 더러운 하얀 천을 목에 감은 채 앉아 있었다. 이발사는 매우 큰 면도칼을 썩썩 허리춤에 매단 가죽에 갈아대며 날을 세웠다. 거의 모두 삭발이다. 물이 없는 고장이라 머리감기가 힘들어서 그럴까. 하여튼 그렇게 머리를 깎은 후 모자를 쓰는 것이다.
 험상궂은 얼굴의 이발사가 무표정한 얼굴로 노인네의 머리를 면도칼로 사정없이 밀어대자 노인은 상을 찡그리며 이발사에게 뭐라 얘기한다.
 "좀 살살 하시오."
 "이발 처음 해보오?"
 이발사는 사정을 보아주지 않았다.
 한쪽 구석에선 한 아홉 살 정도 됨직한 아이가 이발사의 손길이 아파서 상을 찡그리더니 나중에는 아픔을 참지 못해 발가락을 꼬물거리며 안간힘을 썼다. 급기야 몸을 비트는데, 눈물, 콧물이 뒤범벅이 되어 보는 사람이 안쓰러울 정도였지만 이발사는 호통을 치고 만다. 옆에 섰던 아버지까지 이에 거들고 있으니 소년은 이를 악물며 속으로 울밖에.
 해가 뉘엿뉘엿 질 때쯤 되자 인파는 반으로 줄었다. 포도장수는 떨이라고 외치는 듯 악을 쓰고 있고 그 옆으로 아이가 엉엉 울며 어디론가 뛰어가고 있다. 아마 부모를 잃은 것 같다.

카슈가르 시장의
간이이발소에서 머리를 깎는 모습

긴 하루였다. 하루 종일 돌아다니다 보니 녹초가 됐다. 거리에서 수박 한 통을 사는데 수박장수는 대여섯 살 정도 되어 보이는 어린아이다.

"얼마?"

"스 콰이(4위안)"

"산 콰이(3위안) 하자."

"안 돼요."

어린아이에게서 장사소질이 보인다.

"다다(위구르어로 아버지) 어디 있어?"

아이가 말귀를 알아듣고 손으로 가리켰다.

가겟집 안쪽에서 아버지는 친구들과 트럼프를 치고 있었다.

이렇게 아이들에게 가게를 맡겨놓고 트럼프를 치거나 술을 마시는 아버지들을 많이 볼 수 있었다.

아바 호자의 묘

사실 카슈가르에서 일요시장을 보고 나면 거의 다 본 것이라 할 수도 있다. 물론 에이티갈 모스크나 아바 호자의 묘도 있지만, 잠시 눈길을 주는 정도로 만족할 수 있는 곳이었다.

아바 호자의 묘는 가벼운 마음으로 갔다. 자전거를 타고 시내를 빠져 나오니, 이내 황량한 인적 없는 길이 펼쳐졌고 그 길을 혼자 달리자니 상쾌하기 그지없었다.

원래 카슈가르 사람들은 옛날부터 불교를 믿었다. 그러던 이곳의 위구르족이 이슬람화 한 것은 10세기경이었고 이슬람이 강력하게 뿌리 박은 것은, 17세기에 마호메트의 직계 자손이라는 호자 일족이 이곳으로 와 종교와 정치의 실권을 장악하면서부터였다.

아바 호자는 그 일족 중의 하나였고 그의 묘지가 카슈가르 변두리에 있는 것이다.

한적한 아바 호자의 묘 앞에는 표를 파는 노인만 있을 뿐이다. 중앙에는 돔형으로 된 지붕이 솟아 있고 네 구석에는 뾰족한 탑이 버티고 섰는데 끝에는 초생달 모양의 뾰족한 침이 꽂혀 있었다. 건물은 모두 녹색 타일로 뒤덮여 있었다.

사내가 와서 묘의 문을 따주자, 컴컴한 실내의 음침한 기운에 몸이 움츠러든다. 한 발을 내딛자 걸음소리가 텅 하고 울리며 적막을 깨뜨렸다.

안쪽에 하트형의 길쭉한 관들이 십여 개 들어서 있었다. 지하 2미터 아래에 이 묘를 세운 아바 호자의 시신이 안치되어 있다고 한다. 그 뒤쪽에는 알록달록한 천으로 뒤덮인 관이 있는데 바로 향비(香妃)의 것이라고 한다.

향비는 비극적인 인물이었다. 서역을 평정한 청의 건륭제[22]에게 시집간 호자 일족의 여인인 이 향비는 끝까지 건륭제를 거부하다 결국 죽고 만다. 그녀의 유체가 베이징에서 이곳 카슈가르까지 오는 데 삼년이 걸렸다고 한다. 지금도 이 호자 묘는 이슬람교를 믿는 위구르족에게는 성지다.

호자 묘 옆에는 중국식 정자 같은 곳이 있다. 신자들이 기도 드리는 곳 같은데 기둥이나 벽에 그려진 그림이 중국식이다.

푸른 녹색의 산, 파란 호수, 무지개, 저녁에 해 넘어가는 모습, 모스크, 중국식 정자가 호수에 있고 빨간색 속이 보이는 수박조각이 그려져 있다. 이런 풍경은 삭막한 카슈가르에서는 실제로 볼 수 없는 풍경들로 이슬람과 도교적 분위기가 혼합되어 그림에 나타난 것으로 보인다.

하고 싶은 일을 하면서 사는 사람

시내를 돌다 호텔로 들어오니 새 친구들이 와 있었다.
미국친구가 소개를 시켜주었다.
"아니타, 이 친구는 코리아에서 왔대."
아니타는 인도여자였으나 현재는 런던에서 살고 있다 했다.
"우린, 퀘벡에서 왔어요……. 캐나다에 있는 프랑스."
퀘벡에서 온 사람들은 캐나다라고 말하기보다는 퀘벡에서 왔다고 한다. 영어도 서투르다. 프랑스어를 쓰고 있기 때문이다.

마침 아니타가 자신의 생일이라며 저녁을 사겠다고 해서 모두 에이티갈 모스크 앞으로 갔다. 모스크 앞의 광장에는 밤이 되자 온갖 종류의 간이식당이 들어서 있었다. 가장 대표적인 것은 역시 시시케밥. 양고기 꼬치를 굽는 매캐한 연기가 온 광장을 뒤덮었고, 그 연기 속에서 양고기 순대인 웹갸이습, 볶음밥, 잘라진 수박과 하미 참외를 먹는 사람들로 인산인해였다.

그 흥겨운 분위기 속에서 오랜만에 친구들과 어울려 왁자지껄하게 떠드니 마음이 후련하기까지 했다.

"난 두 살 때 인도에서 영국으로 건너왔어요. 현재 2년 정도 여행 중이죠. 태국, 말레이시아, 캄보디아, 호주, 중국을 여행했어요. 내일은 우루무치로 떠나요."

"앞으론 무엇을 할 예정인가요?"

"캄보디아에서 영어를 가르치는 일을 하고 싶어요. 또 다른 봉사할 일이 있다면 하고 싶고."

"부모님이 시집가란 애기 안 해요?"

"안 할 리 있겠어요? 내 나이 벌써 스물여섯. 언젠가 좋은 사람 만나면 할 생각이에요. 그러나 억지로 찾아가며 하고 싶지 않아요. 결혼 말고도 신나는 일이 얼마나 많은데요. 결혼은 해도 좋고 안 해도 좋아요."

유유상종이라 만나는 사람마다 다 비슷한 생각을 가지고 있었다. 우리 나라 같으면 철없는 여자라는 소리를 듣겠지만 그녀는 매우 잘 살고 있는 것처럼 보였다.

미국의 유명한 신화학자 조지프 캠벨은 『신화의 힘』(조지프 캠벨·빌 모이어스 저, 이윤기 옮김, 고려원)에서 이런 말을 하고 있다.

가족이 앉아 식사를 하고 있었는데 아이는 토마토주스를 마시지 않았어요.

아버지가 아들에게 말했지요.

"네 몫의 토마토주스는 마셔라."

"마시고 싶지 않아요."

"그래도 마셔."

"여보, 마시기 싫다는데 그냥 둬요."

"저 좋은 것만 하고 인생을 살 수는 없는 법이야. 그랬다가는 굶어 죽어. 나를 봐. 나는 평생 하고 싶은 일은 한 번도 해보고 살지 못했어, 응? 한 번도 말이야."

남편은 아내를 물끄러미 쳐다보며 말했어요.

이런 불행한 일이 어디 있겠어요? 그러나 이것이 대부분의 우리 일생이에요. 일생 동안 자기가 하고 싶은 일을 한 번도 하지 않고 살다 죽는다면 사회적인 성공을 거두었다 해도 그것은 어떤 삶일까요?

운명에는 바퀴와 굴대가 있어요. 우리는 그것의 굴대를 잡아야 해요. 그것을 잡으면 늘 중심에 있지요. 그러나 바퀴를 잡으면 바퀴가 돌 때마다 우리는 위아래로 움직이죠.

기쁘고, 슬프고, 돈 있고 돈 없을 때마다 그들은 이리저리 불안하게 움직입니다.

그러나 중심이 되는 굴대를 잡은 자는 늘 제자리에 있지요. 그곳이 바로 천당입니다. 하지만, 무엇이 굴대인지는 아무도 가르쳐주지 않아요. 왜냐하면 대부분의 사람들이 굴대를 잡아본 적이 없거든요. 또 그것을 잡으면 어떻게 될지 불안에 떨지요. 그 아버지 말처럼 굶어 죽을까 봐요. 이것은 결국 자기의 직관으로 인식하는 수밖에 없어요. 아무도 도와주지 않는답니다.

그렇다. 아무도 도와주지 않는다. 그렇기에 비슷한 사람들을 만나면 처음이라도 십년지기를 만난 것처럼 반갑기만 한 것이다.

웃기는 꼴뚜기

저녁에 호텔로 들어오니 파키스탄 상인 하나가 침대에 누워 있었다.

일곱 개의 침대 중 여섯 개는 여행자들이 차지했고 하나만이 파키스탄 상인이 차지한 것이다. 분위기가 서먹서먹하기만 했다. 우선 상인과 여행자라는 서로의 입장이 달랐고 인종이 달랐다. 나로서는 파키스탄 상인에게도 정이 간다. 그는 피곤한지 힘없이 침대에 드러누워 있었는데 서양친구들은 어딘지 그를 꺼리고 있는 눈치였다. 그래도 아무 문제가 없었는데, 상인의 친구라는 술 취한 파키스탄 사내가 들어오면서부터 시비는 시작되었다.

술 취한 사내는 마침 우리와 얘기하던 퀘벡에서 온 여인에게 눈길을 보냈다. 반바지를 입은 모습이 매우 귀엽게 보였는데 그녀의 남자친구도 옆에 있었다. 그런데 파키스탄 사내가 캐나다 여자를 게슴츠레한 눈으로 쳐다보며 수작을 부렸다.

"어디서 왔어? 왜 여행을 하지? 너희 나라 여자는 다 이렇게 예뻐?"

옆에서 듣기가 민망할 정도였다. 그 옆의 남자친구는 꾹 참고 있었다. 한두 번 그러고 끝날 줄 알았는데 그는 계속 치근거렸다. 그러나 끝까지 참은 캐나다인 덕택에 얼마 후 그는 사라졌다.

우리는 매우 불쾌했다. 하지만 섣불리 싸움을 했다가는 카슈가르에 와 있는 수백 명의 파키스탄 상인이 몰려올 것이기 때문에 조심해야 했다.

퀘벡에서 온 여자애는 씩씩거리며 분을 참지 못했다.

"무슬림들은 서양영화에 나타난 여자들처럼 서양여자들은 모두 섹스에 개방적이고 품행이 좋지 못한 여자인 줄 알고 치근거려."

"꼭 그렇지는 않아. 내가 파키스탄에 있을 때 무슬림들은 매우 호의적이고 의리가 있으며 손님접대를 잘하던걸. 사귀어보면 진짜 친구가 되지. 정이 가는 사람들이야."

미국친구가 말했다.

"당신은 남자니까 그렇지. 여자라면 그런 소리 쉽게 안 나올걸."

그녀의 얘기를 들어보면 그럴 만도 했다. 이곳뿐만 아니라 다른 지역에서 무슬림들에게 괴롭힘을 당한 다른 여자들 얘기를 해주었다. 그녀는 못난 무슬림들의 치졸한 행위 때문에 이슬람 그 자체를 경멸하고 싫어했다.

종교 자체가 그렇지는 않을 텐데. 언제나 어물전 망신은 꼴뚜기가 시키는 법이다.

그러나 현 상황을 객관적으로 볼 때 이슬람 사회는 여자들이 혼자 여행하기에는 불편하고 위험한 곳이라는 생각도 들었다.

다음날 밤 어제의 그 파키스탄 친구가 또 왔다.

"어제, 그 캐나다 여자 어디 갔어?"

"그 여자는 자기 남자친구와 우루무치로 떠났어."
파키스탄 친구는 입맛을 쩍쩍 다시며 나갔다.
이 친구, 정말 웃기는 꼴뚜기군.

치니바허빈관의 일본인 친구들

다음날 숙소를 서만호텔에서 치니바허빈관으로 옮겼다. 자꾸 이상한 사람이 찾아오는 것이 불안했기 때문이다.

치니바허빈관에는 파키스탄 상인들이 많이 묵고 있었지만 상인들과 순수한 배낭족들은 서로 방이 달랐다.

치니바허빈관의 다인방은 마치 병실 같은 분위기였다. 침대가 십여 개가 있고 하얀 시트가 깔린 것도 그랬지만 실제로 사람들이 많이 앓고 있었다. 이 카슈가르에서는 사람들이 많이 앓는 편이다. 그만큼 긴장이 풀어지기 때문이다.

일본인 친구들이 여럿 있었다. 그중에 두 명은 터키까지 갔다가 다시 이란, 파키스탄을 거쳐 중국으로 왔다고 했다.

"난, 지금 파키스탄으로 가려 하는데 어때?"

"좋아요. 사람들이 친절하고 인정이 많아요. 그러나 위험한 점도 있어요. 좋은 점은 그곳에 가면 자연히 알게 될 테니까 주의할 점만 말할게요."

그 친구는 사막의 용감한 부족 베두인족 스타일이라며 빨간 천을 머리에 두르고 위아래는 하얀 옷을 입고 있었다. 저고리 단추를 풀고 콧수염을 기르고 있어서 마치 뒷골목에서 주먹깨나 쓰는 친구처럼 보였는데 실은 매우 순진한 친구였다.

"라호르는 조심하세요. 잘 데가 마땅치 않아요. 역 앞의 숙소가 다 도둑소굴이에요. 여관 매니저들이 돈을 훔치죠."

"카라치는 괜찮아?"

"카라치 시내는 괜찮은데 근처 교외는 다 위험해요. 얼마 전 모헨조다로 유적을 보던 와세다 대학생 두 명이 반군들에게 잡혀서 돈을 내고 풀려난 적이 있어요. 그곳뿐만이 아니라 남부는 전체적으로 위험해요. 이란으로 가기 위해서 남부사막지대를 버스 타고 통과하던 한 일본인은 경찰한테 걸려서 돈을 천 달러나 뺏겼대요."

"아니, 어떻게 그런 일이······."

"버스 검문하던 경찰이 돈을 보자고 그러더래요. 그러면서 달러를 너무 갖고 있으니 증명서를 보자고 하더래요. 공항에서 입국할 때 신고한 증명서를 보자는 거죠. 그러나 일본사람이 공항에 입국할 때 그런 것 쓰라는 말도 듣지 못했대요. 항의를 하자 버스는 떠나게 하고 그 사막 한가운데의 초소에 가두려 했던 겁니다. 그 일본인은 죽을지도 모른다는 생각에 겁이 나서 돈을 주고 풀려났대요. 사실 사막 한가운데서 죽여도 알 수 없죠······. 북쪽은 매우 아름답고 사람들도 순박한 편인데 남쪽은 위험해요."

이런 일은 누구에게나 일어나는 일은 아니며, 그 사건 하나로 모든 파키스탄 사람들을 위험시 할 수는 없다. 여기에 바로 여행자들의 고민이 있는 것이다. 다 그런 건 아닌데, 만에 하나 있을 수 있는 일들 때문에······.

"그런데 학생은 얼마동안 여행하는 거야?"

"난 학생이 아니에요. 검정고시에 합격은 했는데 일본에서는 18세가 되어야 대학을 갈 수 있거든요. 그래서 여행하면서 기다리는 거죠."

"지금 몇 살인데?"

"열일곱 살이에요."

대단한 친구다. 한국 나이로 하면 18세. 애라고 생각했지만 애가 아니다. 세계를 누비는 당당한 어른인 것이다.

그 외에 학생들이 있었고, 직장 다니다 그만둔 친구들도 있었다. 신문사 편집국에 다니다 그만둔 삼십대, 백화점 점원이었던 이십대 초반의 여자, 베이징에서 자원봉사로 2년 동안 일했다는 이십대 후반의 여자.

학생 하나가 나에게 물었다.

"소화제 좀 있어요?"

"왜?"

"소화가 안 돼서 그래요. 약이 다 떨어졌거든요."

"아, 그거라면 특효약이 있지. 바늘로 손발을 따는 거야."

"손발을 따다니요? 싫어요."

"괜찮아."

난 여행하며 많이 경험했기 때문에 효과를 보리라 확신을 하고 있었다. 아니나 다를까 손발을 바늘로 따고 나자 십여 분 뒤에 좀 나았다고 했다.

"나도 좀 따줘요."

백화점 아가씨가 신기하다며 손을 내밀었다.

"속이 아파요?"

"아뇨. 지금은 괜찮은데, 어제 아팠어요."

"그럼 뭐 하러?"

"그냥 해보고 싶어요."

재미있는 아가씨였다. 그녀는 영어는 전혀 못하고 간단한 중국말로 중국을 혼자서 한달 정도 여행했다고 한다. 파키스탄은 겁나서 안 가고 다시 상해로 가서 일본으로 돌아갈 예정이라 했다.

그런데 나의 이런 돌파리 의사행각을 몇 달 후 서양친구에게 한 마디 들은 후에는 중지하고 말았다.

"에이즈 걸리려고 환장했어? 바늘로 따면 그 피가 묻을 것 아냐. 만약 그 사람이 에이즈 환자면 너는 에이즈를 옮기고 다니는 것이야. 너도 물론 걸릴 것이고."

듣고 보니 아찔했다. 지금도 난 그들이 에이즈 환자가 아니길 바랄 뿐이다.

현대판 실크로드 대상들

점심을 먹으러 에이티갈 모스크 근처 밥집에 갔다가 어제 보았던 파키스탄 비단장수를 또 만났다.

"여, 반갑소. 당신도 이곳이 단골이요?"

마치 원숭이 얼굴처럼 턱이 뾰족 튀어나오고 눈매가 약간 찢어져 날카롭다. 이마가 매우 좁고 얼굴색이 가무잡잡하며 새까만 턱수염이 덥수룩하게 얼굴을 덮어서 인상은 섬뜩했지만 매우 친절하고 활기찬 사내였다.

"자, 물 좀 드시오, 주인장, 이 사람 숟가락이 없네요."

이것저것 챙겨주는 마음씨가 섬세하기조차 하다. 국방색 야전잠바를 걸친 그는 밥을 손으로 먹었다.

"난 파키스탄의 카라치에서 왔는데 아버지는 파키스탄 사람, 어머니는 자이르[23] 사람이요."

"아프리카의 자이르요?"

"아니, 자이르를 아시오? 자이르를 아는 사람은 매우 드문데, 핫핫."

그는 파키스탄에 오면 들르라고 자신의 카라치 집주소를 가르쳐주었다.

"우리 집에는 이슬람책이 많소. 그것을 보여주겠소."

이슬람. 파키스탄으로 가기 전에 상식적으로 알아두어야 한다. 여행 떠나기 전 한남동 이슬람 사원에 들러 책 몇 권을 얻었는데 기도문이 적힌 책을 가지고 왔다. 만약 남쪽지방을 여행하다 납치라도 당하면 그 기도문 하나가 내 목숨을 구해줄지도 모르는 일이다.

무슬림들은 이렇다. 자기들을 이해해주고 자기들과 동료라고 생각하면 그렇게 헌신적일 수가 없다. 그러나 자기들을 무시하고 경멸하면 죽음을 무릅쓰고 덤벼들며 대를 이어 원수를 갚는다.

저녁 때 그의 방으로 가니 네 개의 침대가 있는 조그만 방에 각자 사놓은 비단꾸러미가 가득 있었다.

방안에 있던 사내들은 모두 투박한 손을 내밀며 악수를 청했다.

"비단이 많군요."

"핫핫, 비단장수들 방에 비단밖에 더 있겠소?. 비단 1미터에 11.50위안이요(약 1,600원). 파키스탄에 가면 70루피 주고 파니 약 17위안에 파는 것이요. 즉 1미터에 5.5위안(770원) 정도 이익이 남아요. 난 이번에 와서 400미터를 샀으니 한 2,200위안(약 31만원) 벌이죠."

"1년에 몇 번 와요?"

"공식적으로 두 번 오지만 세상일이 공식적인 것보다 비공식적인 일이 더 많지요. 우리는 대개 여권을 두 개 갖고 있어요. 경찰들에게 돈만 주면 안 되는 게 없죠. 보통 1년에 네 번 오죠."

그렇다면 1년에 한국돈으로 약 120만원 벌이다.

"난, 이번이 처음이라 조금 사 가지만 자본이 넉넉하고 경험이 많은 사람은 수천 미터를 사죠. 내 친구 하나는 이번에 8천 미터를 샀대요."

8천 미터면 400미터의 스무 배다. 한 번 오갈 때 600만원을 번다는 얘기다. 1년에 그렇게 네 번 오가면 약 2천4백만원의 벌이다. 한국 시각에서 보면 그리 많지 않게 보이지만 파키스탄의 대중음식점에서 밥 한끼가 한국돈으로 600원 정도밖에 들지 않는 물가수준을 생각하면 적은 돈이 아니다. 우리보다 물가가 다섯 배 정도는 싼 그곳에서 120만원과 2천4백만원은 그 다섯 배인 600만원, 1억2천만원의 크기로 다가올지 모른다. 꽤 괜찮은 벌이다.

식당에서 만났던 친구는 열을 내며 설명을 했다. 구석에 앉아 있던 중년은 미소 띤 눈길로 우리를 바라보고 있다. 세파를 견뎌낸 담담한 표정이다.

실크로드의 대상들은 사라진 것이 아니다. 다만 낙타에서 버스로 그 교통수단이 바뀌었을 뿐 오늘도 그들은 이 파미르 고원을 넘나들고 있는 것이다.

누가 도둑일까?

그들과 얘기를 마치고 우리 방으로 오니 사건이 벌어져 있었다.
독일인 친구가 돈을 잃어버렸다는 것이다.
"얼마를 잃어버렸대?"
"600마르크래요. 외부보다는 내부 소행으로 여겨져요. 파키스탄 상인들은 이곳에 오지도 않아요. 같이 있는 여행자들 중 아무도 없을 때 미리 봐 두었다가 슬쩍 한 것일 거예요."
일본학생의 얘기였다.
"누가 그랬을까?"
"모르죠. 게다가 잃어버린 독일인은 얼마 전 가짜 달러를 카슈가르에서 바꾸려다 봉변을 당했어요."
"가짜 달러라니?"
"파키스탄에서 가짜 달러를 싼값에 샀대요. 그것을 이 카슈가르에서 암달러상에게 중국 돈으로 바꾸려고 했는데 이 암달러상이 그것을 발견한 거죠. 결국 경찰에 신고하지 말라는 조건으로 암달러상에게 50달러를 지불했대요."
별일이 다 일어나는구나. 그 불행한 독일인은 고개를 푹 수그리고 있었다.

이 방안에는 현재 네 명의 독일인, 한 명의 영국인, 일곱 명의 일본인, 한 명의 멕시코 혼혈 영국인 그리고 한국인으로는 나 하나다.

범인은 누구일까?

알 수 없는 일이다. 서로 의심 가는 사람이 있을지 모르지만 입 밖에 낼 수는 없다. 대개의 여행자들은 그런 짓을 안 한다. 그러나 가끔 이런 일이 일어나는 것을 보았다.

"이런 일은 보통이죠. 라호르에서 만났던 한국사람은 파키스탄 사람이 권한 차를 마시고 나서 잠에 곯아떨어졌대요. 깨어보니 이틀 후고 돈은 물론 여권까지 없어졌대요."

"여권도?"

"네, 여권장사꾼들에게 팔면 돈이 되거든요. 여권을 사서 자기 사진을 붙인 후 자기 여권을 만드니까요."

"사진을 바꿔친다 해도 파키스탄 사람이 일본사람처럼 보이겠어?"

"문제없죠. 아버지는 일본사람 어머니는 파키스탄 사람이라면 되잖아요. 물론 그 여권으로 일본에 들어가려면 좀 문제가 있겠죠. 그러나 제3국은 전혀 문제가 되지 않잖아요?"

"기가 막히는군."

"이란에서도 그래요. 여권은 나라별로 또 가격이 다르대요. 일본 여권은 꽤 값이 높다나 봐요."

방안의 분위기가 침울했다. 서로 의심을 해야 하는 이런 상황이 씁쓸하기만 했다.

꼴뚜기들의 성폭행 사건

다음날 저녁에 카슈가르의 상징 에이티갈 사원을 돌아보았다. 옛날에는 이슬람 사원대학이었다는 큰 이슬람 사원인데, 정문에 들어서니 뜰이 있고 사람들이 마침 기도를 하고 있었다. 사람들은 생각보다 많지 않았다. 한 50명 정도가 뜰에 줄을 서서 절을 하며 기도를 하고 있었다.

점심 때 하는 기도가 가장 사람이 많다고 한다. 무슬림들은 새벽, 오전, 오후, 저녁, 밤 하루 다섯 번을 기도한다. 그들의 기도는 생활 속에 파고들었다고 알려져 있으나 카슈가르에서 본 무슬림들은 하루 다섯 번을 꼬박꼬박 기도하지는 않았다. 다만, 금요일날은 많은 사람들이 모여서 기도를 하고 있었다.

사원 앞에는 금요일이면 많은 장사꾼이 모여 있다. 부츠, 모자를 파는 사람, 수박, 멜론을 파는 사람, 엿을 파는 사람, 이슬람 설교 테이프를 파는 사람 들이 많다.

이 모스크 앞 광장에는 평일에도 사람들이 많다. 장사꾼들은 물론 할 일 없는 노인네들이 계단에 앉아 있거나 서서 지나가는 사람들을 물끄러미 쳐다보고 있다.

에이티갈 모스크 안에서 예배를 드리고 있는 무슬림들

언제나 행인들은 많다. 바로 에이티갈 사원 옆이 또한 시장이기 때문에 장보러 가는 사람들의 행렬이 그치지를 않는다. 광장의 꽃밭에는 촌에서 올라온 사람들이 옷매무새를 가다듬고 사진을 찍는다. 사진사들은 늘 손님들을 찾느라 이 근처를 어슬렁거린다.

시내 한복판의 거리에는 백화점이 있었다. 어디나 그렇듯 손님이 들어와서 진열대 앞을 서성거려도 점원은 본 체 만 체다. 물건 또한 별로 없었다. 신화서점이란 곳에 들러 위구르족 역사에 관한 영어책을 사려 했지만 없었다. 근데 토플책이나 학습용 영어교재 등은 많이 눈에 띄었다.

오후 늦게 숙소로 돌아오니 분위기가 이상했다. 침대 위에서 일본인 남학생 하나가 엎드려 울고 있고 일본인 여행자들이 주위에 침울한 표정으로 둘러서 있었다.

"아니, 무슨 일이야?"

"……."

아무도 먼저 입을 떼려고 하지 않았다.

"왜, 또 물건을 잃어버렸어?"

"아니에요. 파키스탄 상인들에게 못된 일을 당했대요."

"못된 일이라니?"

17세의 일본인 친구는 나를 구석으로 데리고 가더니 나지막한 소리로 자초지종을 설명해주었다.

"낮에는 호텔에 사람들이 없는 편이잖아요. 저 친구가 잠깐 볼일을 보러 나가다가 파키스탄 상인 세 명을 복도에서 만났대요. 그런데 그 녀석들이 다짜고짜 일본인 친구를 잡아끌고 복도구석으로 가 세 놈이 합동으로 성폭행을 한 것이래요."

"뭐야?"

기가 막혔다. 대낮에 어떻게 그런 일이…….

"앞으로 파키스탄 간다고 했죠? 조심하세요."

걱정이 된다. 여행길에서는 여자뿐만 아니라 남자도 성폭력에 조심해야 하는 것이다.

다음날 그 일본인 학생은 눈이 퉁퉁 부은 채 우루무치로 떠났다.

타슈쿠르간

　　파키스탄으로 떠날 나의 마음은 그다지 가볍지 않았다. 그렇지만 가야 할 길이라면 적극적으로 가야 한다. 카슈가르에서 일주일 넘게 쉬는 덕택에 피로했던 몸이 어느 정도 회복이 되었다. 카슈가르에서의 마지막 날 치니바허빈관 앞에서 남은 중국돈과 파키스탄 루피를 바꾸고 버스표를 샀다.

　　드디어, 카슈가르를 떠나 카라코람 고개를 넘는 날, 아침부터 버스 세 대에는 짐이 가득 실렸다. 파키스탄 비단상인들 60여 명 정도가 같이 가는데 여행자는 나 하나였다.

　　우리들은 버스 두 대에 나누어 탔다. 한 버스에 30여 명 정도였지만 각각의 버스에는 위에도 안에도 모두 비단꾸러미가 가득 찼다. 또 다른 버스 한 대는 모두 짐으로 채워졌다.

　　몇 시간 동안의 짐 검사 때문에, 10시에 떠난다는 버스는 12시 30분이 되어서야 시동이 걸렸다. 그래도 이것은 빠른 편이라고 했다. 보통 두세 시, 늦으면 저녁 6시에 떠나는 수도 있다고 했다.

　　자, 이제 떠나는구나. 카슈가르여 안녕. 대학병원 환자실 같던 치니바허빈관 400호실. 그 동안에 그곳에서 일어났던 일들, 또 만났던 친구들이 주마등처럼 머리를 스쳤다.

"리상, 잘 가요. 언젠가 또 보겠지요."

"아, 고미야. 몸조심 해."

4학년 졸업반으로 동경의 은행에 취직이 되었고 입사하기까지의 몇 개월 시간을 내어 여행 중이라는 고미야라는 남학생은 실제로 후일 다시 만나게 된다.

카슈가르 시내를 빠져 나오자 이내 황량하고 메마른 벌판이다.

모두들 고향으로 돌아가는 사람들이라 떠들썩하게 웃고 있었으나 옆자리의 청년은 말없이 침울한 표정으로 앉아 있다.

양복차림의 그는 비단장수 같아 보이지는 않았는데 카슈가르의 레스토랑에서 우울하게 혼자 앉아 있던 것을 본 적이 있다.

무슨 사연이 있나?

서서히 해가 빛을 잃기 시작할 무렵 버스는 산길을 오르기 시작했다. 위로는 깎아지를 듯한 절벽이 치솟아 있고 그 위에서 곧 바윗돌이 굴러 떨어질 것처럼 위태위태하다. 비라도 오는 날이면 금방 산사태가 나겠지. 그래서 이곳을 넘는 데 가장 위험한 시기는 5월이다. 해빙기에 눈이 녹으며 산이 무너지기 때문이다.

이 카라코람 고개는 중국에서는 중파공로(中巴公路)라 부르고 있다. 1969년 파키스탄 정부에서 과거의 실크로드를 다시 이용하여 교역하자는 제안을 했다. 파키스탄의 길기트에서 중국의 카슈가르까지의 길은 그 당시만 해도 낙타나 야크를 이용하여 열흘 이상이 걸렸다고 한다. 그러나 1970년 이 길이 개통된 뒤로는 차량을 이용해 1박 2일이면 갈 수 있는 길로 단축된 것이다.

하얀 눈 덮인 산을 몇 차례 지나고 저녁 땅거미가 어스름해질 때 검문소가 모습을 보였다.

모두 내려 여권검사를 받았다. 간이초소에 앉아 여권검사를 하던 경비병이 내 여권을 보더니 이상한 듯 이리저리 본다.

"이게 어느 나라 여권이요?"

"난 차오시엔이요(남조선)."

"에? 난 차오시엔?"

그는 내 얼굴을 신기한 듯 빤히 쳐다보았다.

"내 여기 근무하며 처음 보는 난 차오시엔이요."

글쎄. 이전에도 갔던 사람이 있겠지만 그가 근무하던 기간 중에는 없었나 보다.

"여행 잘 하셨습니까? 안녕히 가십시오."

선량해 보이는 경비병은 싱긋 웃으며 작별인사를 했다. 정말 이젠 중국을 떠난다는 실감이 들기 시작했다.

이곳은 국경지역의 긴장감이 없었다. 한쪽에선 탁구를 치고 있는 병사들이 보였다.

검문소를 지나서 조금 달리자 꽤 큰 호수가 나왔다. 작은 호수 위로는 하얀 눈이 살포시 깔려 있고 그 위로 초저녁 어둠이 덮이고 있었다. 호수를 둘러싼 산의 높은 봉우리들이 찬 하늘 속에 꼿꼿이 머리를 세우고 있었다.

파미르 고원을 향해 오르고 있다. 이 파미르 고원은 예전엔 바다 속이었는데 인도대륙이 북쪽으로 와 아시아 대륙에 부딪치는 바람에 솟아올랐다는 얘기가 생각났다.

깊은 바다 속을 달리고 있다는 생각이 들자 갑자기 두려워졌다. 이 어마어마한 자연의 스케일에 압도당할 뿐이다.

파미르 고원 지대는 내가 생각했던 것만큼 높다는 생각이 안 들었다. 높다고 느끼는 것은 주위에 비교될 평지나 계곡이 있을 때만이다. 그러나 여태까지는 전체가 높은 고지대라 그저 평평한 평원이 펼쳐 있고 주위에 산이 솟아 있는 평범한 평지 같은 느낌이 들 뿐이었다.

창틈으로 새어들어 오는 바람이 차다. 오리털 잠바를 꺼내 입어 그런 대로 견딜 만했지만 그래도 아랫도리는 시리다. 모두 몸을 웅크리고 머리를 가슴팍에 파묻은 채 오돌오돌 떨고 있다.

호숫가를 따라 한참 가던 버스는 다시 산중으로 접어든다. 그렇게 험한 산은 아니다. 이미 새까만 어둠은 산중 깊이 들어와 있었다.

다시 검문소였다. 경비병은 내 여권과 나를 번갈아 보며 물었다.

"르번(일본)?"

"난 차오시엔(남조선)."

"으잉?"

이 사람은 아까 그 사람보다 더 놀래더니 내 여권을 보며 허허 웃기만 한다.

찬바람이 모질게 분다. 코끝이 시리고 발이 시려 모두 동동거리고 있다. 푸르스름한 달빛이 이 파미르 고원의 허공에서 부스러지고 있었다.

여권검사가 끝나고 다시 버스가 출발하려고 하는데 갑자기 무슨 문제가 생겼는지 경비병과 운전사 사이에 한참 말이 오갔다. 나중에 안 일이지만 인원수에 문제가 있다는 것이었다. 아까 그 경비병이 다시 올라타 인원수를 세기 시작했다.

"하나, 둘, 셋······."

인원을 세다가 나와 눈이 마주치자 이 친구는 세는 것을 중단한 채 나에게 말을 걸었다. 영어였다.

"캔 유 스피크 인 차이니스(중국어 할 줄 알아)?"

"예스, 어 리틀(응, 약간)."

이 친구 나하고 아까 중국어로 얘기해놓고 새삼스럽게 중국어 할 줄 아느냐고 영어로 물을까?

"훼어 디쥬 스터디 차이니스(어디서 중국어를 배웠어)?"

"앳 스쿨(학교에서)."

교과서 문답하듯 몇 마디가 오갔다.

"응······."

더 이상은 영어작문이 머릿속에서 안 되나 보다. 실실 웃기만 하다 대충 건성으로 사람수를 센 후 내리며 나에게 작별인사를 했다.

"빠이빠이."

스무 살을 갓 넘긴 것으로 보이는 앳된 병사였다. 고향을 떠나 이런 변방에서 근무하다 늘 만나는 파키스탄 대상이 아닌 여행자가 나타나니 호기심이 나서 한 마디라도 더 나누고 싶어하는 눈치였다.

"그 친구 아까 당신하고 영어회화 연습하려고 했나 봐."

옆자리의 파키스탄 친구가 웃으며 말했다.

"그럴지도 모르지. 어쨌든 기분이 나쁘지는 않아."

내 군대시절이 생각났다. 매일매일 똑같은 일과 속에서 시간과 싸움을 하던 삼 년의 세월.

병사여 부디 몸 건강하시오. 국방부 시계는 쉬지 않고 돌아갔다오. 한국이나 중국이나 국방부 시계는 마찬가지 아니겠소.

버스는 다시 타슈쿠르간을 향해 달렸다.

버스 안에서 파키스탄 상인 하나가 중국에서 산 장난감 권총을 쏘아가며 주위사람들과 신기한 듯이 쳐다본다.

"뿅뿅뿅, 투투투, 차르르, 비이빙……."

무려 열 가지 소리가 나자 사람들은 좋아라 박수를 쳐댔다. 마치 어린아이 같다.

허연 구름이 우뚝 솟은 산중턱, 허공에서 빛나고 있는 노란 달이 손을 뻗으면 잡힐 듯하다. 버스는 겁에 질린 듯 어둠 속을 뒤뚱거리며 조심스럽게 험한 산길을 헤쳐가고 있었다.

드디어 타슈쿠르간에 9시 반에 도착했다.

카슈가르에서 360킬로미터 떨어진 이 파미르 고원의 마을은 해발 3,600미터이다.

숙소의 점원은 나에게 파키스탄 상인과는 달리 독방을 주었다. 불빛이 밝고 화장실이 실내에 있는 깨끗한 방이었으나 불기 한점 없는 싸늘한 방이다. 식당도 없다. 딱딱한 빵을 대충 뜨거운 물과 함께 씹어 먹었다. 속이 쓰릴 정도로 배가 고팠지만 참는 수밖에 없다.

이럴 줄 알았으면 먹을 것을 좀 많이 사올 걸.

후회한들 소용없다. 오리털 잠바를 입고 침낭 속에 들어간 후 다시 이불을 덮었다. 코끝이 싸늘하다. 지금 실내 온도는 영하 몇 도일까? 가지고 온 온도계는 고장이 나서 보나마나 영상 10도겠지. 호흡은 곤란하지 않은데 골이 약간 지끈거린다. 고산병 증세일까?

예전에 이곳에서 열리는 회의에 참석하려던 중국공산당 여성간부 하나가 고산병으로 죽어버렸다는 소릴 들은 적이 있다. 해발 3,600미터라.

예전에 트래킹했던 네팔 안나푸르나 베이스 캠프가 약 4,300미터. 인도 캐쉬미르 스리나가르에서 레까지 가는 도중 약 5,000미터의 히말라야 산맥을 넘을 때도 괜찮았으니 별일 없겠지.

카라코람 고개를 타다

전날 저녁 같은 일행인 파키스탄 사람에게 몇 시에 떠나느냐고 물으니 7시에 떠난다고 했다. 늘 버스여행 할 때는 베이징 시간 기준이니 신장위구르 자치구 시간으로는 5시다. 자명종 시계를 4시 반에 맞춰놓고 새벽에 일어나 밖으로 나가보니 아무도 없다.

5시가 되어서야 일어들 나려나?

다시 들어와 잠깐 자다 보니 5시 10분.

밖에 나가보니 여전히 아무도 없다.

이거 어찌 된 거야. 도대체 사람들이 일어나는 기색이 없다.

신장위구르 자치구 시간으로 7시인가?

나는 그런 의문을 안고 밖을 서성였다.

새벽달은 푸르스름하게 파미르 고원을 내려다보고 있었다.

파미르.

나는 파미르 고원에 있는 것이다. 세계지도를 보면 진한 고동색으로 칠해져 있는 세계의 지붕에 내가 서 있다는 것이 꿈만 같이 여겨진다.

다시 방안으로 들어와 준비해온 자료를 읽었다.

파미르 고원은 톈산, 카라코룸, 힌두쿠시의 대산맥이 서로 만나며 치솟아오른 거대한 고원지대이다. 평균해발은 5천미터이며 6천, 7천미터급의 산들이 우뚝우뚝 서 있다.

그러니 타슈쿠르간은 해발 3,600미터라지만 주위와 비교하면 산속에 파묻힌 포근한 골짜기 같은 마을이다.

타슈쿠르간이란 '돌의 성' 또는 '돌의 탑'이라는 뜻이라고 한다.

서양에서 실크로드에 관해 처음으로 기술한 그리스의 물리학자 프톨레마이오스는 마케도니아의 상인에게서 들은 이야기라며 "비단의 나라 세리카(서역의 한 나라)로 가려면 '투리스 라피데아' 즉 돌의 탑을 거쳐서 간다"라며 그의 저서 『지리학』에 적었다고 한다. 바로 타슈쿠르간을 말한다.

또 중국의 기록에 보면 "이 나라는 좁으면서도 만국의 요충지로 길은 모두 이곳을 경유했다"고 씌어 있다고 한다. 당승 현장도 바로 인도에서 카슈가르로 가며 타슈쿠르간에서 20일간 체재했었다고 한다. 현장은 당시의 타슈쿠르간에 대해서 『대당서역기』에 이렇게 기술하고 있다 한다.

사람들은 거칠고 무술에 뛰어났다. 그러나 불법을 숭상하며 승려는 무려 5백여 명이다.

이곳 갈반타국[24]의 왕은 얼굴이 한인(漢人)과 비슷하며 국왕 역시 한인 어머니에게서 태어났으며 아버지는 '하늘의 태양'이었다고 주장하고 있다.

그것을 말해주는 전설은 이렇다. 먼 옛날 페르시아의 왕이 한의 공주를 맞이하게 되었다. 마중 나온 사자와 공주 일행은 파미르의 어떤 골짜기까지 왔으나 마침 난리가 일어나 교통이 두절되고 말았다. 페르시아의 사자는 공주를 보호하기 위해 산 속에 공주 일행을 숨기고 삼 개월 동안 보호를 했다. 난리도 끝난지라 삼 개월이 지난 후 페르시아를 향해 떠나려 했는데 공주는 임신해 있는 것이 아닌가? 사자는 주위 사람들을 의심하며 문책해보았지만 애 아버지는 나오지 않았다. 이때 공주의 시녀는 "공주님의 상대는 하느님이에요. 낮이면 매일 태양 속에서 한 장부가 말을 타고 나타나 공주님과 만났어요"라고 말했다.

페르시아의 사자는 곤경에 처했다. 돌아가서 왕에게 보고해도 그것을 쉽게 믿을 수는 없는 일이었다. 할 수 없이 이곳을 근거로 공주를 주군으로 모시고 마을을 만들었다. 공주에게서 태어난 아들은 하늘을 날고 바람이나 구름을 움직일 수 있었으며 마을은 번성했다.

고구려계 장군인 고선지 장군도 이 타슈쿠르간을 거쳐 소발률국[25]으로 원정을 했다고 한다.

그러나 지금 이 주변에는 타지크족 유목민들이 주로 살고 있다.

한참 시간이 지난 후, 시계를 보니 신장위구르 자치구 시간으로 6시인데, 아무도 안 나온다.

이윽고 7시가 되었는데도 여전히 인기척은 없다.

이거 미치겠군. 베이징 시간 7시도 아니고 신장위구르 자치구 시간으로 7시도 아니면 도대체 어찌된 거야?

결국 8시가 되어서야 사람들이 몰려나왔다. 운전사가 나타나지 않아 모두 추위에 떨고 있다.

"이봐요, 코리안. 이리 와서 차이(茶)나 한잔 합시다."

내 옆자리에 앉았던 젊은이가 친절하게 숙소 건너편의 허름한 찻집으로 데려갔다.

"여긴 중국땅이지만 차는 파키스탄 차예요."

우유와 설탕이 가득 든 이 달콤한 차는 인도여행 때도 많이 마셨던 차다.

그는 내 찻값까지 냈다. 이렇게 남의 찻값까지 내는 것은 파키스탄에서는 일반적으로 접할 수 있는 호의였다. 자기 것만 내는 그런 짓은 쩨쩨한 짓이라고 그들은 경멸하고 있었다.

"자, 이 비스킷도 들어요. 어제 춥지 않았어요?"

어제와는 달리 그는 나에게 매우 친절하다. 다른 사람들도 모두 한 마디씩하며 인사를 하는 훈훈한 분위기다.

"버스가 7시에 떠난다고 하더니 왜 지금에야 사람들이 나왔죠? 난 세 시간 전부터 일어나 기다렸는데요."

"지금이 7시잖아요."

"예? 지금 내 시계로는 8시인데."

"아, 그것은 신장 타임이지요. 파키스탄 시간으로는 7시예요."

"어쩐지, 난 그것도 모르고……."

베이징 시간과 신장위구르 자치구 시간은 두 시간 차이, 다시 신장위구르 자치구 시간과 파키스탄 시간은 한 시간의 차이가 나는 것이다.

결국, 버스는 9시가 돼서야 떠났다.

한 시간 반 정도 버스를 타자 피랄리가 나왔다. 이제 곧 중국을 벗어나는 것이다.

중국이여 안녕

국경의 중국측 이민국에서도 파키스탄 상인들의 짐은 철저히 조사했지만 나의 배낭은 뒤지지를 않았다. 그저 내가 난 차오시엔에서 왔다니까 웃으며 통과시켜주었다.

그런데, 수속을 마친 후 기다리고 있자니, 웬 국방색 제복의 청년이 다가와 영어로 물었다.

"당신, 사우스 코리아에서 왔소?"

"예."

"반갑소. 난 이곳에서 근무하는 군인이오."

"집이 어디요?"

"시안이오."

"꽤 먼데까지 와서 근무하는군요."

"하지만, 이제 6개월 정도 있으면 집으로 갑니다. 제대하면 난 영어를 더 배워서 무역을 하고 싶어요. 근무하면서도 영어공부를 열심히 하고 있지요."

이 국경 경비원은 내가 생각했던 딱딱한 군인이 아니라, 공부를 하고 싶어하는 순진한 청년이었다.

그는 나에게 한국의 실정에 관해 이것저것 묻다 약간 항의하는 듯한 표정을 지으며 질문을 했다.

"그런데 말이요 남조선 정부가 임수경을 잡아 가둔 건 잘못된 일 아니오?"

허허. 임수경을 이 파미르 고원의 국경 경비원도 알고 있구나. 놀라운 전파의 힘이다.

워낙 상인들의 짐이 많다 보니 짐 검사하는 데 시간이 길어졌다.

내 옆에 앉았던 청년이 외롭게 홀로 서서 멀리 중국 쪽을 바라보고 있었다. 아침에 나에게 차 대접한 것도 있고 해서 그에게 다가갔다.

"우리 차나 같이 한잔 합시다."

"아니에요. 됐어요."

파키스탄으로 가는 국경길에서 버스에 짐을 싣고 있는 중이다.

그의 표정이 어둡다.

"무슨 걱정이라도 있소?"

잠시 침묵을 지키던 그가 말을 이었다.

"사실은 나의 애인이 저 카슈가르에 살고 있어요. 그녀는 위구르족인데 전에는 우리 집 옆에서 살았어요. 파키스탄의 길기트란 곳이죠. 난 그녀를 사랑했어요. 그러나 그녀의 집에서는 나를 받아들이지 않았어요. 가난한 청년에게 딸을 줄 수 없다는 게 이유였죠. 결국 그녀는 돈 많은 카슈가르의 상인에게 시집을 갔어요. 지금은 딸이 둘이나 있지요. 하지만 난 그녀를 잊을 수 없어 매년 이렇게 카슈가르에 갔다 온답니다. 보통 1개월 정도 있다 오는데 이번에는 6개월 있었어요. 그동안 만난 건 딱 세 번뿐이에요. 남편 몰래 만나려다 보니 그것밖에 못 보았어요."

"……"

"이러면 안 된다는 걸 알면서도 자꾸 발길이 떨어지질 않아요."

그는 남쪽 하늘을 바라보며 한숨을 내쉬었다.

나도 마음이 괜히 우울해진다. 이 험준한 파미르 고원도 사랑을 막지는 못한다. 사랑에는 국경도 없다. 그러나 돈 앞에는 사랑도 무너지고 있다.

길고 긴 짐 검사가 끝나고 버스는 파키스탄을 향하여 힘차게 떠났다.

이 피랄리에서부터 카라코람 고개의 가장 높은 길, 쿤제랍 고개가 시작된다.

쿤제랍 고개란 그 지역말로 '피의 계곡'이란 뜻이다. 예전에 산적들이 이 길을 넘던 대상과 수도승들을 상대로 약탈과 살인을 자행하여 늘 피가 계곡에 흘렀다 하여 붙여진 이름이다.

1천4백 년 전 걸어서 이 길을 넘은 법현 스님은 "깎아지른 절벽 밑으로 세차게 강이 흐른다. 앞으로 가려 해도 발 디딜 곳이 없다"고 했다. 예전에는 야크를 타고 한 달도 더 걸렸을 길이다.

양쪽으로 높게 치솟은 산들이 고갯길을 에워싸고 있다. 위를 쳐다보니 현기증이 난다. 군데군데 길 만드느라 폭파장치를 했던 구멍들이 보였다. 금방 무너질 것처럼 바위들이 허술해 보인다. 저 바위들이 굴러 떨어진다면 그대로 끝장이다. 밑으론 까마득한 절벽이다.

예전의 실크로드는 이 쿤제랍 고개를 지나지 않았다. 타슈쿠르간에서 80킬로미터 정도 오다 서쪽으로 슬쩍 빗겨나 민타카 고개를 넘어 파키스탄 쪽으로 갔거나 와크지르 고개를 넘어 아프가니스탄 쪽으로 넘어갔다고 한다.

혜초 스님이 어느 쪽으로 넘었는지는 정확히 모르겠지만 아프가니스탄 부근에 있었던 토카라국[26]을 거친 것으로 보아 그는 인도를 여행한 후 와크지르 고개를 통해 파미르 고원을 넘어 카슈가르로 왔던 것으로 추측된다.

그는 이 파미르 고원을 넘으며 서쪽으로 가는 중국사신을 만났을 때 암담한 심정을 『왕오천축국전』에서 이렇게 읊었다.

> 그대는 서번(西蕃-서쪽 변방)이 먼 것을 한탄하나
> 나는 동방으로 가는 길이 먼 것을 한탄하노라
> 길은 거칠고 눈은 산마루에 수북이 쌓였는데

험한 골짜기에는 도적이 들끓는구나.

새는 날다 깎아지른 산 위에서 놀라고
사람은 좁은 다리를 건너며 어려워한다.
평생에 눈물 흘린 일이 없었는데
오늘만은 천 줄이나 뿌리도다.

얼마 가다 보니 또 검문소다. 비록 출국수속을 마쳤지만 아직은 중국령이다.

"마지막 검문소예요. 이곳을 지나고 저기 보이는 고개를 넘으면 파키스탄이죠."

옆자리의 청년이 이제 다 되었다는 표정으로 말을 했다.

그러나 마지막으로 문제가 생겼다.

인원수에 차질이 생겼다는 것이다. 옆자리 청년의 통역에 의하면 운전사가 제출한 명단에는 스물여덟 명이 있어야 하는데 실제로는 스물여섯 명이란 것이다.

"어찌 된 거요? 두 명이 중간에서 사라졌나?"

"글쎄, 두고 봅시다."

허름한 국방색 제복에 모자를 푹 뒤집어쓴 이 경비병은 약간 꺼벙해 보였지만 일처리는 매우 꼼꼼하게 하고 있었다. 분명 두 명이 없어졌다는 확신에 찬 표정으로 버스에서 내려 초소로 갔다. 군인들이 여럿 몰려오고 문제는 심각해졌다.

"우리 못 가는 것 아니오?"

"그럴지도 모르지요."

"아니 도대체 두 명이 어디 간 것이요?"

"사람들말로는 한 명은 피랄리 검문소에서 문제가 있어 다시 중국으로 되돌아갔고 또 한 명은 앞차를 타고 갔다는 겁니다. 그러나 경비병은 앞차의 인원은 한 명이 더 많지 않았고 정원 그대로였으니 한 명이 어디로 샜다는 거죠."

"정말로 그가 앞차에 갔다고 당신은 믿어요?"

"글쎄. 잘 모르겠어요. 하지만 독수리를 갖고 가는 사람들이 중간에서 새어나갈 수도 있어요. 좋은 독수리는 중국에서 사면 3만 달러인데 파키스탄에서 팔면 십만 달러를 받을 수 있으니 큰 장사죠. 그러나 불법이기 때문에 걸리면 압수당하고 이삼백 달러의 벌금을 내게 되니 몰래 입국하는 경우도 있지요."

독수리가 그렇게 비싼가?

아무래도 그가 계산을 잘못 한 것이라 생각되어 믿을 수 없지만, 그냥 듣기로 했다.

"독수리가 그렇게 비싸요? 그것을 왜 사는 겁니까?"

"좋은 독수리는 보석, 다이아몬드 등을 주울 수 있기 때문에 그래요."

처음 듣는 이야기이다. 독수리라고 했는데 혹시 매를 말하는 건 아닐까?

그의 말이 맞든 안 맞든, 사람들이 샐 가능성은 있는 것으로 보였다. 모두들 버스에서 내려 하늘만 쳐다보며 한숨을 푹푹 내쉬고 있다. 다시 중국으로 되돌아갈 수밖에 없는가?

한 반 시간 정도가 흘렀다. 그때 갑자기 사람들이 와 환호성을 지르며 버스를 탔다.

"어찌 된 거요?"

"몰라요. 어디다 연락을 해보았는지 가도 된다는 겁니다."

어찌 돌아가는 건지 모르겠지만 좋은 일이다. 모두들 왁자지껄 떠들며 웃고 축제 분위기이다.

높이 치솟은 메마른 산 너머의 하늘이 푸르기만 하다.

차차 버스는 정상을 향해 올랐다. 호흡이 조금 가빠지는 느낌은 들었지만 심하지는 않다. 굽이굽이 이어진 길을 돌아 올라가는데 산에서 양을 몰고 내려오는 노인이 보이고, 말을 타고 가는 사내도 보인다. 그 옆에는 야크도 보였다. 야크는 이 고원지대를 넘는 데는 적격이다. 고원지방에서 공기가 희박해도 끈질긴 생명력으로 살아가는 야크는 이 지방 사람들에게는 꼭 있어야 하는 동물이다. 멀리 뛰노는 아이들도 보였다. 바로 타지크족이다. 이들은 세계의 지붕에서 목축을 하며 억세게 살아가고 있는 것이다.

버스가 정상을 향해 올라갈수록 하늘이 어릿어릿하다. 드디어 평탄한 길이 펼쳐졌다. 그리고 저 앞으로 비석이 보였다. 바로 중국과 파키스탄의 경계비인 것이다. 해발 4,943미터의 꼭대기에 비석은 덩그마니 서 있었다.

중국을 벗어나는 순간, 모두 손을 들고 카운트다운을 했다.

"셋, 둘, 하나. 파키스탄!"

상인들은 흥분하여 소리를 질렀다.

서로 악수를 하며 어깨를 끌어안았다.

"파키스탄에 온 것을 환영합니다."

이쪽저쪽에서 나에게 악수를 청했다.

사실 별일도 아닐 국경 통과인데 사람들이 그렇게 법석을 떠니 나도 가슴이 벅차올랐다.

드디어 중국을 벗어났구나.

37일간의 중국여행. 너무도 짧은 기간이었다.

다시 올 것을 약속하며 중국 쪽을 돌아보았다.

중국이여 안녕. 나는 이제 해 지는 곳을 향해 간다. 더 디딜 곳이 없는, 유라시아 대륙의 끝을 향해.

마르코폴로와 혜초가 왔던 길, 현장이 갔던 길, 수많은 대상과 구도자들의 피와 땀이 서린 길을 따라간다. 몸은 서쪽으로 가되 마음은 먼 과거 속으로 빠져들고 있었다.

실크로드 5 ## 파키스탄 입성

한 30분 정도 가다 버스는 다시 섰다. 마주 오는 버스의 운전사를 아는지 길 한가운데서 차를 세워놓고 악수를 하며 한참 웃으며 떠들다 간다. 이윽고 해가 서서히 넘어갈 때쯤 산골에서 버스는 다시 섰다. 운전사는 구석으로 가 담배를 피우고 남자들은 나무 밑의 평지에 일렬로 선다. 연장자로 뵈는 노인이 한 걸음 앞으로 나서서 두 손을 모아 귀를 감싸더니 기도문을 외기 시작하면서 절을 하기 시작한다. 여기는 파키스탄, 마음을 느긋하게 먹자. 세월이 좀먹겠소.

비자 유감

이상한 일이었다.

중국 쪽에서는 그렇게 황량했던 산맥이 파키스탄 쪽으로 내려오자 기암절벽 사이사이로 녹음이 울창하고 계곡에는 시퍼런 물이 힘차게 흘러내리고 있었다.

마치 한국의 설악산 같은 심산유곡 사이의 산길을 버스는 아슬아슬하게 따라 내려갔다. 아차 하면 골짜기로 처박힐 것 같아 등골이 오싹했지만, 이제 전혀 다른 풍경과 함께 파키스탄의 여행이 시작된다고 생각하니 들뜨기 시작했다. 사람들도 모두 껄껄대고 웃으며 들떠 있었다.

그러나 이런 기분은 국경이 다가올수록 차차 가라앉기 시작했다. 검문소가 하나 나왔다. 검문소라야 별것 아니다. 길옆의 야전텐트 안에서 국방색 베레모를 쓴 제복의 군인이 나와 버스로 걸어왔다.

사람들은 서로 '쉿' 하며 조용히 하라는 시늉을 했다. 갑자기 버스 안에는 숨막힐 듯한 긴장감이 감돌았다.

"앗 살람 왈레이쿰(당신에게 신의 축복이 있기를)."

콧수염이 인상적인 군인이 버스에 올라타며 인사를 했다.

"왈레이쿰 앗 살람(당신에게도 신의 축복이 있기를)."

모두 합창하듯이 인사를 했다.

대충 버스를 둘러보던 군인이 나를 보더니 다가와 큼직한 손을 내밀며 악수를 청했다.

"앗 살람 왈레이쿰."

"왈레이쿰 앗 살람."

"와."

사람들은 나의 능숙한 인사말에 감격을 한 듯이 탄성을 질렀다. 군인도 기분이 좋아 입을 벌려 허허 웃다 내려갔다.

"아니, 당신 우리말 언제 배웠어요?"

"그 정도야 당신 나라 방문하는데 예의 아니겠소."

"좋습니다."

이렇게 기분 좋게 시작했던 파키스탄의 여행은 이민국에서부터 골치 아파지기 시작했다. 생각보다 빠르게 오후 4시쯤 이민국이 있는 서스트란 곳에 도착했다.

사람들은 이민국에 도착하자 긴장하다 못해 초조한 빛을 내보이기 시작했다. 들리는 바에 의하면 이곳의 관리국 직원들은 매우 깐깐하게 굴고 상인들한테 뇌물을 바란다는 것이었다.

좁은 공터에 선 버스 위에서 짐을 내리고 사람들은 한쪽으로 가 줄을 섰다.

나는 외국인이라 쓰여진 책상 앞으로 갔다.

옆에서 일하던 빨간 잠바 차림의 사내가 다가왔다. 뭐가 못마땅한지 화가 잔뜩 난 표정을 짓던 그는 내 여권을 거칠게 펼쳤다.

"비자가 없잖아?"

신경질적으로 소리쳤다.

"비자라뇨? 한국에서 떠날 때 당신 나라 대사관에 물으니 비자가 필요없다는 말을 듣고 그냥 왔는데요?"

"우린 그런 것 몰라."

황당하기만 했다. 옆의 사람은 나를 데리고 책임자에게 데리고 갔다. 책임자는 나를 멀뚱멀뚱 쳐다보다가 대답했다.

"당신은 비자가 없기 때문에 72시간 통과비자밖에 줄 수 없소."

"삼 개월은 비자 없이 여행할 수 있다고 파키스탄과 한국은 협정이 맺어져 있어요. 내 말이 의심스러우면 규정을 찾아보세요."

"그런 것 없소."

"그러면 이슬라마바드에 전화로 연락해보시오."

"전화가 안 되오."

답답하기 그지없었다. 계속 무언가를 설명하려 하자 책임자는 귀찮다는 듯 퉁명스럽게 대답했다.

"그것도 싫다면 중국으로 돌아가시오."

얘기는 그것으로 끝난 것이다.

할 수 없다. 이슬라마바드에서 연장하는 수밖에. 이들과 싸워보았자 말이 안 통했다.

알렉산더 대왕의 후손?

국경 근처, 게스트 하우스에서 1박을 했다. 하룻밤 자는 데 파키스탄 루피로 25루피이니 한국돈으로 750원 꼴이어서 싸기는 했지만 콘크리트 바닥에 침대만 두 개 덩그러니 있을 뿐이다. 밖이든 안이든 화장실도 없고 샤워하는 곳도 물론 없다. 그래도 누런 전등불이 있으니 다행이다.

어딘가 식당이 있겠지만 깜깜해서 찾기도 힘들다. 할 수 없이 딱딱한 빵을 꼭꼭 씹으니 달콤한 맛이 우러나 먹을 만했다.

주변은 적막하기 그지없고 다만, 파미르 고원에서 내려오는 계곡물 소리만 요란했다. 기온은 급강하해서 손발이 몹시 시렸다. 침낭 속에서 웅크린 채 눈을 꼭 감고 잠을 청하는데 이번에는 코끝이 시려왔다.

다음날 오전 전날 같은 버스에 탔던 파키스탄 학생들을 만나 같이 차를 타고 내려가기로 했다. 승객 여덟 명 가량을 태운 밴은 두 시간 정도 후에 가네쉬란 곳에 나를 내려놓았다.

오른쪽 위가 훈자라 했다. 훈자는 도시의 이름이 아니라 옛날 왕국의 이름이었고 지금도 그 일대를 훈자라 부르는데 중심마을은 카리마바드라는 곳이다. 산길을 따라 올라가는데 빈속이라 속도 쓰리고 힘도 들어서 훈자여관이란 곳에 도착했을 때에는 이미 난 녹초가 된 상태였다.

"좀 쉬세요."

"그것보다 밥 좀 먹을 수 있소? 그저께 저녁부터 계속 빵만 먹었더니 배가 고파 죽겠소."

"물론 있지요. 다알 좋아하세요?"

"먹는 것이라면 무엇이든 좋소. 밥은 더욱 좋고."

그가 차려온 볶음밥, 야채수프 그리고 다알을 허겁지겁 먹고 나니 살 것 같았다. 콩수프라 할 수 있는 다알은 인도와 네팔을 여행할 때 이미 입에 익은 것이었다.

훈자여관에서 일하는 젊은 사내가 싱글싱글 웃고 있다. 머리가 까맣고 파마한 것처럼 부드러워 보인다. 그리스 사람의 후손이 이곳에서 살고 있다더니 정말인가?

"당신이 그리스인의 후손이요?"

"하하, 그럴지도 모르죠. 예전부터 전해져 내려오는 얘기예요."

기원전 4세기경 알렉산더가 이곳을 점령했을 때 그의 부하장수인 가와자 아랄이 귀국을 거부하고 이곳에 머물러 살며 자손을 퍼뜨렸거나 아니면 알렉산더 대왕이 직접 퍼뜨렸을지도 모른다는 설이 있다. 그래서 그런지 푸른 눈과 곱슬머리를 갖고 있는 사람들이 눈에 띈다. 지금 눈앞에 있는 사나이는 눈은 푸르지 않지만 분명히 곱슬머리다.

"하긴, 우리 마을 말은 부루샤스키어라 부르는데 밑의 가네쉬 마을 사람들 말과는 전혀 틀려요. 가까운데도 말이 이렇게 틀린 것을 보면 우린 좀 다르다고 할 수 있지요."

그 친구와 얘기를 하고 있는데 한 청년이 들어왔다.

"일본인?"

"한국인이오."

"반갑습니다. 서스트에서 기분 나쁜 일 없었소?"

자초지종을 설명하자 이 친구는 나보다 더 화를 냈다.

"멍청이 같은 녀석들. 그곳 관리들은 무능하고 썩어빠졌어요. 비단장수들한테 늘 돈을 뜯고 외국인들한테는 기분 나쁘게 대하죠. 다, 남부에서 올라온 녀석들이에요. 북쪽사람들 같으면 안 그래요. 파키스탄에 대해서 어찌 들었는지는 모르겠지만 남쪽으로 내려가면 주의하세요. 도둑, 강도, 사기꾼들이 많아요. 북쪽은 평화스럽고 사람들도 좋아요."

물론, 후일 여행한 남쪽사람들이 다 그렇게 나쁜 것은 아니었다. 아마도 파키스탄의 북쪽과 남쪽 사이에는 좋지 않은 지역감정이 있는 것 같았다.

장수마을 훈자

훈자는 장수마을이라 알려져 있다.

그런데, 약 십년 전에 일본 NHK에서 방영한 필름에 의하면 108세 되는 할아버지가 가장 나이든 사람이라 했다. 그 정도 나이라면 다른 나라에도 있지 않은가 하는 생각이 들었는데, 아마도 최고령보다는 전체적으로 건강한 노인이 많아서 장수마을이란 말이 나온 것 같았다. 아니면, 의학의 힘 없이도 물 좋고 공기 좋은 곳에서 오래 살기 때문에 그런 말이 퍼졌던 것은 아닐까?

어쨌든 나는 훈자에서 일부러 고령의 노인을 찾아다니는 행동은 하지 않았다. 나는 그저 자연을 즐기고 싶었다. 훈자는 장수마을이 될 만한 충분한 조건을 갖추고 있었는데 우선 공기가 맑다는 점이다.

세계의 지붕 파미르 고원 밑의 해발 2,500미터에 위치한 이 마을의 공기는 속이 시릴 정도로 맑다. 다음으로 물이 맑다. 공해라고는 있을 수 없는 카라코룸 산맥의 눈 녹은 물을 먹고 사니 건강에 얼마나 좋겠는가?

마지막으로 가장 중요한 것으로 이 세상의 일에 그다지 신경을 쓰지 않아도 될 정도로 변화 없는 삶을 살아왔다는 것이다. 그야말로 배

장수마을로 통하는 훈자마을의 정경이다. 산수가 수려한 곳이다.

고프면 밥 먹고 목마르면 물 마시는 자연적인 리듬에 따른 생활이 보장되었던 것이다.

정말 이 훈자마을은 시간이 충분하다면 몇 주일 푹 쉬며 세상만사를 잊고 싶은 곳이었으나 72시간 안에 비자를 연장해야 하는 나로서는 아쉬움을 달래며 훈자마을을 산책했다.

훈자마을에는 두 개의 고성이 있다. 발티트 포트(성채)와 알티트 포트가 있는데 발티트 포트는 현재 문이 닫혀 있다고 해서 알티트 포트를 가기로 했다.

발티트 포트는 1960년까지 훈자 미르(왕)가 살던 곳이라 한다. 골짜기에는 계단식 논들이 펼쳐져 있었다.

돌담집들 사이에서 맨발로 놀던 아이들이 나를 빤히 쳐다본다. 옷은 남루하기 짝이 없지만 눈이 빛나고 있었다. 그 눈빛에 푸르스름한 기가 도는 아이도 있었다.

마을의 공터에서는 아이들이 맨발로 축구를 하고 있었고, 길거리에 모여 앉아 책가방을 옆에 두고 트럼프를 치는 녀석들도 있었다. 나무들 사이로 수북이 쌓인 누런 낙엽을 포대에 담는 아낙네와 소녀도 보였다.

가을이 깊었구나. 11월 중순이면 한국에서도 늦가을이니 해발 2,500미터의 훈자는 꽤 추울 만도 한데 생각보다 춥지 않다. 그저 싸늘한 정도다.

마을의 논길을 따라 가다 철문을 들어서 알티트 포트를 향해 걸어갔다.

알티트 포트는 성이라기보다는 일종의 요새로서 밑을 보며 감시하는 역할을 하는 것 같았다. 벼랑 끝에 우뚝 선 돌로 쌓인 요새는 마치 허공을 향해 날아가려는 독수리처럼 보였는데, 요새 안으로 들어갈 수는 없었다.

나는 근처 바위에 앉아 주위를 바라보았다.

깎아지른 듯한 벼랑 밑으로는 시퍼런 훈자강이 도도히 흐르고 있고 건너편 산골짜기에는 나가르 마을이 보인다. 멀리 해발 7,788미터의 라카포시 봉이 하얗게 햇빛을 받아 빛나고 있었으며 왼쪽으로 계곡을 따라 카라코람 고개가 실처럼 이어지고 있었다.

훈자마을 거리 한 모퉁이에서 카드놀이를 하고 있는 아이들

약 2,300년 전 이곳에 왔었던 그리스 병사들이 돌아가기 싫었을 만도 하다. 이 그림 같은 자연 속에서 파묻혀 산다면 신선이 따로 있겠는가 말이다.

햇살이 따스하다. 벼랑 끝에 앉아 계곡물 흐르는 소리를 들으며 깊은 골짜기를 내려다보니 마치 내가 하늘에 둥실 뜬 느낌이다.

6월쯤에 오면 이곳은 그야말로 낙원 같다고 한다. 이곳저곳에서 여행자들은 옷을 벗고 일광욕을 하며 이 따뜻한 햇살과 공기와 물에 몸을 맡긴다고 한다.

지금도 좋기는 마찬가지다. 그런데 그놈의 비자 때문에 나는 내일 이슬라마바드를 향해 가야 하는 것이다.

저녁이 되자 훈자는 서서히 저녁놀 속으로 잠겨들기 시작했다. 넘어가는 해는 서녘하늘에서 붉은 노을을 피우기 시작했고 마을은 붉은 노을에 도취되어 절정을 향해 치솟기 시작하며 깜빡깜빡 정신을 잃기 시작했다. 새빨갛던 노을이 차차 밀려오는 어둠에 식어내리자 마을도 긴 탄식의 한숨을 내쉬며 몸을 움츠렸다.

이때 멀리 천상에서 울려오는 듯한 소리가 하늘로 울려 퍼지기 시작했다.

알라 후 아끄바르(알라는 위대하시도다),

앗쉬하두 알라 일라 하 일랄라(나는 알라 이외에 신이 없음을 증언하노라),

앗쉬하두 안나 무함마다르 라쑤 룰 라(나는 무하마드가 알라의 사도임을 증언하노라),

하이야 알랏 쏼라(예배 보러 올지어다),

하이야 알랄 팔라(행운을 빌러 올지어다),

알라 후 아ㄲ바르(알라는 위대하시도다).

라 일라 하 일랄 라(알라 외에는 신이 없도다).

스피커에서 울려나오는 기도소리가 골짜기에 울려 퍼지고 있었다.

훈자에서 길기트까지 히치하이킹

아침 일찍 길기트로 가는 차를 타기 위해 윗마을 카리마바드로 걸어가던 중에 운 좋게 길기트까지 가는 지프차를 얻어 탈 수 있었다.

그들은 타자마자 나에게 아몬드와 곶감 따위를 주었다. 파키스탄 사람들의 호의가 대단하다고 하더니 과연 그렇다. 그후 여행하면서 약간의 불미스런 일도 있었지만 일반적으로 파키스탄 사람들은 정이 많고 화끈하며 손님접대가 대단했다.

카라코람 고개를 타고 내려오는 동안, 계곡 양쪽으로 암갈색의 거친 산들이 하늘 끝까지 치솟은 채 남쪽으로 길게 가라앉고 있었고 그 밑의 계곡에서는 시퍼런 물이 도도하게 흐르고 있었다.

운전사는 비탈진 커브길을 따라 차를 몰고 간다. 밑을 바라보니 천길만길 낭떠러지, 떨어지면 그대로 황천길이다.

위를 바라보니 바위들이 굴러 떨어질 것만 같다. 산허리를 파고 낸 길이라 비나 눈이 많이 오면 산사태가 쉽게 난다고 한다. 카라코람 고개의 위험한 부분은 바로 파미르 고원에서 길기트 구간까지라는 생각이 들었다.

"저것 보세요."

운전사가 가리키는 곳을 보니 건너편 산허리에 가느다란 실처럼 길이 나 있다.

"저곳이 바로 옛날 길이에요."

아……. 저 길, 수많은 대상들과 구법승들이 다녔을 길. 아차 하면 그대로 떨어질 길이다. 저런 길을 따라 현장이, 혜초가 이곳을 왔을 것이다. 쳐다보기만 해도 아찔한데, 그 얼마나 위험했을 텐가. 자세히는 알 수 없지만 눈으로 보니 대략 폭 1~2미터 정도의 길이다.

"훈자 일대에는 이슬람의 한 종파인 이스마일파요. 파키스탄의 훈자 지방에 신도들이 몰려 있죠."

"다른 종파와 다른 점이 뭡니까?"

"우리는 개방되어 있고 매우 합리적이지요. 교육, 사회구제사업 등 실질적인 사회봉사를 매우 중요시합니다. 파키스탄의 약 2퍼센트 정도밖에 안 되지만 매우 진보적이지요."

그는 자기 종파에 대해서 자부심이 강해 보였다.

"이스마일파는 수니파에 속해요. 파키스탄의 인구 중 80퍼센트가 수니파고 나머지가 이란과 같은 시아파죠. 훈자 밑의 가네쉬 마을은 시아파예요. 이슬람이라고 해서 다 극단주의자는 아니죠."

얘기를 하는 사이 어느 샌가 길기트에 도착했다. 약 두 시간 정도 걸리는 길이었다.

"저쪽에서 나트코 예약사무소 가는 밴 또는 왜건을 타세요. 저기 보이죠. 스즈키라고 쓰여 있는 차들. 요금은 2루피면 됩니다."

친절하기도 하다. 내리면서 피다 만 담배지만 고마움의 표시로 88 담배 한 갑을 주니 매우 좋아했다.

이곳 파키스탄에서는 삼륜차 형태의 오토릭샤는 택시 역할을 하고 그 외 봉고차 크기의 소형 트럭 같은 형태의 차량이 미니버스 역할을 하고 있는데, 이런 차량들은 대개 일본 스즈키 회사의 제품이라 아예 이름이 스즈키가 되어버렸다.

길기트에서 라왈핀디로

길기트에는 비단가게가 많이 보였다. 중국에서 사온 비단은 일차적으로 이곳에서 유통된 후 남쪽으로 내려가는 것이다.

그러나 시내구경을 하기 전 우선 버스표를 구입해야 했다.

나트코는 국영버스회사 같았다. 이곳에서 수도인 이슬라마바드 가는 버스는 없었고 핀디(라왈핀디)까지 일단 가서 그곳에서 다시 버

길기트 거리에는 비단을 거래하는 가게들이 즐비하다.

스를 타고 이슬라마바드까지 갈 수 있다 했다. 핀디까지는 열일곱 시간이 걸린다고 했다. 오후 1시 버스를 타기로 결정한 후 짬을 내 카르가의 석불에 들르기로 했다.

석불은 바위에 새겨진 불상으로 6~7세기경에 만들어진 것으로 추정되는데 다른 불교유물들은 모두 파괴되었고 다만 이 석불 하나만 남아 있다는 소리를 들으니 꼭 가보고 싶었다.

푸니알에서 석불까지 가는 스즈키가 있다고 해서 그곳으로 갔다.

그러나 스즈키 운전사들은 석불 있는 곳을 잘 몰랐다.

"내가 알아요."

열 살 가량 되어 보이는 꼬마가 나섰다.

정말 이 꼬마가 알고 있을까?

한번 믿어보기로 했다. 운전사와 나는 꼬마를 앞세우고 가기로 했다.

길기트는 조그만 마을이란 것을 시내를 빠져 나오자 알 수 있었다. 비포장 도로가 산을 향해 구불구불 이어져 있었고 토담집들이 흩어져 있었다. 덜컹거리며 산길을 20분 정도 달린 후 계곡 앞에서 스즈키는 멈췄다.

"저리로 가야 해요."

꼬마와 운전사가 앞장선 길을 한 10분쯤 따라 올라가자 저만치 산 중턱의 바위에 새겨진 길이 약 5미터 정도의 석불조각이 밑을 내려다보고 있었다. 왼손은 내리고 오른손은 반쯤 들어 손바닥을 보이고 있는 모습이었다.

현장의 『대당서역기』에 보면 이곳 길기트는 풍요로운 나라였고 가

길기트의 카르가 석불

람27)은 수백 개요 승려와 신도는 약 수천 명이라 했다. 그러나 지금은 카르가 석불 하나만 남아 있는 것이다.

언덕을 넘어가자 예전의 절터로 보이는 곳이 나타났다. 이제 그곳에는 무너진 흙무더기들만이 이곳저곳에 봉긋하게 남아 있을 뿐이었다.

아쉬웠다. 비록 세월이 그들을 파멸시켰겠지만, 그래도 극단적인 무슬림들의 파괴행위가 없었더라면 더 잘 보존되었을 것인데, 이제 그 찬란했던 영광은 초라한 흙무더기로 남아 있는 것이다.

다시 시내로 돌아와 점심을 먹었다. 짜파티(밀개떡), 양고기, 다알 볶은 것, 야채를 먹으니 400원 정도. 중국보다 식비는 훨씬 싼 편이다.

드디어 핀디 행 버스를 탔는데 느리기 짝이 없다. 허름한 버스는 승객들을 가득 채우고 달리기 시작했으나 30분도 안 가 섰다. 운전사는 목이 마른지 내려서 여유 있게 차를 마셨다.

얼마쯤 가다 다시 섰다.

이번에는 무슨 일일까?

운전사는 느긋하게 벌판을 바라보며 섰다. 소변을 보는 것이다. 이것을 본 승객들이 따라 내려 일을 같이 보다 일을 먼저 끝낸 운전사가 시동을 걸자 허겁지겁 서둘러 탔다.

한 30분 정도 가다 버스는 다시 섰다. 마주 오는 버스의 운전사를 아는지 길 한가운데서 차를 세워놓고 악수를 하며 한참 웃으며 떠들다 간다.

검문소가 많이 있었다. 외국인인 나는 버스에서 내려 나의 신상에 대한 기록을 해야 했다. 왜 이리도 자주 설까? 하지만 참아야 한다. 여기는 파키스탄, 마음을 느긋하게 먹자. 세월이 좀먹겠소.

이윽고 해가 서서히 넘어갈 때쯤 산골에서 버스는 다시 섰다. 이번에는 또 무슨 일로 서는 걸까?

운전사는 뭐라 말하더니 건너편 구석으로 가 담배를 피우고 한 무리의 중년 및 노인들이 나무 밑의 평지에 일렬로 섰다. 가장 연장자로 보이는 노인이 한 걸음 앞으로 나서서 두 손을 모아 귀를 감싸더니 기도문을 외기 시작하면서 절을 하기 시작했다.

무슬림들은 해 뜨기 전 일어나서 자기 전까지 하루 다섯 번 기도해야 한다. 여행길이라도 예외는 없다. 다 같은 무슬림들이건만 한쪽에서는 담배를 피며 잡담을 하고 있었다.

기도시간은 약 10분 정도. 운전사는 다시 액셀러레이터를 밟았다.

차는 다시 어둠이 짙게 깔리기 시작한 산골길을 달리기 시작했으나 그것도 10분을 넘기지 않았다.

고장난 스즈키가 길옆에 서 있고 그 옆에 있던 스즈키 승객들은 구세주를 만난 듯 버스에 올라타기 시작했다. 아버지를 따라 타는 서너 명의 아이들 품에는 닭, 개 등이 안겨 있었다. 버스 안은 가축들 울음소리로 시끌벅적해지며 소란스러워졌다.

가축들 울음소리를 들으며 얼마쯤 가다보니 저녁식사 시간이라 하여 허름한 식당 앞에 섰다. 깊은 산골짜기에 파묻힌 식당의 불빛이 가물가물 조는 듯하다.

점심 먹은 게 체했는지 약을 먹었어도 여전히 메스껍고 속이 불편했다. 장거리 버스를 타고 가다 이런 일을 만나는 것처럼 낭패가 없다. 아직도 가려면 멀었는데 속이 계속 이렇게 불편하면 정말 고역이다.

무슬림들은 얼굴, 목, 팔꿈치 아래, 발을 씻고 입안을 헹구고(사진 위) 난 후 기도를 드린다(사진 아래).

할 수 없다. 민간요법에 다시 의존하자.

바늘을 꺼내 엄지손가락과 발가락 끝을 찔렀다. 따끔하며 검붉은 피가 솟구쳤다. 건너편 의자에 앉아 이것을 보고 있던 한 사내가 놀란 눈으로 내 발을 뚫어져라 쳐다보고 있다. 버스에서 내려 운동을 하고 배를 주무른다. 여전히 속이 묵직하다. 버스가 떠나기 전에 이것이 낫지 않으면 조금 후 토할 것만 같은 생각이 들어 초조했다.

이리저리 뛰며 배를 필사적으로 주물렀다. 얼마쯤 그랬을까? 속이 조금 시원해지며 낫는 것 같다.

다시 버스는 달렸고 난 몸을 새우처럼 만 채 의자에 비스듬히 누워 잠을 청했다.

자는 둥 마는 둥 보낸 시간이 길게만 느껴졌으나 버스는 마침내 새벽에 펀디에 도착했다. 정확히 열일곱 시간이 걸린 길이었다.

힘든 비자연장

　　새벽 6시라 깜깜한데도 불구하고 버스터미널은 마치 초저녁처럼 흥청거리고 있었다. 식당 안은 사람들로 벅적거렸고 쿵짝거리는 음악이 귀청이 떨어져라 울려 퍼지고 있었다.
　　그 동안 북쪽에서의 추위에 움츠렸던 마음이 활짝 펴지는 느낌이 들었다.
　　"어디로 가세요?"
　　배낭을 메고 졸린 눈을 비비며 이슬라마바드 가는 버스를 찾고 있으려니 가겟집 주인사내가 물었다. 묻지도 않았는데 다가와 친절을 베푸는 것이다.
　　"이슬라마바드 가는데요."
　　"아, 이슬라마바드 가려면 저쪽으로 가서 택시를 타거나 버스를 타세요."
　　그의 조그만 친절이 고마웠다.
　　그러나 이슬라마바드 오는 길은 힘들었다. 버스도 한산하고 차창으로 들어오는 새벽공기가 상쾌하기 이를 데 없었지만, 그 버스는 이슬라마바드 시내까지 들어가는 것이 아니었다. 길거리의 종점에서 내려 시내로 들어가는 스즈키를 다시 타야만 했다.

한참을 기다린다. 무거운 배낭을 멘 어깨는 자꾸 늘어지고, 배는 고프다. 거기다 지나가는 스즈키는 아침출근이라 그런지 모두 만원이었다. 드디어 만원 스즈키가 왔다.

"아바파라(싼 숙소가 있는 거리 이름)?"

"야스(예스)."

시원스레 대답한 젊은 차장은 내 무거운 배낭을 지붕 위에 싣더니 만원 스즈키 안으로 밀어 넣는다. 뒤에 타는 뚱뚱한 사내도 영치기 영차 나를 같이 밀어 넣는다.

숨이 막힌 채 그렇게 잠시 버티는 동안 봉고차는 시내에 도착했다. 아바파라는 상가가 많이 들어선 이슬라마바드의 중심지라 할 수 있었으나 고층빌딩은 별로 안 보이는 좁은 거리였다.

나는 차에서 내려 근처의 싸다는 캠프장을 찾아갔다. 시원한 잔디밭에 텐트 몇 개가 보였으나, 관리인은 나를 시멘트로 만들어진 웬 창고 같은 곳으로 안내했다. 가로 세로 약 3~4미터 정도 되는 방에는 침대도 어떤 장식도 없었다. 누가 묵고 갔는지 두꺼운 종이상자가 깔려 있었다.

"15루피(약 450원)입니다."

어이쿠, 싸서 좋다. 두말할 것 없이 배낭을 푼 후 나는 비자연장을 위해 어렵게 비자연장 사무실을 찾아갔다. 외국인은 11~12시 사이에만 접수를 받고 월요일에서 목요일까지만 근무한다고 하니, 오늘 목요일날 해결을 못하면 삼 일을 더 기다려야 한다.

어떻게 해서든지 오늘 해결하겠다는 결심을 단단히 하고 갔는데,

그곳에는 이미 덴마크 여자와 필리핀 여자가 와서 기다리고 있었다.

1층 대기실에서 잠깐 기다리다 11시가 되어 안내창구에 접수를 하고 사무실로 올라갔다.

서너 평 되는 좁은 사무실 안은 어수선했다. 뚱뚱한 사내가 번호표를 주었다. 3번이다.

"사진 두 장과 여권 사진 있는 페이지와 비자 스탬프가 찍혀 있는 페이지를 두 장씩 복사해서 저에게 주세요."

사내의 안내말에 복사를 하려고 했지만, 복사기가 없었다. 결국 스즈키를 타고 아바파라 근처까지 와서는 슈퍼마켓에서 복사를 할 수 있었다.

그러나 11시 30분이 되어도 책임자는 오지 않았다.

"도대체 책임자는 왜 안 오는 거예요?"

뚱뚱한 덴마크 여자가 신경질적으로 물었다.

"그걸 내가 어떻게 알아요?"

사내는 그걸 왜 나에게 묻느냐는 표정으로 말했다.

"이보세요. 난 여기가 벌써 네 번째예요. 분명 11시에서 12시 사이에 오면 된다기에 왔었다가 허탕을 세 번이나 쳤단 말이에요. 사람이 약속을 지켜야지요."

이윽고 12시가 거의 다 되어서야 건장해 뵈는 중년나이의 책임자가 나타나 빠른 걸음으로 방으로 들어갔다. 덴마크 여자와 필리핀 여자가 먼저 방으로 들어갔다. 잠시 후 그들이 나온 후 내 번호 부르기를 기다리는데 소식이 없다.

"왜 나를 안 부르는 거요?"

밖에 있던 관리에게 물으니 바보 같은 사람이라는 표정으로 퉁명스럽게 대답했다.

"들어가 보시오."

안으로 들어가 보니 방에는 앉기도 하고 서기도 한 7~8명의 사람들이 공손하고 겁먹은 눈초리로 서 있다. 사우디아라비아 사람, 아프리카 사람, 아프가니스탄 사람 등 모두 비자연장을 하러 온 것이었다.

"나가서 기다려요."

책임자는 신경질적으로 소리쳤다.

어찌 돌아가는 건지 모르지만 저 사내의 비위를 거슬려서 좋을 일은 없다. 그런데, 다시 나와서 한 30분을 기다려도 아무 소식은 없고, 나보다 늦게 들어온 사람들이 아무 말 없이 먼저 들어가는 게 아닌가.

"왜 저 사람들이 먼저 들어가는 거요?"

관리에게 말하니 오히려 내가 한심하다는 듯 대답했다.

"나 원 참. 누가 당신보고 들어가지 말라고 했소?"

아이고, 어느 장단에 춤을 춰야 한단 말인가.

다시 사무실로 들어가 말없이 그 책임자의 책상 위에 서류를 들이밀었다. 이번에도 뭐라 하면 한바탕 붙어볼 심사였다. 책임자는 날 힐끗 쳐다보더니 아무 말 안 하고 서류를 본다.

나는 국경에서의 일을 따지려고 입을 열었다.

"당신 나라와 한국은 비자협정이 맺어져서……."

그러나 책임자는 이내 내 말을 끊었다.

"몇 개월 원해요?"

"1개월 정도. 수수료 있어요?"

"필요없소. 아바파라의 여권국으로 가서 나머지 수속을 밟으시오."

쾅. 도장을 찍어주며 귀찮다는 듯 나가라 했다. 난 그에게 서스트에서 일어났던 문제를 확인해보고 싶었으나 도대체 그럴 수 있는 분위기가 아니었다.

여권국은 다른 곳에 있었다. 어렵게 찾아간 아바파라 슈퍼마켓 근처의 그곳에는 아까의 덴마크 여자를 비롯한 서양사람들이 기다리고 있었다. 모두 인상들을 쓰고 앉아 있는데 분위기가 심상치 않았다.

여권과 서류를 제출하자 담당자는 이렇게 말했다.

"여권을 복사해 오시오. 그리고 수수료도 내시오."

"수수료라뇨? 파키스탄과 한국은 비자협정이 맺어져 있어서 비자 없이도 삼 개월을 있을 수 있어요. 그리고 아까 들른 사무실에서도 수수료는 필요없다고 했어요."

강력하게 항의하자 담당자는 멀뚱멀뚱 쳐다보며 이상한 말을 한다.

"그건 투어리즘(tourism)이고 당신은 투어리스트(tourist)이기 때문이요."

이건 또 무슨 말인가?

서서히 그 동안 쌓였던 감정이 폭발하기 시작했다.

투어리즘과 투어리스트?

지금도 난 그 의미와 차이를 모르겠다. 다시 강력히 항의하기 시작하자 이번에는 사내가 다른 말을 했다.

"내가 언제 수수료 내라고 그랬소. 비자 페이지 복사하라고 그랬지."

"그러면 수수료를 안 내도 된단 말이오."

"그렇소."

이거 귀신에 홀린 것 같다. 내가 결코 그 쉬운 영어표현을 못 알아들었을 리도 없고, 그가 그 쉬운 영어표현을 잘못 했을 리도 없는데…….

다시 나가 복사를 한 후 옆방의 다른 담당자에게 가니 또 다른 말을 했다.

"수수료를 내시오."

아이고……. 환장할 일이다.

다시 자초지종을 설명했다.

"난 그런 것 몰라요. 비자연장을 하면 수수료를 내야 돼요. 싫으면 당신 나라로 돌아가시오."

당신 나라로 돌아가시오?

논리가 필요없다. 싫으면 돌아가라는데 할 말이 없다.

그래, 내가 졌다, 졌어……. 으아아아아.

속으로 울분을 참아가며 미국달러를 내자 파키스탄 루피를 내라 한다.

그래 내라면 내야지. 내가 무슨 힘이 있는가.

은행에 가 일단 20달러를 바꾸려 했다. 처음에 바꾸어주려던 직원은 난색을 표명한다. 100달러인 줄 알았는데 20달러니 귀찮다는 것이다. 애걸복걸하다시피 해서 20달러를 바꾸고 와 결국 수수료를 내고 최종적인 비자연장을 확인받았다.

시계를 보니 3시다. 어제 저녁부터 굶기 시작해 거의 아무것도 못 먹었고 잠을 자지 못해 몸은 완전히 파김치가 되어버렸다. 헛구역질이 나고 골이 아프기 시작했다. 모든 것이 귀찮아지기 시작했다.

보름날에는 모두 미친다?

그날 저녁 캠프장에서 누군가 모닥불을 피우자 하나둘씩 그 주위로 모여들기 시작했다.

나와 같은 방에 묵는 독일친구는 인도여자친구에게서 받았다는 누런 숄을 걸치고 있었는데 빨지를 않아 마치 넝마처럼 보였다. 머리는 새집처럼 뒤죽박죽 되어 있어 영락없는 거지였다. 한 1년 동안 아프리카 횡단, 터키, 이란, 파키스탄을 거쳐 인도에 갔다 비자연장을 위해 일단 파키스탄으로 나온 친구였다.

네덜란드에서 왔다는 키 크고 비쩍 마른 사내와 그의 아내인 프랑스 여자는 마치 인디언 같은 복장에 생긴 것도 인디언 비슷하다.

강한 영어억양으로 알아듣기 힘든 아일랜드 출신 여자와 영국 웨일즈 출신의 남자는 부부인데 신혼여행으로 1년간 세계일주에 나섰다고 했다.

나만 서쪽으로 갈 사람이고 이들은 서쪽에서 온 친구들이었다.

"당신은 아까 여권국에서 보았던 것 같네요?"

아일랜드 부부가 나에게 물었다.

"아, 당신도 거기 있었어요?"

"네, 우리도 당신이 오기 전 한바탕 옥신각신했죠. 처음에는 사진을 한 장 가져오랬는데, 일단 가보니 두 장을 가져오라고 해서 혼동이 되었죠. 덴마크 여인은 무엇 때문에 그러는지 몰라도 그 담당자에게 '당신은 인간이 아냐' 라고까지 외쳤어요."

"뭔데 그래요."

독일친구가 물었다. 우리가 그날 있었던 일을 설명해주자 반응들이 갖가지다.

독일친구는 이렇게 말했다.

"그런 데에 부정적인 에너지를 쓰지 말아요. 그냥 잊어버려요."

프랑스 여자는 또 이렇게 말했다.

"아니 늦으면 어때요. 우리 산업화된 국가에서 온 사람들은 마음들이 너무 급해요. 그냥 이 사람들 하는 대로 따라 하세요."

모두 도통한 듯한 말이다.

"뭐, 나도 이 사람들 관습이나 법을 어길 생각은 없어요. 하지만 사람들 말이 제각기 달라 헷갈리니 미치겠다는 거죠. 게다가 배가 엄청나게 고팠으니 신경이 날카로웠죠."

"원인은 다른 데 있는 것 같아요. 오늘이 보름날이거든요. 보름날에는 사람들이 약간씩 미친답니다."

네덜란드 남자의 말에 모두 웃기 시작했다.

이야기가 어찌하다 보니 종교 얘기로 넘어갔다. 인도나 파키스탄 지역을 여행하다 보면 나라 분위기가 그래서 그런지 종교나 철학적인 얘기가 자연스레 화제로 떠오르는 경우가 많다. 모두 인도에 관심이 있어 힌두교가 주제로 떠올랐다.

넝마를 걸친 독일친구가 웃으며 말했다.

"난, 힌두교가 좋아요. 힌두교의 그 포용성은 기가 막힐 정도죠. 알면 알수록 끌려들어요. 특히 모든 만물에는 생명이 있다며 인간을 대자연의 일부로 파악하는 점은 마음을 편하게 해주지요. 우리 서양사람들은 모든 만물을 인간을 위한 것이라고 생각하는데 너무 독선적인 것 같아요."

그러면서 그는 모닥불에 잔가지 몇 개를 넣었다.

"당신은 모든 것에 생명이 있다며 왜 생명 있는 나무를 불 속에 넣어 죽이죠?"

기독교도라는 아일랜드 사람이 항의하듯 물었다.

"그게 삶이랍니다."

독일인이 심드렁하게 말하자 분위기가 약간 서먹해졌다. 원래 종교 얘기는 피하는 것이 좋은데 얘기가 감정적인 데까지 흘러간 것이다.

내가 화제를 슬쩍 돌렸다.

"힌두교를 믿는다는 독일친구, 당신은 전생이나 윤회를 믿어요?"

"믿어요. 왜 모든 사람이 누구는 잘나고 누구는 못나고, 누구하고는 만나자마자 친밀감이 들고 누구는 싫은지 지금 생만 생각할 때는 이해가 안 가요."

그 말을 받아 프랑스 여자가 열변을 토했다.

"이 세상의 누구든지 자기 스스로 잘났다고 생각하며 살고 있어요. 스스로 못났다고 얘기하는 사람도 깊이 들어가 보면 누구나 다 자기가 이 우주에서 가장 중요하고 잘났다고 생각한단 말이죠. 그러니,

누구는 못났고 누구는 잘났다는 생각은 다만 개인의 생각일 뿐이지, 당신 말처럼 객관적으로 잘났다 못났다라고 구분하는 것은 의미가 없지요."

모두들 개성이 강하고 고집이 센 사람들이다.

방랑자, 여행자들은 매우 자유스럽고 대범할 것 같지만, 반대로 고집이 세고 주관이 강하다. 또한 그렇기에 고집스럽게 자기 길을 가는 것일 게다.

얘기를 하는 사이 밤은 깊어졌고 하나둘씩 각자 텐트로 사라졌다. 독일친구와 나는 창고 같은 방으로 들어왔다.

춥다. 침낭 속으로 들어가 잠을 청하는데, 얼마쯤 잤을까? 갑자기 누군가 소리를 꽥 질렀다. 놀라 잠을 깨어보니 독일친구가 일어나 앉아 있다.

"뭐야 왜 그래?"

"방금 창가에서 두 사람이 우리를 지켜보다 내가 소리를 지르자 도망갔어."

일어나 없어진 물건이 없나 확인해보았지만 별일은 없다. 문을 점검해보니 밖에서 쉽게 열 수가 있다. 불안하다. 끈으로 문을 잡아매었다.

"내가 두 달 전에 이곳에서 잔 적이 있는데 그 당시에는 창문이 사방에 있었지. 그런데 어느 날 아무도 없을 때 누군가 창문을 깨고 안에 있는 배낭을 통째로 훔쳐간 적이 있었어. 그 후에 창문 하나만 놓아두고 모두 시멘트로 막아버렸지."

걱정이 된다. 여행길의 불청객 도둑놈들은 예나 지금이나 여행자들을 괴롭힌다.

다음날 이슬라마바드를 떠나고 싶었지만 할 일이 남아 있었다. 이란비자를 받는 것이었다.

"당신 나라 대사관의 추천장을 첨부해 제출하면 한 달 정도 걸립니다."

전혀 예상 밖이었다. 일주일 정도를 예상한 나로서는 충격이었다.

날짜를 보니 11월 21일. 이렇게 되면 계획에 차질이 생겨 12월 중순에 터키의 코니아에서 열리는 이슬람신비주의 수피즘[28)]의 축제를 보지 못하게 된다. 이 축제는 결코 포기할 수 없는 것이다.

할 수 없다. 이란을 포기하자. 이란을 육지로 통과하지 못하는 것이 아쉽지만 다음 기회로 미루기로 했다.

실크로드 6

길이 만나는 곳, 페샤와르

페샤와르는 길이 만나는 곳이다. 그 길이 만나는 곳은 언제나 흥미롭다. 중국의 비단이 페샤와르를 거쳐 서방으로 갔고, 인도의 불교가 이곳을 거쳐 중국으로 갔다. 알렉산더 대왕이 페샤와르를 거쳐 인도로 진격하려고 했으며 근세에는 영국군이 거쳐간 곳이기도 하다. 이 격동의 사건들을 말발굽에 짓밟히면서 묵묵히 지켜보았다.

스릴 넘치는 페샤와르

페샤와르는 스릴이 넘치는 곳이었다.

맨 처음 버스를 탈 때부터 나는 묘기를 부려야만 했다. 알록달록한 그림이 화려하게 그려진 버스가 고막이 떨어져라 경적을 요란하게 울려대며 달려오는데, 정류장 같은 곳에서도 버스는 확실히 서지를 않고 다만, 속도를 서서히 줄일 뿐이다. 이때를 이용해 내리는 승객은 공수부대 용사가 비행기에서 낙하하듯이 뛰어 내리고, 타는 승객은 007처럼 달리다가 버스에 뛰어 올라타야 한다.

중고등학교 학창시절 만원버스에서 충분히 훈련을 받았던 나였지만, 이것만은 겁이 났다. 탈까 말까를 몇 번이나 망설이다 간신히 시도할 수 있었다.

아, 그때의 성취감이란.

불평이 나오는 것이 아니라, 야, 이거 무지무지 재미있네라는 탄성이 나오고 말았다.

페샤와르는 아수라장이었다.

거리에는 버스와 짐차가 경적을 울리며 어디론가 달렸고 귀가 찢어질 듯한 음악이 거리를 가득 메우고 있었다. 그리고 거리를 가득 메운 인파 속에 간간이 검은 차도르를 걸친 여인들이 보였으며, 말라 비틀어진 조그만 토담집 사이의 골목길에는 아이들이 맨발로 뛰어 놀고 있었다. 거리에는 만원버스뿐만이 아니라 삼륜차를 개조해 만든 오토릭샤, 자전거, 당나귀수레들이 어지럽게 다니고 터번과 회색 숄을 걸친 사람들은 아무데서고 길을 건너고 있다.

묘한 일이다.

이런 무질서함이 사람을 짜증나게 하기는커녕 힘이 솟게 하고 있으니. 질서는 분명 편하다. 그런데, 그 편안함과 안정감이 사람을 차분하게 식혀준다. 그런데 무질서한 곳에서는 짜증도 나지만 뭐라 표현하기 힘든 신바람이 솟는 것이다.

나는 그 흥겨운 아수라장을 뚫고 시장을 돌아보았다. 구시가지의 카이버 시장은 무질서하지만 옷가게, 그릇, 장신구, 담뱃가게, 과일가게, 식료품가게들이 많이 들어서 있었고, 신시가지의 사다르 시장 부근에는 현대식 건물이 많이 들어서 있었다. 깔끔한 빵집, 아이스크림집, 음식점들이 많이 보였으나, 일단 시장으로 들어서니 왁자지껄한 장 풍경이 펼쳐지고 있었다.

넓은 대로의 양쪽에는 생선튀김집, 밥집, 시시케밥집, 짜파티집, 찻집 들이 이어지고 있었다. 노점에서 짜파티를 굽는 사람은 소리를 지르며 사람을 부르고, 그 소리는 시끄러운 음악테이프 노랫소리에 묻혀버린다. 시장 안쪽으로 들어가니 약방, 야채 가게, 과일가게 등이 있고 바나나, 망고, 수박 등의 야채를 갈아서 파는 주스가게도 있었다.

목이 말라 한 컵을 사 마셨다. 큰 컵 하나에 16루피(약 500원) 정도다. 시원하고 달콤하기가 기가 막혀 또 한 잔을 사 마셨다.

그 달콤한 맛에 취하는 순간, 그 동안 파미르 고원, 훈자, 이슬라마바드를 거쳐오며 겪었던 고생이 눈 녹듯이 사라지고 있었다.

고진감래라. 그렇게 고생스러웠기에 이 한 잔의 과일주스에도 행복감을 느끼는 것이리라.

페샤와르는 길이 만나는 곳이다. 그 길이 만나는 곳은 언제나 흥미롭다. 중국의 비단이 페샤와르를 거쳐 서방으로 갔고, 인도의 불교가 이곳을 거쳐 중국으로 갔었다. 또한 알렉산더 대왕이 페샤와르를 거쳐 인도로 진격하려고 했으며, 근세에는 영국군이 거쳐간 곳이기도 하다.

지금은?

세계 각국의 여행자들이 모이는 곳이다.

서방에서 이란을 거쳐온 여행자, 중국의 파미르 고원을 넘어온 여행자, 인도에서 온 여행자들이 페샤와르에서 만난다.

모두들 이구동성으로 페샤와르는 재미있는 곳이라 했다. 물론 볼 것도 있었다. 그러나 현지인을 만나고, 각지에서 온 여행자들을 만나며 값싸고 풍부한 음식을 먹으며 긴장을 풀 수 있는 매력적인 곳이었다. 가끔 하시시나 대마초를 피우기 위해 몰려드는 이들도 있었지만…….

나는 그 페샤와르에서 처음에는 흥분을 했었는데, 몸은 거짓말을 하지 않았다. 긴장이 풀어지자 그 동안 쌓였던 피로가 한꺼번에 몰려온 것이다.

무법천지 다라에서 피스톨을 쏘다

이틀을 앓고 나니 온 몸에 맥이 빠졌다. 그러나 너무 늘어지면 곤란하다는 생각에 같은 방에서 묵던 일본인 학생 신지와 다라로 향했다.

다라는 파탄족이 사는 마을로 페샤와르 남쪽 약 40킬로미터 지점에 있었다.

파탄족은 파키스탄에서 아프가니스탄에 걸쳐 사는 용맹한 산악부족으로 그 기원은 정확하지 않다.

예전에 알렉산더 대왕이 힌두쿠시 산맥을 넘을 때 완강한 저항을 했던 산악부족이 바로 파탄족이라는 설도 있으나, 아마도 이 일대에 살던 인종과 나중에 흘러들어 온 대월씨, 흉노족 등과의 혼혈종이 바로 파탄족이 아닐까라고 추측할 뿐이다.

이 파탄족은 영국군이 인도 점령할 당시에도 가장 애를 먹인 부족이며 소련군이 아프가니스탄에 침입했을 때에도 혼쭐났을 정도로 용맹하다.

파탄족은 무기제조에 능해 다음과 같은 일화가 전해진다. 언젠가, 영국의 필립 공이 이 마을을 방문했을 때의 일이다.

"전하, 잠시 호신용 총을 저에게 빌려주십시오. 똑같은 것을 만들어드리겠습니다."

미심쩍었지만 필립 공은 권총을 주었다. 시찰을 마치고 한 나절만에 돌아오니 두 자루의 권총을 내밀었다.

"전하, 어떤 것이 전하의 권총인지 아시겠습니까?"

필립 공은 원래의 자기 총과 모조품을 전혀 알 수가 없었다고 한다.

페샤와르에서 이곳으로 가는 버스는 많았다.

"살아도 파탄족을 위해서 죽어도 파탄족을 위해서."

"영국 타도, 미국 타도, 소련 타도."

가는 도중 거리 곳곳의 담벼락에 빨간 페인트로 그렇게 쓰여진 영어구호를 볼 수 있었다.

"다라는 파키스탄 경찰력이 미치지 않는 곳이죠. 형식적으로는 파키스탄에 속해 있지만 법률, 세관, 경찰, 군사적인 힘이 미치지 않아요. 그들 스스로 재판하고 치안을 유지하죠. 만일 파키스탄 정부에서 간여하면 난리가 날 겁니다. 그러니 그들 비위를 거슬리지 않도록 조심하세요. 무슨 일이 일어날지 알 수가 없어요."

카이버 호텔 매니저의 충고였다.

다라로 갈수록 차차 긴장이 되기 시작했다. 검문소에서 파키스탄 군들이 검문을 한 후 이내 파탄족의 마을 다라로 들어갔다.

다라는 겉보기로는 여느 마을과 다름없었다. 먼지가 풀썩거리는 비포장도로가 마을 한가운데를 관통하고 있고 그 양쪽으로 허름한 가게들이 들어서 있었다. 모두 무기가게였다.

신지와 나는 조심스럽게 무기가게를 구경하며 마을 안쪽으로 걸어가기 시작했다.

이때 어디선가 자동소총소리가 귀청을 때렸다. 순간 몸이 움츠러졌다.

얼굴이 덥수룩한 검은 수염으로 덮인 사내가 무기가게에서 불쑥 나와 자동소총을 들고 걸어오고 있었다. 보니 탄창이 꽂혀져 있다. 총소리는 계속 고막을 때렸다.

신지는 얼굴색이 노래졌다. 어디서 총탄이 날아올지 모르겠다는 불길한 생각이 머리를 스쳤다.

"하하하. 겁내지 마세요. 안심하세요."

이때 어디선가 나타났는지 파탄족 청년이 웃으며 다가섰다.

"저것은 단지 재미 삼아 총 쏘는 것이에요. 총 한번 쏘지 않으시겠어요? 원하는 총이 어떤 것이에요? 일단 한번 우리 집으로 오세요."

청년을 따라가보니 무기가게였고 그곳에는 별의별 총이 다 있었다.

"자, 이것은 소련제 칼리시니코프, 이것은 미제 M-16, 이것은 권총, 이것은 볼펜총. 이런 것은 하나쯤 선물로 사시죠. 볼펜처럼 보이지만 실제 총이에요. 호신용으로는 그만이죠. 원하면 대공포도 살 수 있어요."

"이런 총들은 왜 만드는 것이죠?"

"수출하죠. 주로 아프가니스탄의 무자헤딘반군에게 팔지요. 또 밀매도 하고요."

"이 총 쏘는 데 얼마입니까?"

(왼쪽) 총을 쏴보라고 권했던 청년
(오른쪽 위) 마약을 만들고 있는 사람들
(오른쪽 아래) 총을 직접 만들고 있는 모습

"자동소총은 서른 발에 120루피(약 3600원), 권총은 열 발에 70루피(약 2100원)입니다."

"신지 한번 쏘아볼까?"

"좋아요. 난 한 번도 총을 쏘아본 적이 없어요. 칼리시니코프를 자동으로 놓고 한번 갈길 겁니다."

"난 권총. 군대 있으면서 자동소총은 많이 쏘아보았지만 권총은 처음이야."

우리는 총과 탄알을 들고 마을 공터로 나가 산 쪽에 깡통을 얹어놓았다. 한 50여 미터 정도의 거리다. 이미 옆에서 웬 서양사내가 자동소총을 갈겨대고 있었다.

신지가 먼저 칼리시니코프를 쏘아댔다.

"드르륵, 드르륵."

요란한 총성에 신지의 몸이 흔들린다. 얼굴이 상기되었다. 어느 샌가 서른 발을 다 쏜 신지는 외쳤다.

"아, 시원하다."

나는 권총을 들어 목표물을 겨냥했다. 한 번 쏠 때마다 손목에 반동이 느껴지며 총신이 올라갔다. 군대에서 가장 싫었던 시간이 사격시간인데, 내가 돈을 주고 총을 쏘다니…….

총을 쏜 후, 우리는 하시시 만드는 공장을 찾아다녔다. 도대체 하시시란 마약을 버젓이 집에서 만든다는 사실이 믿겨지지 않았다.

염치 불구하고 이 집 저 집을 기웃거리다 마침내 하시시 만드는 집을 발견했는데, 하시시 만드는 기계는 단순했다. 큰 쇠로 만든 절구에 원통형의 쇠막대가 전기에 의해 상하로 움직이며 절구를 찧어 약초를 짓이기고 기름을 짜내어 하시시를 만드는 것 같았다.

"자, 얼마큼 사시려오?"

안내를 해주던 사내가 쟁반 같은 크기의 까만 숫돌같이 보이는 하시시를 들고 나왔다.

대개 하시시를 갖고 다니는 사람들은 그저 손톱만한 혹은 탁구공만한 것을 가지고 다니는데 그렇게 큰 하시시 덩어리는 처음이었다.

"아뇨, 사려는 게 아니에요."

"엉, 그러면 여기는 왜 왔어?"

"그냥 구경 좀 하려고요."

"싱거운 사람들이네."

돌아서는 우리를 보고 사내가 어이없다는 듯 웃고 말았다.

밖으로 나오다 보니 조그만 공간에서 한 사내가 쇠막대를 갈고 있다. 가만히 보니 노리쇠다. 이런 허술한 장비로 현대식 총들을 만든다는 게 놀랍기만 하다. 옆에서는 기관단총을 만들고 있었다.

하여튼 파탄족들의 솜씨는 대단해 보였다.

마약과 무기. 이것이 이들의 주요 수입원인 것이다.

언뜻 생각하면 모두 불한당만 모여 사는 마을이라고 생각될지 모르지만, 사람들은 친절했으며 전혀 위험을 느낄 수 없는 흥미로운 마을이었다.

저녁에 페샤와르로 돌아와 보니 시민들이 깃발을 흔들고 구호를 외치며 행진하고 있었다.

"무슨 일이요?"

"내일 야당 당수 베나지르 부토가 연설하러 와요."

"부토가? 야 이거 꼭 봐야겠는걸. 신지 자네도 갈 테야?"

"물론 가야지요. 난 정치에 관심이 많아요. 그리고 부토 같은 미녀의 얼굴을 안 볼 수 없지요."

중국에서 만났던 대상 아크바르가 하던 말이 생각났다.

"암탉이 울면 재수가 없어요."

과연 부토는 어떤 인물이고 사람들의 반응은 어떨까? 자못 기대가 되었다.

파키스탄 정치의 현장

　부토는 오후 3시에 오기로 했지만 우리들이 도착했을 때인 오후 2시에 이미 군중이 넓은 광장을 메우고 있었다. 여러 연사들이 나와서 열변을 토하고 사람들은 열광적으로 구호를 외치고 있었다.
　정치는 정말 무서운 것이다. 평소에 느려 보이고 맥빠져 보이는 파키스탄 사람들을 피를 토하듯 절규하게 만들고 있으니.
　베나지르 부토는 현재 야당당수로서 학생과 지식인들 사이에 인기가 높다고 한다.
　파키스탄의 정치는 혼란하기만 했다.
　파키스탄이라는 이름이 역사에 등장한 것은 1947년이다. 비록 모헨조다로 하랍파 문명이나 간다라 미술이 일어난 곳은 모두 파키스탄에 속해 있지만 1947년 이전까지는 모두 인도에 속해 있었기에 인도의 역사로 논의된다.
　잘 알다시피 인도가 영국으로부터 독립할 때 무슬림들은 분리독립을 원했고, 마침내 서파키스탄(현재의 파키스탄)과 동파키스탄(현재의 방글라데시)이란 이름하에 인도로부터 분리독립 한다.
　이때부터 파키스탄의 역사는 시작되며 모든 분야의 중심은 서파

야당당수 베나지르 부토 여사의 집회 모습

키스탄에 몰려 있었다.

그러나 파키스탄의 앞날은 순탄치 않았다. 11년간이나 부패하고 무능한 정치 속에서 빈곤을 탈피 못하고 허덕이다가 군부가 정치에 개입하며 정치가 혼란해진다.

이런 와중에서 서파키스탄은 동파키스탄에 신경을 거의 못 쓰게 되어 동파키스탄의 불만은 고조된다. 개발도 안 되고 외국의 원조도 적게 배분되었기 때문에 생활수준은 서파키스탄에 비해 매우 낮았다.

마침내 불만은 폭발했다. 1970년 사이클론 재해에 대한 차별적인 대처와 선거 후의 후유증 때문에 동파키스탄에서 폭동이 일어나고 이를 진압하는 과정에서 인도가 개입해 동파키스탄은 1971년 방글라데시로 독립했다.

한편 서파키스탄은 1977년 총선 후 선거 시비로 인해 국정이 혼란해지고 이에 다시 군부가 개입하여 대통령인 알리 부토는 군부에 의해 사형선고를 받고 죽게 된다. 알리 부토의 딸이 바로 현재의 야당당수인 베나지르 부토 여사인 것이다.

군부쿠데타로 정권을 잡은 지아울 하크 대통령은 강력한 이슬람 근본주의에 의해 정치를 하며 장기집권을 하다 1988년 의문의 비행기 폭파사건으로 사망한다.

1991년 파키스탄의 수상은 나와즈 샤리프이며 야당을 탄압하고 있었다. 그후 부토 여사가 잠시 정권을 잡았으나 다시 실권하는 등 변화가 있었고, 2002년 현재는 1999년 쿠데타로 정권을 잡은 무샤라프 대통령이 실권자이다.

베나지르 부토 여사의 고향은 남부이며 그래서 남부에는 부토 여사를 따르는 반군들이 정부군과 싸우고 있는 것이다.

이윽고 3시, 날렵한 몸매의 부토 여사가 하얀 차도르를 머리에 살짝 걸친 채 연단에 오르자 사람들은 미친 듯이 깃발을 흔들며 환호성을 질렀다. 부토 여사가 가냘픈 손을 흔들자 군중들은 베나지르 부토, 베나지르 부토를 외치기 시작했다. 광장에 모인 인원이 수만 명은 되어 보인다.

다시 부토 여사는 자리에 앉고 다른 연사가 올라와 연설을 하건만 사람들은 연설에 아랑곳하지 않고 베나지르 부토를 외쳐대고 있었다. 열기가 대단하다.

"이보시오, 당신 영어 할 줄 아시오?"

옆에서 외치던 사내가 나에게 영어로 물었다.

"예, 조금 합니다."

"부토 여사는 우리의 희망이에요. 지금 정부는 부토 여사를 지지하는 학생, 저널리스트, 정당인들을 체포하고 있어요. 나쁜 녀석들이에요."

그는 매우 흥분하여 하나라도 나에게 더 알려주려고 열성적이었다.

이윽고 부토 여사가 등단하자 사람들은 모두 일어나 베나지르 부토, 베나지르 부토를 연호한다. 누구든 그 자리에 있으면 자연히 흥분하게 될 정도의 광적인 외침이었다.

나도 공연히 흥분하여 카메라를 들고 부토 여사를 찍어댔다. 사람들의 머리에 가려 잘 뵈지를 않아 발을 들고 용을 쓰자 옆의 사람이 무릎을 굽히며 앉았다.

"자, 여기 내 목에 올라타시오."

목마를 타라는 것이다. 마다할 이유가 없었다. 졸지에 사내의 목에 올라타니 부토 여사가 잘 보였다. 사진을 찍어댔다.

그러다 난처한 일이 벌어지고 말았다. 목마를 탄 나를 보고 사람들이 환호성을 지르기 시작했다. 군중들은 박수를 치며 신이 났다. 동양에서 온 사람이 자기들 집회에 참가해 목마를 타고 사진을 찍으니 매우 기분 좋은가 보다.

낯이 뜨거워지는데 연설을 하던 부토 여사도 잠시 연설을 중단하고 나를 쳐다보고 있었다. 졸지에 내가 스타가 되어버린 것이다.

군중의 열기와는 달리 부토 여사의 연설은 차분하게 원고를 읽는 평이한 연설로 다소 지루했다. 저런 연약해 보이는 여인이 초강경으로 정부를 몰아붙이고 있는 것이 신기하기만 하다.

"지금 부토 여사는 대통령의 부정을 왜 현 수상이 감싸고 있는가를 비난하는 거예요. 대통령은 실권이 없지만 부패했어요. 수상이 그것을 감싸주니 다 부패한 것이죠."

연설이 진행 중인데도 빠져나가는 사람들이 있었다. 모두 가슴에 리본을 달고 있다. 아마 동원된 사람들인 것 같았다.

이 야당집회를 보며 한국의 정치를 생각해보았다. 암담한 시절, 투쟁의 시절, 혼란의 시절 그런 과정을 겪으며 민주주의는 성장했다. 우리가 걸어왔던 그 힘든 길을 이들도 걸어가야 할 생각을 하니 남의 일 같지만은 않았다.

아프가니스탄 난민촌

파키스탄에는 아프가니스탄 난민촌이 있다. 우선 유니버시티촌으로 갔다. 이곳은 아프가니스탄 난민들을 위한 병원, 학교 들이 몰려 있는 곳인데 어제 이곳에서 파키스탄 자원봉사의사가 무장괴한에게 피살된 사건이 일어나 긴장된 마음으로 갔다.

그냥 주택가처럼 보이는 곳이다. 이리저리 골목길을 다니다 경비병이 서 있는 건물 앞을 지나게 되었다. 자동소총을 든 아프간 무자헤딘반군으로 한 명은 파키스탄 사람처럼 생겼고 한 명은 몽골사람처럼 생겼다. 몽골사람처럼 생긴 이가 우리에게 다가왔다. 신지와 나는 약간 긴장을 했다.

"무슨 일이오?"

적대감은 안 보이고 호기심 어린 눈초리였다.

"그냥 둘러보는 중입니다. 여기는 뭡니까?"

"여기요? 여기는 정신병원이오."

"정신병원? 여기 들어가 볼 수 없소?"

"무슨 정신병 때문에 왔소?"

"그게 아니라 구경하고 싶어서……."

파키스탄 북부에는 이처럼 아프가니스탄 난민촌을 자주 볼 수 있다.

"안 돼요."

그가 씩 웃으며 돌아섰다.

안에 들어가 보지 않아 겉으로 보면 볼 것이 없다. 이곳에 있는 학교에서 서양여행자들은 영어를 가르치는 일을 하기도 하는데 돈도 받는다는 소리를 들은 적이 있었다. 그러나 그 학교를 찾을 수가 없었다.

우리는 다시 버스를 타고 가짜구리라는 피난민촌으로 갔다.

피난민 캠프라고 해서 나는 천막촌을 연상했지만 허름한 돌담 집들이 빽빽이 들어선 황량한 마을이었다.

대로 양쪽에는 조그만 구멍가게 찻집들이 있을 뿐 대개 주택가다. 아프간 난민아이들이 맨발로 길에서 뛰어놀다가 우리를 발견하고 졸졸 따라 다녔다.

골목 안을 다니다 여인을 만났는데 그녀는 놀라 황급히 집안으로 뛰어들어갔다. 외간 남자와 얼굴을 마주보는 것을 큰일로 생각하는 듯했다.

찻집에 사람들이 보여 사진을 찍으려다 아차 하는 생각에 카메라를 내리고 그들에게 다가가 공손한 표정으로 사진 찍어도 되겠냐고 묻자 사내들은 만족한 듯이 고개를 끄덕였다. 나중에 안 일이었지만 만약 허락 없이 이들의 사진을 함부로 찍었다가는 큰 봉변을 당할지도 모른다는 것이어서 다시 한 번 아찔했었다.

대충 구경을 마치고 돌아오는데 한 사내가 부르더니 우리를 구멍가게로 데려가 찬 청량음료를 먹으라고 한다. 우리에게 호기심을 가진 눈초리였다.

"당신은 어느 나라에서 왔어요?"

옆에 있던 사내가 묻자 우리를 안내한 사내가 다 안다는 듯이 나를 가리키며 대답했다.

"이 사람은 독일에서 왔어."

내가 독일에서 왔다니?

난 그런 말 한 적 없는데 졸지에 독일사람이 되어버렸다.

"다시 옆의 신지에게도 확인하듯이 말했다.

"당신도 독일인이지요."

"아니오."

신지가 당황하듯이 대답했다.

"아, 이 사람은 영국에서 왔어."

자기 친구를 바라보며 또 아는 척하며 얘기했다.

이곳에는 독일, 영국 등지에서 원조가 많다 보니 외국인은 모두 독일사람, 영국사람으로 아는 것이다.

"이제 가봐야겠습니다. 이 음료수값 얼마지요?"

"아, 아니에요. 우리가 대접하는 겁니다."

음료수 집주인뿐만이 아니라, 주변에 있던 사람들 모두 등을 떠밀며 그냥 가라고 했다.

이런 고마울 데가……

미안한 마음도 들었지만 이들의 호의를 고맙게 받아들이며 돌아섰다. 못살고 암담한 미래를 갖고 있는 그들이기에 그들의 인정이 더욱 따스하게 느껴졌다.

여자들의 수난

비가 왔다. 할 일이 없던 신지와 나는 위층에 있는 일본인 방을 방문했다. 남녀 한 쌍인데 부부 같지는 않고 친구처럼 보였다.

"난 아사히 신문사에서 기자로 일한 적이 있지요. 한 4년 정도 일하다 보니 따분해서 사표를 내고 인도로 날아 왔어요."

그는 잠시 파키스탄으로 왔지만 주로 인도 히말라야 산맥의 티베트 난민촌 다름살라에서 티베트어, 불교, 문화 등등을 공부하고 있다고 했다. 신문사에서는 공부 끝내고 나면 다시 오라고 하는데 생각 중이라는 말을 듣고 나니 부러웠다.

몇 년 후면 그는 티베트 전문가가 되어 있겠지. 그들의 이런 깊이와 여유가 부럽다. 공부보다도, 몇 년 동안 이렇게 자유롭게 놀고, 경험한 체험을 다시 받아들이겠다는 그 신문사가 현명해 보인다. 한국 같으면? 모르겠다. 한번 나간 사람을 다시 받아들일까? 아마도 밑에서 치고 올라오는 사람들 때문에라도 자리를 줄 수가 없을 것이다.

그와 같이 다니는 예쁜 여자는 가수라고 했다. 유명한 가수는 아니지만 밤무대에서 그래도 인기가 있었다고 한다.

우리끼리 모여 얘기를 하다 보니 옆방의 친구들도 모여들었다.

"무슨 재미있는 일이라도 있소?"
벨기에서 왔다는 친구가 기웃거리며 들어왔다.
이 페샤와르는 파키스탄에서 지내기가 가장 편하고 주위에 볼 것들이 꽤 있기 때문에 대개 일주일 이상을 묵어 얼굴을 금방 익히게 된다.
"어, 여기 다 모였네?"
열린 문을 통해 안을 들여다본 독일친구도 합류했고 뒤이어 태국 여자 둘도 왔다.
"이거 국제회의 해도 되겠네."
방이 좁아 거실로 나와 테이블에 앉으니 마치 회의석상 같다.
"저 태국에서 오신 분 당신들의 직업은 디자이너죠?"
내가 단도직입적으로 묻자 그들은 놀라고 말았다. 사실은 내가 국경마을 서스트의 게스트 하우스에서 묵을 때 방명록에 적힌 태국여자 둘의 이름과 직업을 보았기 때문이었다. 태국 배낭족은 보기가 힘든 편이라 넘겨짚은 것이었다.
"아니 그것을 어떻게 알았지요?"
"내 직업이 한국에서 점장이였거든요."
"정말이에요?"
"손금도 보지요."
"내 손금 한번 보아주세요."
이쪽저쪽에서 손을 내밀었다.
"당신은 고집이 세군요."
"당신은 남자친구가 많고 인기 있는데 빨리 결혼하고 싶지 않지요?"

"당신도 마찬가지예요. 늦게 결혼하세요."

"당신은 개성이 강하고 매우 내성적이니 창작을 하도록 하세요."

"와 정말 족집게네요. 나도 손금 보는 법 좀 가르쳐줘요."

"그거 가르쳐주면 내가 벌어먹고 사는 데 지장이 있어요."

사실 내가 점을 본다는 것은 거짓말이었다. 다만 손금을 약간 볼 줄 아는데 배낭족들은 그것 아니더라도 금방 알 수 있었다.

일단 배낭여행을 할 정도면 고집이 세고 개성이 강한 것은 쉽게 알 수 있다. 얼굴이 잘생긴 여자나 남자는 분명 이성들에게 인기가 있다. 또 미남미녀가 아니더라도 괜찮은 얼굴에 쾌활한 성격의 소유자는 필경 이성친구가 많다. 그런데 여행을 떠났으니 결혼보다는 삶을 즐기고 싶은 생각이 강한 것이다. 인상이 내성적으로 보이고 말수가 적은데 배낭을 메고 여행을 나설 정도면 철학적이거나 예술적인 기질이 있다. 그러니 배낭족들의 관상이나 손금을 보는 것은 누워서 식은 죽 먹기다. 그들 앞에서 잘난 체하고 싶어서가 아니라, 재미있는 분위기를 만들기 위해서 그랬던 것인데 분위기는 이내 흥겨워졌다.

"태국여행자들은 보기가 힘들어요. 파키스탄 여행하며 어렵지 않아요?"

"전혀 어려움 없어요. 처음에는 문을 걸어 잠그고 그것도 못 미더워서 의자로 문을 막았을 정도지요. 그러나 우리가 만났던 파키스탄 남자들은 친절하고 매너가 좋기 이를 데 없었어요."

"그건 당신 운이 좋았기 때문이에요."

벨기에 남자가 이의를 제기했다.

"훈자에서 들은 이야기인데 어느 독일 여자 지리학자가 혼자서 근처 계곡을 탐사하다 행방불명이 되었어요. 삼 개월이나 지났지만 단서조차 찾지 못했지요. 훈자 호텔의 매니저가 말하기를 분명 납치되었을 것이라 하더군요. 무슨 근거로 그러느냐고 물었더니 자기라도 그렇게 여자가 외진 곳을 혼자 돌아다니면 납치해서 살 거라는 얘기예요."

독일남자도 이렇게 맞장구를 쳤다.

"파키스탄을 여자들이 여행한다는 것은 위험해요. 길기트에서 대낮에 영국여자와 대로를 걷고 있었는데 마주 오던 청년들 중 하나가 다짜고짜 여자 젖가슴을 움켜쥐어 보더니 유유히 사라지는 거예요. 우리는 이 돌발적인 사태를 도저히 믿을 수 없어 그저 멍청히 서 있었어요."

"우와, 그게 정말이에요. 몸조심해야겠네."

"난 한 파키스탄 남자가 결혼하자고 쫓아다니는 통에 혼났어요. 자기의 세 번째 부인으로 맞이하겠다는 거예요."

나중에 합류한 네덜란드 여자가 말했다.

이런저런 얘기를 나누다 보니 어느 샌가 비가 그쳤다. 목이 말라 시장에 과일주스를 마시러 네덜란드 여자와 함께 가기로 했다.

주스를 마시고 난 후 카이버 호텔로 돌아오는데, 갑자기 네덜란드 여자가 소리를 쳤다.

"개자식."

그 순간, 지나가던 파키스탄 중년남자가 뛰기 시작했다. 순간 난 소매치기라고 직감했다.

"게 섰거라."

내가 그를 쫓고 그녀는 내 뒤를 따랐다. 뚱뚱한 중년사내는 죽어라 도망을 가다 시장골목으로 뛰어들었다.

이 녀석이 어디 갔을까? 인파에 가려 보이지를 않는다.

"뭐요? 왜 그래?"

사람들이 순식간에 몰려와 도와주겠다는 듯이 물었다.

뒤에서 따라온 그녀가 헉헉거리며 말했다.

"괜찮아, 됐어요."

"되다니, 잊어버린 게 뭡니까?"

"잊어버린 것은 없어요."

"그러면 왜 소릴 질렀어요?"

그녀가 얼굴을 살짝 붉히더니 조그만 소리로 말했다.

"그 녀석이 내 엉덩이를 손으로 만지고 가잖아요."

허허. 웃음이 나오고 말았다. 그 친구 여자 엉덩이 한번 만져보고 혼쭐나는군.

그녀의 엉덩이를 한 번 다시 쳐다보았다. 비쩍 마른 볼품없는 엉덩이인데 그 남자는 엄청 여자가 그리웠나 보다. 아마 장가 못 간 노총각인지도 모른다. 이슬람국가에서 장가가려면 돈이 엄청 필요하기 때문에 가난한 홀아비가 많다고 한다. 반면 돈 많은 부자들은 네 명이나 거느릴 수 있으니 어느 사회에서나 돈 없는 자는 서러운 법이다.

죽어라 도망치던 그 뚱뚱한 사내가 밉기보다는 측은한 생각이 들고 말았다.

지역감정

"리상. 나는 저 전직 아사히 신문기자가 싫어요. 오사카 출신의 저 친구는 매사가 건방지단 말이에요."

방에 같이 묵고 있던 신지는 그렇게 말했다. 홋카이도 출신인 그는 괄괄한 오사카 친구가 싫다면서 오히려 나와 친했다.

일본의 관동과 관서지방의 갈등은 원래 유명하다. 전에 일본여행 하면서 느낀 것인데 관서지방, 특히 규슈 출신들은 말 많고, 술 좋아하고, 화끈한 것이 한국사람의 기질과 비슷하다. 또한 오사카 출신들도 그렇다. 원래 이곳은 야쿠자도 유명하고 성격이 직선적인데, 도쿄사람이 오사카에 가면 적응하기 위해 오사카방언을 따로 배워야 한다고 했다. 그만큼 자신들의 말과 기질에 자부심이 강한 것이다. 반면 도쿄를 비롯해, 관동지방으로 가면 사람들이 소심하고 온순하며 예민했다.

이런 기질 차이 때문에 외국 나와서도 그들은 서로를 불편해하는 것 같았다. 그후에도 이런 것을 많이 보았다. 파키스탄 북부와 남부는 서로 증오했고, 이탈리아 북부와 남부도 서로 헐뜯었으며, 독일의 북부와 남부도 서로 기질이 달라 싫어하고 있었다.

지역감정이란 어디나 있는가 보다.

역사의 현장 카이버 패스

"카이버 패스(언덕)에 가지 않겠어?"

옆방의 스웨덴 친구가 신지와 나에게 물었다.

"카이버 패스에 가려면 이 명단에 여권번호, 이름, 국적을 적어 줘."

카이버 패스는 알렉산더의 그리스군, 영국군이 넘어온 길로서 동서를 잇는 유명한 고개이며 계속 가면 아프가니스탄 국경까지 갈 수 있으므로 빠질 수는 없었다. 그렇지 않아도 가기 위해서는 경찰허가를 맡아야 하는데 잘 되었다고 생각했다.

"당신 한국에서 왔어? 난 스웨덴에서 태권도를 배웠어."

그는 반갑다는 듯이 악수를 다시 청했다. 태권도는 세계 각지 안 뻗친 곳이 없는 것 같다. 한국인으로서 기분 좋고 자랑스런 일이다.

모인 인원은 열세 명. 밴 한 대를 빌리는데 악착같이 깎아 300루피니, 일인당 23루피(약 700원)를 내면 된다. 왕복교통비로서는 매우 싼 편이었다.

우리가 처음에 간 곳은 경찰서였다. 중년의 담당경찰은 일일이 우리의 여권을 보며 직업을 물었다.

"직업이 뭐요?"

"학생이요."

"당신은?"

"학생이요."

미국, 프랑스, 캐나다, 벨기에, 독일, 스웨덴, 뉴질랜드, 노르웨이, 영국, 일본, 한국 등 국적은 갖가지지만 직업은 한결같이 학생이었다.

"당신 정말 학생입니까?"

삼십대 후반으로 보이는 벨기에 사내에게 내가 귓속말로 물었다.

"아니, 하지만 대답하기 제일 편하잖아."

알고보니 진짜 학생은 5명밖에 안 되었다.

허가를 얻은 후 무장호송병이 우리 차에 올라탔다. 그가 앉은 앞자리에는 캐나다 여학생 두 명이 같이 앉았는데 비쩍 마른 삼십대 후반의 호송병은 입이 귀밑까지 찢어질 정도로 웃으며 어쩔 줄 모른다.

"호송병 아저씨 일생일대의 기분 좋은 날일 거야."

우리는 모두 낄낄대며 웃었다. 자리가 좁아 몇 명은 쇠난간으로 얼기설기 덮인 지붕으로 올라가 앉았는데 프랑스 여자의 커다란 엉덩이가 바로 머리 위에 얹히니 기분이 묘하다. 머리가 닿을락 말락 하는 천장인지라 모두 신경이 쓰였다. 바로 밑에 있던 스웨덴 친구 슬며시 눈을 치켜뜨며 위를 쳐다보다 우리를 보고 어깨를 으쓱하며 겸연쩍게 웃고 말았다.

이렇게 어울려 가면 마음이 든든하고 편한 점도 많다. 특히 가기 힘든 곳을 갈 때는 의지가 된다.

페샤와르를 빠져 나온 지 얼마 안 되어 길 한가운데 성채가 나왔다. 현재 커다란 문만 남아 있는데 바로 이곳에서부터 카이버 패스가 시작되는 곳이다.

이 지역은 기원전 1,600년 아리안족이 살았었고 기원전 6세기 페르시아가 점령했으며 그후 알렉산더, 칭기즈칸, 이슬람세력, 영국이 이곳을 넘어온 역사의 현장인 것이다.

마치 속리산 말티고개같이 카이버 패스는 구불구불 온몸을 뒤튼 뱀처럼 정상을 향해 기어오르고 있었다. 중간에 잠시 서서 내려다보니 멀리 평야가 뿌얀 먼지 속으로 아른거린다. 세계역사의 파동이 크게 칠 때마다 물결이 넘실거리던 현장이었다.

알렉산더군은 이곳을 넘으며 인도로 향하는 부푼 꿈을 키웠고 결국 그 꿈은 이루지 못했지만 간다라 미술[29]을 일으켜 불상을 탄생시켰으며 그 불상들은 중국, 한국, 일본에까지 전파되는 것이다. 칭기즈칸은 세계정복의 야심에 불탔을 것이며 이슬람은 이 고개를 넘어 인도대륙, 동남아 제국까지 갔었다. 또한, 영국은 이곳을 넘어 인도로 버마로 말레이시아로 향했었다.

카이버 패스는 이 격동의 사건들을 말발굽에 짓밟히면서 묵묵히 지켜보았다. 그 길을 이제 한 때의 여행자들이 넘고 있는 것이다.

다시 카이버 패스를 따라 한참을 달리자 란디

란디코탈 정경

코탈이 나왔다.

"여러분은 이곳에서 개인행동을 하면 안 됩니다. 여러분이 죽어도 우리 책임은 없습니다. 언제 총알이 날아올지 몰라요."

그곳에서 나온 현지감독원이 겁을 주었다.

"와우. 바로 그런 스릴 때문에 우리가 여기 온 거라고요."

미국친구가 외쳤다.

"맞아요. 맞아."

모두 이구동성으로 맞장구를 쳤다.

머쓱해진 현지감독원이 기분 나쁘다는 듯이 외쳤다.

"그렇다면 마음대로들 하시오."

란디코탈은 국경도시 토카함을 빤히 내려다보는 도시인데 일반인들은 토카함에 접근할 수 없다.

란디코탈은 별로 위험스런 분위기는 아니었다. 장터는 사람들로 붐비고 여느 도시와 다름없어 보였다. 이 마을은 주로 파탄족이 살고 있는데 이들은 밀수가 주요 업무이고 파키스탄 정부는 이것을 알고도 간섭하지 못한다고 한다.

잠시 후 다시 차에 올라탄 우리는 토카함이 빤히 내려다보이는 고지로 올라갔다.

대공포가 설치되어 있는 곳에서 밑을 내려다보니 골짜기 밑으로 조그만 집 몇 채가 보였다.

"저곳이 바로 토카함입니다. 페샤와르에서 약 58킬로미터 떨어져 있으니 페샤와르가 국경도시라는 것을 아시겠지요? 저기 넘어서부터 아프가니스탄인데 70킬로미터 지점까지 무자헤딘반군이 지배하고 그 이후부터는 소련군과 정부군이 점령하고 있지요. 전쟁이 한창일 때는 소련제 미그기가 바로 여러분이 있는 자리를 폭격하기도 했었습니다."

마치 우리가 주요 인사라도 된 듯한 기분이었다. 모형으로 만든 전황배치도를 보며 그곳 관리인은 열변을 토했다.

잠시 후 맛있는 파키스탄 차까지 대접을 받는 우리는 기분이 그만이었다. 초라한 배낭여행자들을 깔보지 않고 마음쓰는 그들의 태도가 고마울 뿐이었다.

다 아는 바와 같이 그후 아프가니스탄에서는 소련군이 물러갔고 탈레반정권이 지배했다. 탈레반정권은 2001년 9·11 미국테러의 배후로 지목되어 전쟁으로 인해 몰락했다. 현재 아프가니스탄은 여러 군벌들에 의해 지배되고 있다.

민족의 기질?

다음날, 이탈리아 여행자와 독일 여행자 그리고 내가 숙소의 식당에서 차를 마시고 있을 때였다.
"헤이, 이리 와봐요."
마침 지나가던 일본인 신지를 향해 이탈리아 친구가 불렀다. 그런데 그 제스처나 억양이 좀 거칠었다. 신지는 기분이 상한 듯, 눈에 힘을 주고 다가왔다.
"왜요?"
"아, 어제 배가 아파 카이버 패스에 못 갔다는데, 지금 괜찮아요?"
"……괜찮아요."
이탈리아 친구의 호의였건만, 그래도 신지는 기분 나쁜 표정을 짓다가 사라졌다.
파키스탄 종업원이 차를 가져다주는데 이탈리아 사내가 불평을 했다.
"내가 저 여자보다 먼저 주문했는데 왜 내 것이 늦게 나오는 거지?"
"그건, 저 여자 것은 만드는 데 시간이 덜 걸려서 그런 겁니다."

파키스탄 청년은 눈을 바짝 들이대며 침이 튀겨라 소리쳤다. 서로 으르렁대는 폼이 영 사납다. 이때 매니저가 다가왔다.

"당신, 어느 나라 사람이야?"

"이탈리아."

"이탈리아 사람들은 정신적으로 문제가 있어. 전번에 여기 묵었던 놈도 그렇고……."

그들은 그렇게 싸웠다.

그 정신적인 문제가 있다던 이탈리아 사람은 잠시 후 종업원을 불렀다.

"아까, 미안해요. 내가 오해했어요. 모든 이탈리아 사람을 나쁘게 보지 마요."

그러면서 10루피짜리를 손에 쥐어주었다. 그리고 이탈리아 사내는 우리들 찻값까지 모두 내주었다. 성질이 금방 끓어오르되 또 금방 풀어버리는 기질의 사내였다.

가끔 다니다 보면 이런 민족적인 기질 때문에 부딪치는 충돌을 종종 볼 수 있었다. 성질 급한 한국인에 속하는 나는 그 이탈리아인의 기분을 충분히 이해할 수 있었다. 화도 잘 내지만, 잘 풀리고 또 인정도 잘 베푸는 기질을.

그런데 신지는 나중에 나에게 이렇게 말했다.

"여행을 하다 많은 사람을 만났는데, 난, 이탈리아나 프랑스 사람들을 잘 이해 못하겠어요. 모두 정신병자 같아서……."

"난, 이해가 되는데."

"그래요? 난, 독일사람들이 가장 편하더라고요. 예의 바르고, 성실하고, 차근차근하고……."

이런 얘기를 이슬라마바드에서 만난 독일친구에게서도 들은 적이 있었다. 그 독일인은 이렇게 말했다.

"난, 일본인이 좋아요. 예의 바르고, 친절하고, 성실하고……. 그리고 프랑스나 이탈리아 놈들은 도무지 정신병자 같아서……."

반면 다른 곳에서 만난 이탈리아인은 독일인을 증오하고 있었다. 너무 따지고 융통성 없으며 유머감각이 없는 그들이 인간이냐며 나에게 열변을 토했었다.

한두 사람의 의견을 들어보고 전체를 판단할 수는 없지만 분명히 각 민족마다 어떤 기질이 있는 것 같았다.

그런데, 한국사람들 기질은 어느 나라 사람들과 맞을까?

글쎄, 나도 맞는 기질의 나라 사람들이 분명히 있으나, 같은 한국인이라도 사람마다 다른 얘기를 하니, 결국 개인차가 더 중요한 변수가 아닐까라는 생각이 들기도 한다.

아프간 난민의 부슈캐쉬

"오늘 금요일이니까 부슈캐쉬를 보러 가야지."

전직 아사히 신문기자가 아침부터 신나는 듯 떠들어댔다.

날짜를 보니 11월 29일 금요일이다. 11월 22일 페샤와르에 왔으니 팔 일째라 그만 페샤와르를 떠날까 하는데 그가 신지와 나를 부추겼다.

"부슈캐쉬가 뭐야?"

안내책자에도 나오지 않은 것이라 금시초문이었다.

"아프간 난민들이 벌이는 게임인데 말을 타고 죽은 양을 서로 뺏어가며 목적지에 갖다놓는 게임이야. 아마 폴로게임의 원형인지도 몰라."

그 게임은 매주 금요일날 열리며 호나산 캠프에서 열린다고 했다. 여럿이서 어울려 일단 버스를 타고 펠다우스라는 곳으로 갔다. 그곳에서 호나산 캠프까지 가는 스즈키를 어렵게 찾아낼 수 있었다.

좁은 스즈키 안에는 아프간 난민들이 많이 탔다. 긴 수염을 내리고 근엄한 표정을 짓고 있는 사내는 우리를 빤히 쳐다보며 관찰했다. 쌍꺼풀진 눈에 코는 약간 납작하고 얼굴이 평평해서 마치 중국인, 몽골인, 위구르인의 피가 섞인 것처럼 보였다.

한 30분쯤 갔을까.

종점에서 내려 돌담길을 따라 걸어가니 흙담에 둘러싸인 운동장이 나왔다. 입장료는 파키스탄인은 5루피, 외국인은 100루피였다.

웬만한 중고등학교 운동장만한 크기의 공터 주변에 사람들이 군데군데 앉아 있고 말들이 운동장 한가운데를 오락가락 거닐고 있었다.

한 청년이 탄 말은 다리 살이 엄청나게 붙어 있고 엉덩이 살이 육중해서 둔해 보일 정도로 살집이 좋고 몸체가 커서 마치 탱크처럼 보였다. 다가가서 말이 좋다는 표시를 하며 사진을 찍으니 포즈를 취한다.

"내 말은 펀자브 지방에서 온 말이라서 좋죠. 다른 말들은 아프가니스탄에서 온 말들이라 볼품이 없어요. 말은 펀자브 지방의 말이 좋아요."

정말 몇몇의 말을 빼놓고는 매우 빈약한 몸집을 갖고 있었다. 게임이 시작되기 전이라 수십 명의 기수들은 이리저리 말을 몰며 몸을 푸는데 땅바닥에는 목이 잘린 양이 마치 걸레처럼 널브러져 있다. 하얀 털이 흙먼지에 뿌옇게 덮여 있어 양 같아 보이지 않는다.

기수들은 머리에 붉은 띠를 두르기도 했고 검은 가죽옷을 걸치고 가죽부츠를 신었다. 옷차림은 약간씩 달랐지만 한결같이 털모자를 머리에 썼다는 것이다.

아사히 신문기자에 의하면 실제로 아프가니스탄에서 할 때는 운동장도 이것보다는 몇 배는 넓고 사람도 백여 명이 참가한다고 한다. 그러나 지금 참가한 인원은 약 서른 명 정도로 보였다.

이윽고 3시가 되자 주위는 관중들로 거의 채워졌고 기수들은 중앙으로 나와 말을 탄 채 선후 일렬횡대로 본부석을 향해 인사를 시작한 후 게임이 시작되었다.

게임은 간단하다. 목 잘린 양을 말 위에서 집어올려 본부석 앞의 직경 2미터 정도의 하얀 원 안에 옮겨놓으면 상금을 타는 것이다.

말만 들으면 매우 쉬워 보이는 것 같지만 실제로는 매우 힘들다. 각자 자기를 제외한 모든 사람들이 적이기 때문이다. 나머지 스물아홉 명의 기수들이 달려들어 필사적으로 양을 뺏거나 길을 가로막기 때문에 목표지점에 가는 것조차 힘들다. 또 양의 무게가 만만치 않게 무거워 한참 달리다 양을 떨어뜨리기도 한다.

아까 사진 찍었던 늠름한 말의 기수가 양을 잡은 후 본부석과 반대편의 구석으로 달려가 숨을 가다듬더니 채찍을 입에 물고 양의 한 발을 손으로 잡고 오른 다리로 양의 몸체를 감아 말에 밀착시켰다. 준비를 단단히 한 그는 본부석 앞의 원을 향해 질풍과도 같이 달리기 시작했다.

중간쯤 오자 다른 말들이 우 몰려오며 필사적으로 양을 뺏기 위해 길을 막았다. 뽀얀 먼지를 일으키며 격렬한 몸싸움이 벌어졌다. 한 사내가 양의 다른 다리를 잡고 뺏으려 하며 같이 달리자 양다리가 찢어질 것만 같아 보였다. 그러다 힘에 겨워 다시 다리를 놓자 처음의 사내는 양다리를 다시 거머잡고 오른 다리로 양의 몸체를 감싼 후 달리기 시작했다.

이번에는 옆에서 채찍으로 그 사내의 말잔등과 다리를 사정없이 때렸다. 그래도 말은 끝까지 달려 원 안에 양을 던져놓고 말았다. 승리한 것이다. 본부석에서는 즉석에서 100루피의 상금을 내렸다. 박수가 요란하게 터졌다.

이것으로 경기가 끝난 것은 아니다. 그런 싸움이 처음부터 다시 시작되는 것이다.

이 경기는 보기에도 매우 격렬해 보였지만 기수와 말이 겪는 고통은 대단해 보였다.

말이 너무 힘에 겨워하자 사내가 말을 바꿔 탄다. 사내는 헉헉거리며 땅바닥에 주저앉아 물을 마시는데 얼굴이 벌겋고 벗은 모자 위에서 모락모락 김이 솟아오르고 있다.

기진맥진한 표정이다. 가끔 가다 몸싸움에 밀려 낙마해서 말발굽에 밟히는 사람도 있었다.

아프간의 전통놀이인 부슈캐쉬

매우 격렬한 기마민족의 경기다. 우리의 격구, 서양의 폴로게임과 아프간 민족의 부슈캐쉬는 어떤 관계일까?

격구나 폴로가 공과 막대를 이용해서 경기하는 다소 세련된 것이라면 부슈캐쉬는 죽은 양의 시체를 가지고 한다는 점에서 원시적이고 야성적이다. 만약 어떤 관련이 있다면 부슈캐쉬가 원형임은 두말할 나위도 없을 것이다.

고미야의 입원

오후에 호텔로 돌아와 내일 떠날 생각으로 짐을 싸는데 누군가 문을 두드렸다.
"들어오시오."
"리상!"
"고미야!"
바로 중국의 카슈가르에서 십여 일 전에 헤어졌던 일본인 남학생 고미야였다.
"언제 페샤와르로 왔어?"
"오늘 오전에요."
"야, 정말 반가워."
정말 반가웠다.
"오늘 아프간 난민촌에서 무슨 일 생겼다는 소리 혹시 못 들었어요?"
"글쎄, 며칠 전 유니버시티촌에서 파키스탄 자원봉사자 한 명이 피살된 사건은 있었지만 오늘은 잘 모르겠는데."
"오늘 미국친구와 같이 가짜구리를 다니다 어디선가 총성이 요란하게 울려 구경도 제대로 못하고 허겁지겁 돌아왔어요."

"여기서는 늘 조심해야 돼. 특히 아프간 난민촌에서 사진 찍을 때는 미리 허가를 받아야 해. 그렇지 않으면 어디서 총알이 날아올지 몰라. 또 다라에서는 이쪽저쪽에서 총을 쏘아대니 조심하라고. 카이버 패스 갈 때도 조심하고."

"겁나는 곳이네요."

"아냐, 재미있는 곳이야. 파키스탄에서 페샤와르만큼 재미있는 곳은 없어. 우리 저녁이나 같이 먹으러 가지."

이렇게 고미야, 그와 같은 숙소에 묵던 일본인 사진작가, 신지와 함께 중국집으로 갔다.

"오랜만에 중국음식 먹어보네."

"요리는 역시 중국요리야. 중국음식을 싫어하는 사람은 없어."

중국음식은 파키스탄 음식에 비해 비쌌지만 오랜만에 맛있게 먹을 수 있다는 생각에 모두들 들뜬 기분이었다.

그런데, 그 다음날 탈이 나고 말았다.

페샤와르를 떠나는 날이기에 점심때쯤 작별인사를 하러 갔는데 고미야는 이불을 뒤집어 쓴 채 덜덜 떨고 있었다.

"고미야, 왜 그래. 어디가 아파?"

"모르겠어요. 설사가 계속 나오고 몹시 추워요."

머리를 만져보니 불덩이처럼 뜨겁다. 보통 아픈 게 아닌 것 같다.

"언제부터 그래?"

"모르겠어요. 자다가 새벽에 깨어보니 그래요. 체온계로 온도를 재어보니 39.8도까지 올라갔어요."

39.8도? 심각하다.

"우선 아래층으로 방을 옮겨야겠어. 이 방은 아침저녁으로 너무 추워."

카이버 호텔 맨 아래층에는 화장실까지 딸린 특실이 있다. 고급침대 세 개가 있는 이 방의 가격은 200루피로 비쌌지만 어쩔 수 없었다.

"약을 먹었으니 좀 나을 거예요."

"몸조리를 잘 해. 나도 여기 처음 와서 앓았어. 이상하게 페샤와르에서는 긴장이 풀려서 그러는지 많이들 앓아. 뭐 먹고 싶은 것 있으면 말해. 점심 먹으러 나가는 길에 과일을 사다줄까?"

"됐어요. 푹 쉬면 낫겠지요."

"그래, 그러면 몸조리 잘해. 점심 먹고 떠나기 전에 다시 들를게."

그러나 점심을 먹고 고미야는 혼수상태였다.

"고미야! 고미야!"

그의 볼을 때리자 가만히 눈을 떴다. 눈에 힘이 없다. 큰일났다는 생각이 들었다.

일본인 의사가 있는 미션병원으로 가라는 호텔 매니저의 말을 듣고 나는 고미야를 들쳐업고 스즈키를 탔다. 다행히 병원은 그리 멀지 않은 곳에 있었다.

간호사를 붙잡고 외쳤다.

"의사선생 어디 있소?"

"그분은 지금 이슬라마바드에 있어요."

"큰일났소. 지금 이 친구가 몹시 아파요."

일본인 간호사는 사태의 심각성을 눈치채고 차를 불러 아프간-일본병원센터로 향했다.

몸집이 큰 아프간 의사는 신속하게 고미야의 맥박과 체온을 재어본 후 소변검사와 대변검사를 했다.

"어제 먹은 것이 뭐요?"

"중국음식이요."

"혼자서?"

"아니요, 저기 있는 한국사람을 포함해 여럿이서 먹었어요."

"그 사람들 다 어디 있어요?"

의사가 나에게 물었다.

"호텔에요."

"다 와서 검사 받으라고 해요."

"예? 우리는 괜찮은데요."

"그래도 몰라요. 단순한 배탈이 아니라 콜레라나 이질이면 큰일나요. 그리고 이 친구는 일단 입원시켜요. 호텔에 가서 짐을 가져와요."

할 수 없이 호텔로 가 고미야의 짐을 챙겼다.

"신지, 너도 같이 가서 검사 받아. 이 사진작가 어디 갔지."

"방에 있을 거예요. 내가 데리고 나갈게요."

어제 저녁을 같이 먹었던 일본인 사진작가가 투덜거리면서 나왔다.

"난, 아무 이상 없다는데 왜 그래."

"공짜로 검사 한번 받아보죠."

신지는 잘 되었다는 표정이다. 사실은 그도 계속 설사가 약간씩 나왔기 때문이다.

이리하여 졸지에 우리 세 명은 병원으로 가 검사를 받게 되었다.

"자, 당신부터 변을 받아오시오."

한참 후 사진작가는 인상을 쓰며 들어와 퉁명스럽게 대답했다.

"안 나와요."

"한국 양반, 당신 차례요."

휴, 화장실에서 아무리 용을 써도 나올 생각을 안 한다. 할 수 없이 빈손으로 나왔다.

신지 차례다. 잠시 후 그는 싱글벙글거리며 변을 담은 조그만 용기를 전리품 자랑하듯이 내밀었다.

"자 여기 있습니다. 확실하죠?"

"잠깐 결과가 나올 때까지 기다리시오."

의식을 회복한 고미야가 말했다.

"어제 먹은 음식 때문이 아니라 아마 훈자나 그 이전에 중국의 카슈가르에서 먹은 음식 때문인지도 몰라요. 카슈가르에서 같이 있던 한 학생이 나와 비슷한 증세로 아파하다 일본으로 돌아간 적이 있거든요. 어쩌면 그때의 병균이 잠복하고 있다가 지금 나타난 것인지 몰라요."

잠시 후 의사는 차트를 보며 근엄하게 얘기했다.

"지금 이 학생의 뱃속에는 아메바가 있소. 원인은 그 아메바 때문이요. 그리고 다른 한 사람도 약간의 아메바가 있는데 조리만 잘 하면 나을 수 있는 상태요. 청량음료 같은 것을 너무 먹지 마시오. 그리고 당신 둘은 알 수 없소. 실험물이 있어야 실험을 하지."

우리는 대변을 못 받아낸 것이 죄라도 되는 것인 양 고개를 수그렸다.

"고미야, 우리 이제 가볼게. 몸조리 잘해."

"리상, 정말 고마워요. 건강하길 바래요."

고맙다니. 아픈 사람을 보고 어떻게 그냥 못 본 체할 수 있겠는가.

발길이 쉽게 돌려지지 않았지만 나는 내 길을 가기 위해 병원을 나왔다. 일본 간호사는 차로 우리를 호텔까지 바래다주었다. 차에서 내리며 간호사에게 인사말을 했다.

"제 친구를 도와주셔서 뭐라 감사의 말을 드려야 할지 모르겠군요."

"아니에요. 오히려 우리가 고맙군요."

자기 동포를 한국사람인 내가 도와주는 것에 대해 감사하다는 뜻이 내포된 것 같았다.

아. 같은 민족, 같은 핏줄이 좋기는 좋다.

그런데, 만약 한국사람인 내가 아팠다면 어땠을까?

그래도, 나는 이들이 나를 헌신적으로 도와주었을 것으로 믿는다. 내가 고미야를 위해 뛰었던 것처럼 이들도 나를 위해 뛰었을 것이다.

사람이 아픈데 국적이 어디 있겠는가?

하지만 이렇게 아플 때 이런 나라에서 같은 말을 쓰는 동포를 만날 수 있는 고미야가 부럽기만 했다.

그 고미야를 나는 약 삼 개월 후 로마의 트레비 분수 앞에서 다시 만나게 된다.

"리상!"

"고미야!"

트레비 분수 앞에서 우리는 부둥켜안고 벅찬 가슴을 달랬다.

"무사했군."

"리상도 무사했군요."

고미야는 눈물을 글썽이며 말을 잇지 못했었다.

그는 병원에서 완치되었으나 컨디션이 너무 안 좋아 일단 일본으로 돌아갔다고 했다. 그리고 다시 파리로 날아와 유럽여행을 하다가 터키와 동유럽을 거쳐 온 나를 만나게 된 것이다.

다시 헤어진 고미야는 나폴리 역전, 폼페이 유적지에서 계속 만나게 되었으니 인연은 인연이었나 보다.

고미야가 그때와 달라진 것이 있다면, 자신의 여자친구와 함께였다는 점이었다.

택실라에서

실크로드 7

한쪽에 볏단이 쌓여 있는데 한국의 농촌과 똑같은 풍경이다. 근처에서 포동포동한 닭들이 머리를 처박고 무언가 쪼아먹다 목을 길게 빼고 꼬끼오 울어댄다. 옆에서는 할아버지가 쪼그리고 앉아 볏짚으로 새끼를 꼬고 있다. 자치기하는 아이들은 모두 맨발이다. 예전 한국의 여느 촌과 같은 모습이다.

간다라 미술

페샤와르를 떠나 간다라 지방으로 향한다.
간다라. 수업시간에 수없이 들었던 그곳.
그리스인들의 예술과 인도불교가 결합되어 불상이 탄생되었다는 그곳으로 향하는 내 마음은 두근거리고 있었다.
간다라 지방이란 아프가니스탄 국경지역에서부터 인더스 강에 이르는 광범위한 지역을 일컫는데, 그 요람은 택실라와 근처의 스와트 계곡이다.
그곳은 교통의 요충지라 많은 이민족의 침입을 받았고 기원전 4세기, 알렉산더의 침입을 받기 전까지는 페르시아의 지배를 받았었다.
알렉산더는 기병과 보병을 합쳐 약 3만 5천의 군사를 이끌고 페르시아를 멸망시킨 후 아프가니스탄 지방을 거쳐 기원전 327년 현재의 파키스탄 지방에 당도한다. 격렬한 저항을 하던 스와트 계곡에 살던 부족을 정복한 알렉산더는 인더스 강을 건너 택실라에 진군한다. 택실라의 왕은 스와트 계곡의 산악부족과는 달리 알렉산더를 환영했다.
이곳에서 알렉산더군은 1개월 동안 휴식을 취한 후 인도를 점령하기 위해 택실라에서 다시 동으로 진군하다 인더스 강의 지류를 만난다.

3백 마리의 코끼리를 앞세우고 나타난 부족을 맞아 싸우며 강을 건너지만 다시 또다른 강이 나타났다. 다섯 개의 인더스 강 지류를 건너며 격렬한 전투를 치르는 동안 병사들의 사기는 떨어지고 염전사상이 급격하게 퍼진다.

고국을 떠난 지 8년, 병사들은 지쳤다. 결국 알렉산더는 회군하고 돌아가는 길에 바빌로니아의 수도 바빌론에서 기원전 323년 병사를 하게 된다.

알렉산더는 죽었지만 그가 닦아놓은 길을 통해 동서문화가 급격하게 교류되는데, 간다라 지방에 불교를 전파하는 사람은 바로 그 유명한 인도 마우리아 왕조의 아소카 왕이었다. 이때부터 불교가 토착화되었는데 기원전 2세기 아소카 왕이 죽은 후, 이곳은 박트리아 왕국(大夏)이 지배한다.

박트리아 왕국은 매우 흥미있는 나라다.

박트리아인들은 알렉산더 등장 이전인 기원전 6세기에, 그리스-페르시아 전쟁에서 페르시아에 사로잡혀 중앙아시아에 유배당한 그리스인들이었다.

그들은 아프가니스탄 북부, 힌두쿠시 산맥 북쪽인 아무다리아 강 중류지대에서 그리스 문화와 예술을 유지하며 살다가 200년 후에 알렉산더 대왕이 이곳에 왔을 때 알렉산더 대왕을 따라 이 간다라 지방의 전투에도 참가한다. 그후 알렉산더가 죽은 후에 이들은 기원전 3세기, 아프가니스탄 카불지방의 파르티아 왕국[30]이 독립할 때 박트리아 왕국을 만들어 독립하게 되는 것이다.

이들은 기원전 2세기에 스와트, 택실라 등의 간다라 지방을 통치하며 건축, 음악, 조각 등 그리스의 예술을 전파했다. 또한 그리스 풍속, 습관, 언어를 유지하고 그리스 신전과 신상을 만들기도 했으며 불교 또한 광범위하게 받아들였다.

가장 전성기를 이룬 것은 밀린다 왕(메난드로스 왕) 때인 것으로 보여진다. 그는 불교의 비구 나가세나와 긴 문답을 주고받은 후 불교에 귀의하는데 유명한 것이 바로 밀린다 왕의 질문으로 알려지는 『밀린다왕문경』(혹은 나선비구경)[31]이다.

박트리아 왕국은 차차 쇠퇴하다 내분으로 기원전 140년경 멸망하고 이 과정에서 북방 스키타이족의 일파인 사카 왕국과 이란계의 파르티아 왕국이 번영하게 된다.

사카 왕국과 파르티아 왕국은 페르시아에서 일어난 조로아스터교(배화교)[32]를 믿고 있었으나 그리스 문화에 많은 영향을 받고 있었다.

그후 이 스와트 지방은 쿠샨 왕조[33]의 지배를 받게 된다.

쿠샨 왕조는 한무제 때 실크로드를 개통한 장건[34]이 방문하여 동맹을 맺으려 했던 대월지국의 밑에 있다가 쿠샨 왕조의 시조 쿠줄라 카드피세스[35] 때 독립하여 독자적으로 주위의 부족들을 점령하고 기원전 1세기 파르티아에 침입하여 현재 아프가니스탄의 카불을 지배한다.

또한 그 아들 비마카드피세스는 서기 1세기 때 남하하여 간다라 지방을 점령한다. 이 비마카드피세스의 후계자가 바로 그 유명한 카니슈카 왕으로, 그는 서기 2세기 초 페샤와르에 도읍을 정하고 동으로는 인도 중부의 바라나시, 남으로는 빈드야 산맥, 서북으로는 중국의 카슈가르, 허텐, 이란 동북부, 아랄 해 부근에 이르는 대제국을 건설한다.

이때를 전후해 인도의 불교와 그리스인들의 예술감각이 결합해 불상이 탄생하는데, 이것은 카라코람 산맥을 넘어 중앙아시아로 전파되었고 중국, 티베트를 거쳐 한국, 일본 그리고 동남아 각지로 퍼지게 된다.

즉 간다라 미술과 불상은 알렉산더 대왕의 동정(東征) 후 아소카 왕의 불교 육성, 박트리아인의 그리스적인 예술감각, 쿠샨 왕조 카니슈카 왕의 불교중흥이 결합되어 완성되는 것이다.

이렇게 불상이 탄생하기 전까지는 5,6백 년의 세월이 걸렸다. 그 이전에는 부처의 상을 만드는 것은 우상숭배라 여겼기에 연꽃이나 발자국 등의 상징적인 모습을 통해 부처를 표현하였던 것이다.

간다라 지방에는 불교유적뿐만 아니라, 수많은 민족이 남겨놓은 흔적들이 있다고 했다.

종교적인 이유로 얼굴이 도려진 불상의 모습

그리스 신전, 조로아스터교 신전, 박트리아 왕국과 사카 시대의 유적 등등이 그것이다.

그곳을 향해 플라잉코치(미니버스)는 물방개가 헤엄치듯 쏜살같이 달렸다. 간다라 지방의 중심지 택실라까지 세 시간이 걸리는 길이었다.

택실라에 예수의 제자 토마가 왔었을까?

택실라는 기원전 3,000년경부터 사람들이 모여 살았고 16세기까지 번성했던 곳인 만큼 많은 유적지가 흩어져 있는 곳인데, 인적은 드물고 조용하기 그지없는 곳이었다.

숙소를 잡은 후 천천히 마을을 한 30분쯤 걸었을까?

오른쪽에 시카프 유적지라는 팻말이 보였다. 울창한 나무숲길을 따라 올라가니 높지 않은 구릉 위의 입구에 성벽의 잔해가 남아 있었다. 안쪽으로 들어가니 유적지가 드넓게 펼쳐져 있고 입구에 다음과 같은 팻말이 세워져 있었다.

택실라의 중심지는 처음에 비마운드였다. 그러나 기원전 4세기 알렉산더가 이곳에 온 후부터 시카프가 택실라의 중심지가 되었다

한편 예수의 열두 제자 중의 하나인 의심 많은 토마[36]는 이곳을 방문해 기독교를 전파하기도 했다.

아, 토마가……. 이 팻말에도 적혀 있구나.

내가 조사한 자료에도 이 토마에 대한 이야기가 있었다. 파르티아

왕국의 매우 유명한 왕이었던 곤도파레스는 서기 30년경 이 택실라에서 전도차 찾아온 토마를 영접했다고 한다.

성경에 의하면 예수가 부활한 후, 자기가 직접 보지 않고는 믿을 수 없다던 토마는 결국 직접 예수를 보고 못자국을 만진 후에야 믿었다고 한다.

그런데 그 토마가 바로 이 시카프에 왔었다는 것이다.

그런데 인도여행 당시 보았던 토마를 기념한 교회는 뭐란 말인가?

인도의 남서부 항구 코친 부근에는 토마가 활약한 것을 기념하는 교회까지 있었다. 그리고 토마는 후에 인도 남동부의 첸나이[37]에서 죽은 것으로 널리 알려져 있다.

나는 토마가 바닷길로 온 것으로 알았는데 육로로 와 이곳을 거쳐 코친으로 들어간 것일까?

예수의 제자들은 여러 곳으로 기독교를 전파하는데, 바울은 그리스와 소아시아(지금의 터키 지방), 마가는 이집트 지방, 누가, 요한과 성모 마리아는 터키의 에페소에서 여생을 보냈다고 한다.

결국 인도로 온 토마가 가장 멀리 온 셈인데, 사실이 어떠한지는 나로서는 장담할 수 없지만, 인도의 기독교도들은 토마가 인도에 왔다는 것은 굳게 믿고 있었다.

난 여행하기 전에 이런 이야기들은 호사가들이 명확한 증거 없이 흥미거리로 만들어냈을지도 모른다고 생각했었다.

그러나 실크로드를 따라 이곳까지 오며 느낀 것은 고대에는 우리가 생각하는 것 이상으로 문물교류가 많았다는 점이다.

알렉산더가 인도에 왔을 때 이미 인도인과 그리스인들은 서로의 사정을 어느 정도 알고 있었고 알렉산더 대왕의 동정 이전부터 그리스인들은 파키스탄, 아프가니스탄, 중앙아시아에서 소왕국을 만들고 활약했었다.

일전에 남인도의 코친에 갔을 때는 유태인들의 회당과 그 후손들을 본 적이 있었다. 거기에 쓰여진 설명에 의하면 이미 이스라엘의 솔로몬 시대에 그들은 교역을 하였다는 것이다.

그 정도로 길이 뚫려 있었다면 초기에 기독교가 이란을 거쳐 파키스탄, 인도, 중앙아시아, 중국지역으로 퍼지기는 쉬웠다. 이것은 역사적 사실이다.

그렇다면 역도 성립되지 않을까?

기독교 출현 이전에 힌두교, 불교 등의 종교가 같은 길을 통해 중동을 거쳐 서방에 전해졌을 것이다.

이렇듯, 고대 실크로드는 우리가 상상하는 것 이상으로 활발했었을 것이다.

진리를 탐구하는 자는 늘 열린 마음을 갖고 대상들이나 여행자들이 전해주는 다른 지방의 풍물, 종교, 학설 등에도 많은 관심을 가졌고 직접 갔을 것이다.

중앙아시아, 중동지방에 다가올수록 그 교류의 흔적들이 서서히 모습을 드러내고 있었다.

역사의 보고 택실라

시카프에 대한 자료는 준비했었지만, 갑자기 나타난 자칭 가이드 덕분에 지루하기만 할 유적지를 흥미롭게 볼 수 있었다.

"이 시카프가 택실라에서 가장 볼 만한 곳이죠. 비마운드는 볼 것이 없어요."

늙은 가이드가 자부심 어린 표정으로 말했다.

비마운드는 기원전 516년 아카메니드 제국이 이 간다라 지방을 지배하며 첫 번째 수도로 삼은 곳이다. 즉 택실라 최초의 도시인 것이다. 그러나 역시 간다라 지방의 중심지는 후일 발전된 시카프다.

알렉산더가 오기 전까지 택실라에는 수학, 법학, 역사, 의학, 사회학, 천문학, 군사학, 예술 등을 가르치는 매우 유명한 대학이 있었다고 한다.

"도시를 둘러싼 성벽은 자그마치 둘레가 5킬로미터에 해당하는데 직사각형이지요. 성벽의 두께는 6미터, 높이는 6~9미터였어요. 이리 와보세요. 여기가 바로 시카프의 역사가 다 담겨진 곳이랍니다."

정문을 통해 들어가니 오른쪽으로 가로, 세로, 깊이 약 10여 미터 정도인 구덩이가 파져 있었다.

"이곳은 지금 발굴 중인데 박트리아, 사카, 파르티아, 쿠샨 왕조 시대의 지층이 차례로 쌓여 있어요. 여기 보이는 이 뼈는 사람뼈예요."

지층 한가운데 파묻힌 하얀 뼈가 보였다. 그러나 그것이 사람뼈인지 동물뼈인지는 모른다. 이런 가이드들은 원래 듣는 사람의 흥미를 유발하기 위해 불확실한 것을 과장되게 표현하는 경우가 많다.

유적지 중간에는 대로가 시원스럽게 펼쳐져 있었다. 좌우로는 허물어진 낮은 벽들이 남아 있었다.

"이 중심 도로 길 양쪽에는 상인들이 물건을 파는 장이었고, 그 옆에는 가게 터였답니다. 장의 안쪽에 보이는 유적들은 모두 집터죠. 한 집에는 보통 작은 방 20여 개를 갖고 있었지요."

대로를 따라 안쪽으로 들어가니, 블록이 나눠져 있었는데 자이나교[38] (부처와 동시대의 인물인 마하비라[39]가 창시한 금욕적인 종교) 및 불교의 스투파(탑)가 남아 있었다. 조금 더 걸어 들어가니 왼쪽으로 넓은 사원 터가 있었고, 계단 위 중앙의 넓은 공간에는 스투파 터가 남아 있었다.

다시 대로를 따라 조금 더 걸으니 오른쪽으로 또 스투파 터가 보였다. 현재 스투파는 없어졌지만 그 주위에 바람개비 모양의 역삼각형 돌이 있었다. 가이드 말로는 해시계였다고 한다.

그곳에서 대로 건너 맞은편에는 큰 사원터가 있는데 바로 쌍두독수리로 유명한 사원이었다. 스투파는 없고 그 주위에는 뭉그러진 불상 부조와 함께 조그만 쌍두독수리 조각이 남아 있었다.

이 쌍두독수리는 바빌론, 스파르타, 스키타이 제국에서도 발견되는 유명한 조각이다. 로마시대에도 있었고 현대의 독일, 러시아 제국

여러 문화권에서 볼 수 있는 쌍두독수리

의 무기 등에도 나타나는 유래가 깊은 조각인 것이다. 나중에 나는 이런 조각을 터키의 에페소 유적지에서도 보았다.

다음 블록에는 자이나교 사원이 있었다. 마치 버섯 같은 기둥의 잔해가 흩어져 있었다.

"저기 산 위에 보이는 언덕 위의 궁전은 선녑 카날라 궁전이에요. 아소카 왕이 머물던 궁전으로 메소포타미아의 아시리아 양식이랍니다."

그 유명한 아소카 왕이 머물던 궁전이라······.

약 2천 년 전, 세월의 흔적들이 수없이 포개져 있는 유적지에 서 있다고 생각하니 감회가 다시 일었다.

그 말을 끝으로 자칭 가이드 노인네는 손을 내밀며 돈을 요구했다.

얼마를 주어야 하나?

약간의 지폐를 손에 쥐어주자 그는 그런대로 만족하는 듯했다.

조로아스터교 신전

근방에 있는 잔디알 신전을 찾아간다. 흔히 불을 숭배하는 배화교라고 알려진 조로아스터교의 신전이다. 이 종교에 대해서 우리는 별로 아는 바가 없다. 그러나 이 종교만큼 인류 역사에 광범위한 영향을 준 것은 없을 것이다.

역사학자 토인비에 의하면, 조로아스터의 정확한 활동연대는 확실하지 않으나 대략 기원전 6세기라 추정한다. 이와 달리 조로아스터가 기원전 1천2백 년 전에 활동했고 그의 신앙이 확립된 시대가 기원전 6세기라는 얘기도 있다.

이란지방에서 인도-이란어족의 사제계급으로 태어난 그는 서른 살쯤에 아후라마즈다라는 선신의 계시를 받고, 마흔 즈음에 집을 나가 어떤 군주의 보호를 받으며 본격적인 포교활동을 했으나, 일흔 살 이후 부족대립 속에서 암살당했다고 하는데, 모든 얘기들이 추측일 뿐이다.

다만, 그가 내세운 교리는 이 세상은 선신과 악신의 대결장이며 결국 선신의 승리로 끝나게 되는데, 인간의 의무는 선신 편에 서서 악과 싸우는 것이며, 최후에 심판의 날이 오면 인간은 그때 자신이 한 일에 따라 심판을 받는다는 것이다.

지금은 너무도 익숙한 최후의 심판사상은 다신교에 익숙했던 그 때는 획기적인 사상이었는데, 그의 사상과 종교는 후일 유태교, 기독교, 이슬람교 속에서 이어져갔으며, 심지어는 불교에도 어느 정도 영향을 주었다고 한다.

그후 역사 속에서 조로아스터교는 점점 힘을 잃었고 현재는 십만 명 정도만 세계에 흩어져 있다.

나로서는 이전에 조로아스터교를 접한 적은 없었다. 다만, 니체의 『차라투스트라는 이렇게 말하였다』에서 차라투스트라가 조로아스터의 페르시아어란 것을 알고 있을 뿐이었다. 그렇다고 니체의 차라투스트라가 조로아스터를 대변한 것은 물론 아니다.

이렇게 어렴풋이 이름이나 들어서 알고 있는 그 신비하고 전설적인 종교의 흔적을 찾아간다고 하니 가슴이 설레고 있었다.

시카프를 나와 산길을 따라 한 20분쯤 걸어가니 마을 어귀의 조그만 언덕 위에 신전이 보였다. 주위에 푸른 나무들이 있고 신전 주위로 논밭이 펼쳐져 있었다.

신전의 입구에는 네 개의 이오니아식 기둥이 서 있었다는데 지금 그 기둥은 밑부분만 남아 있다. 그 네 개의 기둥 사이를 통해 신전에 들어갈 수 있었으니, 그 기둥 주변은 신전의 현관인 셈이다.

계단을 따라 올라갔다. 조그만 공간이 나온다. 바로 그곳이 전실(前室)이고, 그 뒤가 지성소(至聖所)였다. 그 뒤에는 높은 연단이 있었는데 예전에는 그리스 신상들이 있었다고 하나 지금 남아 있는 것은 하나도 없다.

지성소와 연단 사이에는 공간이 있는데 학자들은 기초가 지하 13

미터 정도까지 들어간 것으로 보아 예전에 이곳에 큰 탑이 있었던 것으로 추측한다.

그 탑의 기능은 무엇이었을까?

설이 많지만 아마도 불을 숭배했을 것이라 한다.

이곳은 이란계 파르티아 사람들에 의해 2세기에 세워진 그들의 종교신전이었지만, 양식은 그리스의 영향을 많이 받아 헬레니즘화된 것이라고 한다.

택실라에 단 하나 남아 있다는 그 파괴된 신전에 걸터앉아 햇빛을 쬔다. 아무도 없다. 바람만 귓가를 스치고 있다.

지금으로부터 약 2천6백 년 전 혹은 약 3천 년 전 이란지방에서 일어났던 어느 선각자는 역사 속에서 희미하게 사라졌지만, 그의 사상은 수많은 종교에 영향을 주었고 사람들 의식 속에 살아 남아 이런 흔적을 남겼다.

수많은 사람들이 탑 위에 불을 피우고 하늘을 보며 경배를 올렸을 것이다. 선과 악이 싸우는 세상에서 선신의 승리를 기원하며…….

그의 사상은 세월 속에서 선과 악을 초월하는 절대자의 신앙으로 더욱 발전하기도 했으나, 또한 세월 속에서 선과 악의 구분도 희미해진 혼탁한 사념으로 뒤덮이기도 했다.

과연 선과 악은 무엇이며, 영혼과 육체란 무엇일까? 앞으로 1천8백 년 후, 혹은 2천 년, 3천 년 후 세상은 어떻게 변해 있을 것이며 그때도 누군가 나처럼 이 근처를 서성이며 과거를 돌아볼까?

무상하기만 했다. 모든 것은 무상한 것이다. 사상도 종교도 역사도 이 거대한 세월 속에서는 그저 어디론가 흘러가고 있다.

제단만이 남은 조로아스터교 사원

파괴된 불상들

잔디알 사원에서 터벅터벅 홀로 걸어 내려와 마침 지나가던 스즈키를 탔다. 가끔씩 돌아다니는 스즈키는 대개 2루피에서 3루피인데, 택실라에서는 일종의 마을버스 역할을 하고 있었다.

십여 분 정도 달린 후 내렸다. 시냇물이 흐르는 울창한 숲길을 따라 1분 정도 걸으니 언덕길이 나왔다. 계단을 따라 올라가니 유적지였다.

졸리안은 이 택실라뿐만 아니라 전 파키스탄에서 가장 불교유적이 잘 보존된 곳이다. 불교가 성했던 2세기 쿠샨 왕조 때 만든 것인데 아마도 택실라에 들렀던 법현이나 현장도 이곳에 들렀을 것이다.

입구로 들어가자 각종 불상조각들이 전시되어 있는데, 이런! 대개 목이 잘려져 있거나 훼손되어 있었다. 이슬람교도들이 우상숭배라 하여 목을 치고 눈을 빼간 것이다.

다행히 온전히 형태를 유지하고 있는 것도 간간이 보이기는 했으나, 대부분의 불상조각들은 목이 잘려져 있었다. 그중의 한 불상은 배꼽이 뻥 뚫려져 있는데 병을 치유해주는 힘이 있다 하여 인도에서 온 관광객들은 구멍에 손을 집어넣고 있었다.

주위의 벽에는 조그만 방들이 뺑 돌려져 있다. 바로 승려들이 명상하던 승방이다.

이렇게 스투파가 유행하고 그 주위에 불상을 조각하며 사방에 승방을 만드는 것은 간다라 미술의 특징이며 후세 승원의 모델이 되었다고 한다.

따가운 햇살에 조는 듯한 누런 흙담 사이를 지나자 커다란 승원이 나왔다. 이 승원에는 부엌, 집회장, 식당, 목욕탕 등이 있어 수도승들이 살기에 불편함이 없도록 모든 시설들이 갖추어져 있었다. 그러나 지금은 단지 그 터만 남아 정적만이 흐르고 있다.

이 승원의 주위에는 스물여덟 개의 방이 있어 승려들은 이곳에 기거하며 수도를 했었다. 목욕탕 자리에 가 앉으니 밑으로 계곡이 보인다. 낮은 산등성이가 서쪽을 향해 미끄러지고 있었고 향긋한 산바람을 타고 어디선가 돌 쪼는 소리가 들려왔다.

그 옛날, 한참 번성했을 이곳. 지금은 목 잘린 불상과 폐허만 남았지만, 그래도 이곳이 간다라 유적지 중에서 가장 잘 보존된 곳이라 했다.

개인적으로 나는 이슬람교를 믿지도 않고, 좋아하지도 싫어하지도 않는다. 다만, 조금씩 접하면서 그 동안 무지해서 잘 몰랐던 그 종교 안에 있는 선함과 아름다움에 조금씩 눈을 뜨기 시작하고 있을 뿐이었다.

하지만 이런 종교예술품을 우상숭배라고, 무식하게 파괴한 것을 보노라면 아연실색할 수밖에 없다. 만약 기독교도나 불교도 혹은 힌두교도가 자신들의 모스크(이슬람교 사원)를 파괴했다면 어떤 느낌이

들까?

세월 따라 종교가 흥하고 쇠한다.

그 세월 속에서 종교는 아름답고 성스러운 모습을 드러내는가 하면, 또한 추악한 모습을 보여주기도 한다. 그 옛날 기독교도들이 십자군전쟁과 중남미에서 행했던 수많은 학살, 그리고 이슬람근본주의자들의 테러 …… 그저 세월 속에 남는 것은 불쌍하고 또 불쌍한 인간들일 텐데, 서로 종교가 다르다는 이유만으로 서로 증오하고 서로 죽이고 파괴하여왔다. 아무리 생각해도 종교 자체가 그렇지는 않을 테고, 무지하고 불쌍한 인간들 탓일 게다.

스와트 계곡으로

택실라에서 스와트 계곡으로 향한다. 스와트 계곡의 중심지는 밍고라다. 밍고라까지 가기 위해서 일단 핀디로 나왔다.

라왈핀디의 여행사에서 우선 카라치발 터키 이스탄불행 비행기표를 구입했다. 서로 흥정한 끝에 약 370달러 정도에 살 수 있었다.

라왈핀디에서 스와트 계곡으로 가는 길은 계속 혼동과 도움의 연속이었다. 핀디의 가장 큰 버스터미널은 피르 바다이 정류소다. 정류소에 들어가니 이쪽저쪽에서 행선지를 묻는다.

"어디 가요?"

"밍고라."

"여기 밍고라 가는 버스 없어요. 건너편 호텔 앞으로 가 미니버스를 타세요."

이상하다. 이곳에 있다고 하는데.

조금 안쪽으로 들어가니 다른 사람이 다가와 또 가는 곳을 묻는다. 파키스탄에서는 이런 점이 편하다. 버스터미널에서 어슬렁거리면 도와주는 사람들이 많다.

"밍고라 갑니다."

"아게(앞으로)."

그가 가르쳐준 대로 앞으로 가보니 버스가 있다.

"밍고라?"

덥수룩한 수염이 뒤덮인 뚱뚱한 차장이 고개를 끄덕였다.

"얼마?"

"32루피."

이제 되었다. 가만히 앉아 있으면 스와트 계곡으로 가는 것이다. 버스는 핀디를 빠져 나와 북쪽으로 달리기 시작했다. 한 세 시간쯤 달렸을까? 차창 밖으로 노우쉐라라는 간판이 보였다. 지도를 보니 아직도 한참 가야 한다.

"당신 혹시 야마구찌상 아니에요?"

야마구찌?

방금 전에 올라탄 사내가 다짜고짜 물었다.

"아뇨, 난 한국사람이에요."

"하하, 사실은 우리 철도회사에 일본인 야마구찌상이 와서 근무하는데 비슷한 모습이라 그 동생인 줄 알았어요."

웃음이 나오고 말았다. 일본사람들은 이런 파키스탄의 중소도시에도 발을 뻗치고 있었나.

"어디 가시는 길입니까?"

"밍고라요."

"네? 이 버스는 밍고라 안 가요."

"네? 버스차장이 분명히 간다고 했어요."

"허허, 내가 안다니까요. 이따 내가 내리는 곳에서 같이 내려 미니버스를 타세요."

혼란스럽다. 차장 말을 믿어야 하나 이 낯선 사내의 말을 믿어야 하나!

조금 후 정말 버스는 조그만 마을에 섰고 사람들이 모두 내리기 시작했으며, 그곳이 종점이라 했다. 옆자리의 사내가 차장에게 가 뭐라 한참 따지더니 13루피를 받아 나에게 준다.

이런 고마울 데가 있나.

"이리 따라오세요."

그 사내는 뒤죽박죽된 버스터미널에서 밍고라 가는 미니버스를 찾아주었다.

"자, 이제 되었지요? 이리 오세요. 차 한잔 같이 마십시다."

그는 버스터미널 옆의 허름한 찻집으로 데려가더니 나에게 차를 샀다.

"여행하는 데 불편하지는 않아요? 파키스탄에서 좋은 여행하시기 바랍니다."

버스가 떠날 때 그는 손까지 흔들며 씩 웃었다.

정말 고마운 사람이다. 이미 어둠이 짙게 깔리기 시작한 시간, 그의 도움이 없었다면 난 이 낯선 곳에서 방황하고 있겠지.

묘한 일이다. 생각지도 않은 사람이 나타나 내 앞길을 인도해주고 있다. 한두 번이 아니었다. 늘 여행길에는 괴롭히는 사람이 있는가 하면 우연히, 아무 대가를 바라지 않고 도와주는 사람들이 있었다. 외로운 여행 같지만 결코 외롭지 않은 길인 것이다.

미니버스가 달린 지 얼마 안 되어서 거리는 새까만 어둠 속에 파묻혔다. 사람들이 내리고 타기를 몇 번 어느 샌가 버스는 계곡길을 달리고 있었다. 위로는 절벽이 치솟아 있고 그 절벽 밑의 구불구불한 길을 잽싸게 커브를 틀며 달리는 버스가 위험스럽기만 하다. 계곡 건너편으로 보이는 노란 불빛들이 마치 비행기에서 내려다보는 아래 세상 같아 보이는가 하면 계곡 밑의 어둠의 깊이는 측정할 수 없는 바다처럼 보였다.

저 밑으로 추락하면 그냥 끝장이라는 생각을 하니 간이 콩알만해진다. 커브를 틀 때는 바퀴와 절벽 사이의 폭이 한 뼘 정도밖에 안 돼 눈을 질끈 감기도 했다.

그렇게 세 시간을 달려 밍고라에 도착했다.

밍고라는 조그만 마을이었지만 밝고 번화한 소도시라는 인상이 들었다. 탁 트인 중앙 도로를 사이에 두고 밝은 조명을 받아 호텔 간판과 식당들이 꽤 여러 개 보인다. 사람들의 왕래가 잦은 걸 보니 마음이 푸근해지기 시작했다. 배낭을 메고 숙소를 찾으려 하는데 젊은 남녀 한 쌍이 나에게 말을 걸었다.

"어딜 가요?"

"숙소를 찾고 있습니다."

"우리는 지금 별 다섯 개짜리 호텔로 가려는데 같이 안 가시겠어요?"

"예, 별 다섯 개짜리 호텔이요? 아뇨."

내가 그런 최고급 호텔에 갈 사람으로 보였나?

"우린 지금 신혼여행 중이거든요."

그렇다면 당연히 그래야겠지만, 왜 나를 같이 가자고 하누…….

수줍은 신부가 나를 호기심 어린 눈초리로 쳐다보고 있다. 신랑도 매우 순진해 보인다.

어쨌든 관심을 가져준다는 것이 고마울 뿐이다. 이 스와트 계곡은 유적지이기도 하지만 아름다운 경치 때문에 파키스탄 사람들에게도 신혼여행지로 선호되는 모양이다.

버스터미널 옆의 호텔은 싱글룸에 화장실, 조명 그리고 깨끗한 침대까지 있으면서도 30루피(900원) 정도로 저렴했다.

파키스탄에 온 지 삼 주일이 다 되어가는 동안 싱글룸에서 자본 적이 없었는데 아니 따지고 보니 중국에서도 늘 합숙을 했으니 정말 오랜만에 혼자서 자는 것이다. 이렇게 혼자 방에 있으면 제일 먼저 하고 싶어지는 것이 빨래다. 더운물은 안 나오지만 마음대로 물을 쓰며 빨래를 할 수 있다는 사실이 그저 신났다.

빨래를 한 후, 식사를 하러 나갔다.

난(밀개떡), 차이(차), 시시케밥(양고기 꼬치구이), 다알(콩수프), 생선을 먹고 양파, 배춧잎 등을 날 것으로 씹었다. 그렇게 실컷 먹어보았자 15루피(450원) 정도밖에 안 나오니 콧노래가 절로 나왔다.

12월 초의 날씨는 쌀쌀한데 과일도 많았다.

바나나 두 개, 감 두 개, 귤 두 개를 사니 4루피(120원)이다. 그에 비하면 펩시콜라가 4루피(120원)이니 비싼 편이다. 이것저것 사와 방에다 풀어놓으니 방안이 그득했다.

천천히 그것을 먹으며, 밝은 전등 아래서 밀린 일기를 쓰는 밤, 그 밤이 너무도 행복했다. 비록 나무침대 하나와 배낭 하나 풀어놓으면 꽉 차는 좁은 방이었지만 그곳은 내 세상이었다.

간다라 미술의 보고 스와트 박물관

스와트 계곡의 중심지는 밍고라와 사이두 샤리프이다. 사이두 샤리프가 행정적인 수도라면 밍고라는 생활의 중심지다.

밍고라나 사이두 샤리프나 모두 끝에서 끝까지 30분 이내에 걸을 수 있을 정도로 조그만 도시고, 두 도시 사이는 스즈키로 약 20분 정도밖에 안 걸렸다. 그리고 조금만 밖으로 나가면 시골이었다.

그 옛날 불교문화는 바로 이 지역을 중심으로 광범위하게 펼쳐져 있었다.

인도에서 북상한 불교는 택실라를 거쳐 스와트 계곡까지 오고, 서기 2세기 쿠샨 왕조 때 수많은 불교대학과 승원, 스투파 등이 이 스와트 계곡을 메우며 간다라 미술이 흥하게 되는데, 인도와 중국 사이의 길목이었기에 불교는 계속 북상하여 중국으로 넘어가는 것이다.

서기 7세기경 스와트 계곡의 불교문화가 이미 내리막길을 걷고 있을 때 방문한 중국의 승려 현장은 이곳에는 1,400개의 승원이 있다는 기록을 남기고 있다. 그러니 그 당시 이 스와트 계곡은 염불 외는 소리와 승려들의 수도 열기로 가득 차 있었을 것이다.

그후 차차 힌두교 세력에 밀리다 10세기경에 들이닥친 이슬람교에 의해 초토화되고 다시 부흥할 수 없었던 이곳에는 현재 그저 폐허와 빈약한 유물들만 박물관에 남아 있을 뿐이다.

일단 박물관에 가기로 했다. 박물관은 사이두 샤리프 근처에 있었다.

박물관에 들어서니 우선 보이는 것이 정면의 까만 돌이었다.

아하. 바로 이 돌.

오기 전 조사한 자료에 의하면, 길이 93센티미터 너비 76센티미터의 이 돌은 그 유명한 스와트의 불족석(佛足石)[40]이다.

전설에 의하면 스와트 강에는 고파라는 몹쓸 용이 살았는데 해마다 홍수를 일으켜 많은 희생자를 내었다. 당시 이 지방을 다스리던 왕 아사나진은 석가[41]의 신통력을 빌려 이 용을 퇴치하고자 우디아나(스와트의 옛 이름)로 부처를 초빙한다.

부처가 이 악룡을 퇴치하고 남긴 것이 이 불족석이라는 것이다. 그 당시는 우상숭배라 하여 부처님의 상을 만들지 못해 불족석만 있었으나 후에 아사나진은 이 일을 몹시 고맙게 여겨 스스로 석가의 얼굴을 돌에 새겨서 모셨다고 한다.

이 불족석은 신심에 따라 길게도 보이고 짧게도 보인다고 하는데 내 눈에는 그저 변함이 없다.

박물관에는 여러 종류의 반지, 상아로 만든 목걸이, 금이나 은으로 만든 조그만 상자 등 사치품이 있었다. 어느 문화를 보아도 꼭 나타나는 것이 바로 반지, 목걸이다. 예쁘게 보이기 위해 몸을 치장하는 것은 인간의 본능인가 보다.

재떨이, 바가지, 옹기, 절구 모양 등의 오일램프, 촛대 등의 생활

용기들, 새끼양, 아이, 여인, 동물, 병사 등의 조각품이 있었는데, 역시 가장 많은 것은 불교와 관련된 것들이었다.

부처님의 사리를 날랐다는 쌍혹낙타도 보인다. 이 낙타는 아프가니스탄 북부, 힌두쿠시 산맥 북부에 살고 있던 박트리아 그리스인들의 낙타였는데, 이 당시의 밀린다 왕은 독실한 불교신자였다.

석가가 출가하는 모습, 숲속에서 수행하는 모습, 수행 중인 석가를 유혹하는 아가씨들의 모습, 깨달은 부처가 대중들에게 설법하는 모습들이 새겨진 부조와 조각들도 있었다.

그런데 불상의 모습이 재미있다. 콧수염이 나 있는 불상, 곱슬머리의 불상, 미간이 좁고 눈썹이 서양사람처럼 치켜 올라간 모습, 볼이 두툼하고 둥그런 모습 등 각양각색이다. 여자들이나 보살들의 모습도 얼굴이 길쭉하고 코가 뾰족한 서양사람의 모습이 많이 보인다. 콧수염이 달린 미륵(彌勒, Maitreya)[42]은 마치 그리스 철학자 같은 모습이다.

석가모니의 얼굴은 실제로 어떻게 생겼었을까?

흔히 인도사람으로 알려져 있지만 그는 카필라 국의 샤키야족으로 현재 네팔 지방의 룸비니에서 탄생했었다.

일전에 네팔의 룸비니를 찾아갔을 때 그곳에서 만난 네팔 소년은 석가모니는 현재의 네팔인의 얼굴과 같다고 주장하는 것을 들었다.

네팔인의 얼굴은 우리 한국사람과 거의 비슷하다. 그들의 말이 맞다고 단정지을 수는 없지만, 아리안 계통인 인도사람이라고 단정 지을 수도 없을 것이다.

진리를 논하는데 얼굴이 어찌 생겼건 큰 문제가 아니겠지만 옛날 사람들은 자신들의 얼굴과 비슷하게 불상을 만들었다. 그리스 사람들

밍고라의 한 박물관에서 본 불상

은 그리스 사람처럼, 인도사람은 인도사람처럼, 중국사람은 중국사람처럼 말이다. 한국도 마찬가지다. 심지어 고구려, 백제, 신라의 불상은 어딘가 다르지 않던가? 결국 사람들은 부처의 얼굴을 새기며 자기 얼굴을 새기고 있던 것이다.

    종교적인 마음으로 보면 모든 사람이 다 부처라지만, 현실의 한계 속에서 살아가는 사람들은 결국 자신의 그릇만큼 그것을 본다. 그러니, 세상에 비치는 모든 것들이 결국 자신이 아니고 무엇일 텐가.

부카라

　박물관의 유물을 보며 부카라 출토라 적힌 것을 많이 보았다. 부카라는 사이두 샤리프와 밍고라 사이에 있는 마을로 이 부근에서 가장 많은 유물들이 출토된 곳이라고 했다.
　많은 설명이 나와 있지는 않았지만 무작정 걸어가기로 했다. 박물관을 나와 밍고라 쪽으로 조금 내려가다 오른쪽으로 조그만 산길이 나왔다.
　부카라 가는 길이었다. 멀리 하얀 잔설에 덮인 산들이 보이고 도로 주변의 밭에는 파릇파릇한 배추, 풀들이 보이고 길옆의 노랗게 물들어가고 있는 가로수 잎들이 햇살을 받아 반짝이는 평화롭고 한적한 가을날씨다.
　조금 올라가니 낡은 주전자와 유리컵을 부뚜막 위에 늘어놓고 차를 파는 찻집이 보였다. 이런 조그만 촌에도 찻집은 있다. 그만큼 파키스탄 사람들은 차를 좋아하는 것이다.
　길옆으로는 시냇물이 흐르고 길옆에 차곡차곡 돌로 쌓인 담장은 고즈넉한 분위기를 풍기고 낮은 구릉에 듬성듬성 들어선 돌집들이 구름 사이로 가끔씩 얼굴을 내미는 햇살을 받고 있었다.

가끔 보이는 공터에서는 아이들이 구슬치기를 하고 있다. 이 구슬치기의 기원은 어디일까? 어릴 때 내가 놀던 모습과 똑같다.

길 가던 사람에게 길을 물으니 사내는 산을 가리켰다. 그 길을 따라 올라가니 토담집들이 보이는데 검은 차도르를 쓴 여인들이 물동이를 머리에 이고 오다가 나를 보고 그만 몸을 돌리며 당황해한다. 당황하는 정도를 지나 공포에 질린 모습들이다. 문 밖에 서 있던 여인들은 내 모습을 보고 쏜살같이 안으로 숨는다. 매우 보수적인 마을인 것 같다.

헉헉거리며 정상에 오르니 그저 돌 한무더기만 쌓여 있다.

이것이 스투파인가?

그렇게 보이기도 하지만 안내팻말도 없다.

아무려면 어떠리. 그 옛날 번성했던 시절에 세워진 스투파의 하나겠지.

그렇게 생각하며 산밑을 보니 부카라 마을이 한눈에 들어왔다.

사방을 둘러보아도 모두 산이다. 동쪽으로 높게 솟은 산 위에는 잔설이 보이고 멀리 북쪽도 어중간한 산에 막혀 있고 남쪽도 마찬가지다. 다만 서쪽은 비교적 낮은 산에 막혀 있어 산을 돌아나가면 밍고라와 사이두 샤리프로 가는 길이 나온다.

그야말로 산골이다. 스와트의 옛 이름은 우디아나라고 하는데 그 뜻은 아름다운 꽃이 피고 새가 노래하는 정원이란 뜻이라고 한다. 정말 그 이름에 걸맞게 스와트는 꽃이 피고 새가 우는 넓고 평화로운 정원 같은 곳이었다. 파란 농작물들로 뒤덮인 밭들 사이로 시냇물이 흐르고 있다. 산등성이에도 계단식 밭들이 군데군데 자리만 있으면 들어서 있다.

예전에는 이곳에 불교사원들이 그득했을 것이다. 아침 저녁으로 예불 드리는 독경소리가 들리는 듯하고 탁발하는 승려들의 청정한 모습이 눈에 선하다.

그러나 지금 이곳에는 아침 저녁이면 코란 읊는 소리와 알라를 향한 기도소리만 남아 있다. 하지만 천 년 후에는 지금 번성하여 자취를 남기고 있는 저 이슬람사원들도 돌무더기로만 남아 있을지도 모르는 일이다.

다시 마을로 내려오다 중간에서 크리켓 하던 소년을 만났다.

"어디 갔다 오세요?"

"스투파 보고 오는 길이야."

"아니에요. 저 산 위에 있는 것은 스투파가 아니에요. 스투파는요……."

말로 가르쳐주려다 영어가 잘 안 되니 따라오라며 앞장을 섰다. 조금 가다 친구가 합세했고 산길을 다 내려왔을 때는 구슬치기하던 동네 조무래기들까지 모여들어 십여 명의 무리가 되어버렸다.

아이들은 병정놀이 하듯이 일렬종대로 늘어서 나를 앞장세우고 스투파가 있는 곳을 향해 갔다. 좁은 숲길을 헤치고 언덕을 넘자 갑자기 눈앞에 흙무더기들이 나타났다.

큰 공터 주위는 숲이 있고 뒤쪽의 몇 군데 산을 깎아 굴처럼 움푹 파진 곳에는 스투파가 서 있었다.

흙으로 만든 스투파는 누렇게 탈색된 채 그곳에 숨어 있던 것이다. 다섯 개의 스투파 중에서 세 개는 제 모습이다. 높이는 약 4~5미터, 직경은 3~4미터 정도다.

스투파는 불탑의 원형이라고 한다. 원래 인도에서 사리를 묻고 무덤처럼 봉긋하게 올린 스투파의 형태는 동남아로 가며 하늘을 향해 치솟은 탑으로 변하고, 중국으로 오면서 현재 보는 목탑, 석탑의 형태로 발전하게 된다.

비록 폐허가 되었지만, 원형의 모습이 아직까지 부카라에는 남아 있는 것이다.

"이것 말고 또 스투파는 어디 있니?"

"우리 마을에서는 이것 하나고요 저 건너편 산 쪽에 허물어진 곳이 또 있어요."

이미 날이 저물어가고 있었다. 관두기로 했다.

스투파보다도 나는 그 옛날 간다라 미술이 흥했을 그 지역을 거닐며 그 자취를 슬쩍 맛보는 것만 해도 만족스러웠다. 부카라는 아름다운 곳이었다. 꽃 피는 봄날 천천히 다시 한 번 거닐어보고 싶은 매우 사랑스런 마을이었다.

우데그람

다음날 곡다라로 가기로 했다. 이 근처의 동굴벽에는 수천년 전 아리안족들이 그린 동물부조가 있다고 해서였다.
스즈키는 만원이었다. 할 수 없이 차 뒤에 매달렸다.
5분도 안 달려 차는 도심지를 벗어나 벌판을 달린다. 그리 높지 않은 산줄기도 길을 따라 달리고 있고 추수가 끝난 황량한 갈색 논 위로 스산한 바람이 불어온다. 구름 낀 어둑어둑한 하늘 밑에서 소와 양들이 메마른 갈색의 벌판에 얼굴을 들이박고 먹을 것을 뒤지고 있으며 학교에서 파한 아이들이 책가방을 휘두르며 벌판을 가로질러 뛰어가고 있었다. 헐벗은 나무들이 하늘을 향해 앙상한 팔을 벌리고 섰고 무밭에서는 노인네와 아이들이 무를 캐는 모습이 짙은 가을풍경이다.
아직 12시도 안 되었건만 하늘이 흐려 벌써 날이 저물어가는 느낌이다.
"곡다라!"
소년 차장이 외치기에 일단 내렸다. 하지만 주위는 황량한 벌판이고 토담집 몇 채만 들어서 있을 뿐, 유적지 안내판은 없다.
잘못 온 것일까?

마침 지나가는 소년이 있어 물었다.

"곡다라가 어디니?"

"이 근처가 다 곡다라예요."

어디로 가야 할지 막막하다. 마을 쪽에 커다란 바위가 지하에 있고 철조망이 쳐져 있는 것으로 보아 무슨 유적지인 것 같다. 그러나 아무 안내판도 없다.

힘들구먼. 많이 알려지지 않은 곳을 찾아다니는 것은 이래서 힘들다.

한쪽에 볏단이 쌓여 있는데 한국의 농촌과 똑같은 풍경이다. 근처에서 포동포동한 닭들이 머리를 처박고 무언가 쪼아먹다 목을 길게 빼고 꼬끼오 울어댄다. 옆에서는 할아버지가 쪼그리고 앉아 볏짚으로 새끼를 꼬고 있다.

아이들은 공터에서 자치기를 하고 있다. 땅에 홈을 내고 자를 그 위에 놓은 후 힘껏 공중으로 내친다. 자는 공중에서 몇 바퀴 돈 후 땅에 곤두박질치고 다른 아이는 그 자가 떨어진 곳에서 홈을 향해 자를 던지면 소년은 막대로 그 자를 후려친다.

우리 자치기와 거의 비슷하다. 아이들 놀이만 보아도 먼 옛날 우리는 하나였을 것이라는 확신이 든다. 자치기하는 아이들은 모두 맨발이다. 예전 한국의 여느 촌과 같은 모습이다.

아까 차가 왔던 길을 거꾸로 걸어갔다.

동굴이 어디 있단 말인가?

조금 올라가다 보니 우데그람 유적지라는 팻말이 보였다.

아, 이 근방이 우데그람이었구나!

자료에 의하면, 기원전 327년 알렉산더 대왕은 스와트 강을 건너 간다라 지방으로 진군할 때 우데그람과 바리코트에서 대전투를 벌이는데 우데그람과 바리코트를 그리스인들은 오라(Ora)와 바지라(Bazira)라는 이름으로 불렀다고 한다. 바지라성에서 대전투를 벌이며 약 7천여 명의 산악부족을 살해한 알렉산더는 스와트 지방의 중심지 밍고라와 사이두 샤리프로 진군하고 그후 잘 아는 바와 같이 이곳에서 남동쪽의 택실라 쪽으로 진출한다.

그후 쿠샨 왕조 때 간다라 미술의 진원지로 번성하던 스와트는 11세기 이슬람의 침략을 당하는데, 그 당시 이곳을 지배하던 힌두교도 왕은 라자 기라였다. 즉 기라 왕이란 뜻인데, 그는 이슬람 세력을 이겨 내지 못하고 망한다.

이런 역사적인 지역을 우연히 마주치게 되어 다소 흥분이 되었다.

우데그람을 향해 걷는데 동네 아이들이 따라 붙었다.

"앗 살람 왈레이쿰, 이리 오세요. 저쪽에 유적지가 있어요."

아이들은 와 앞으로 몰려가며 나를 안내했다. 얼마 가지 않아 돌무더기로 덮인 터가 나왔다.

"여기는 시장터였어요."

그리 넓지는 않지만 사람들이 모여 살던 흔적이 분명하다.

그들은 다시 나를 유적 한가운데의 우물터로 안내했다. 둥그런 우물터에 덮여진 돌을 들어올리자 그 밑으로 조그맣고 깊은 우물 구멍이 뻥 뚫려져 있다.

"이쪽으로 와 보세요."

아이들이 데려간 곳은 커다란 웅덩이였다. 안에는 돌무더기가 쌓여 있고 웅덩이 한쪽 벽에는 커다란 구멍이 하나 있었다.

"예전에는 저 구멍으로 들어가 계속 가면 저기 산 위에 보이는 성으로 통했대요."

산을 보니 낡은 성채가 보였다.

어떻게 저런 곳까지 굴을 팠단 말인가? 이곳에서 산 정상까지는 족히 1킬로미터는 되어 보이는데……

그런데도 불구하고 이 공사를 한 것은 산성에 물을 공급하기 위해서였다고 한다. 한국의 산처럼 수목이 우거진 산이 아니라 황량한 돌산이기에 정상에는 물이 있을래야 있을 수가 없어 보였다.

그러니까 이 유적지는 시민들이 모여 살던 터고 왕이 살던 성은 산꼭대기에 있던 것이다.

스와트의 현재

아이들과 떠들고 있는데 한 청년이 불쑥 나타나 말을 걸었다.

"당신은 어느 나라서 왔어요?"

"코리아."

"반갑습니다. 나는 사이두 샤리프에 있는 잔셉 대학의 학생으로 이름은 아마드입니다."

"전공이 뭐야?"

"경제학이요. 대학입시에 두 번 낙방해서 다른 사람보다 나이가 많은 편이지요."

"이곳에서 오래 살았어?"

"이곳 토박이예요. 스와트에 대해서는 무엇이든지 알죠."

"스와트는 평화스러운 곳이야."

"맞아요. 이 스와트는 1969년 전까지 리야사트 스와트란 독립 국가였어요. 리야사트 스와트란 스와트 나라란 뜻의 포쉬토 말이지요 포쉬토란 우리 스와트 지방사람들의 말이에요. 왕이 있었는데 1969년 모든 국민이 파키스탄에 속하고 싶다 해서 파키스탄의 일부가 되었어요. 왕은 1987년까지 살다가 죽었지요."

그는 영어를 곧잘 했고 이렇게 외국인을 만나서 얘기하는 것이 신나는지 묻지 않는 말도 하기 시작했다.

"이런 곳에서 사는 것은 따분해요. 재미가 없어요."

"보통 여가 시간 때에는 무엇을 해?"

"시험 때는 공부하지만 보통 때는 할 것이 없어요. 담배 피우고 친구하고 얘기하고 그렇지 않으면 그저 저 산성에나 올라가는 것이지요. 카라치, 펀자브 지방은 자유롭지만 우리 마을은 너무 보수적이에요. 술도 못 마시고, 하시시도 못 피우고 여자도 못 만나…… 여자는 어머니, 누나나 여동생, 친척을 빼고는 얘기조차 할 수 없어요. 한국에서는 어떤가요?"

"아 한국은…… 똑같아. 학생 때는 그저 공부하지."

한국 실정을 얘기하려다 말았다. 자유분방한 한국대학생들의 삶을 아마드에게 얘기한다면 그는 현재의 자기 삶에 심한 갈등을 느낄지도 모른다는 생각에서였다.

술 마시고 춤추고 여자 만나 자유롭게 얘기하고 놀러가고 이런 평범한 생활조차 아마드에게는 꿈 같은 일이다.

아마드의 얼굴이 수심에 가득 차 있다. 따분한 생활. 알라신을 부르며 기도만 하고 살기에는 피가 너무 뜨거운 이십대 초반이다.

"아저씨 노래 한번 해봐요."

영어로 하는 우리의 얘기를 다 이해 못해 지루해하던 아이들이 갑자기 나에게 노래를 시켰다.

"그래요. 한국 노래 좀 불러줘요."

그래. 기분전환도 할 겸 한 곡조 불러주마. 가을바람도 부니 이 노래나 불러줄까?

"아아, 으악새 슬피우우니 가을이인가아요오. …… 이그러진 조가악달 가앙물도 출렁출렁 목이이 메엡니이다."

"와! 앙코르."

박수를 치며 환호성을 질렀다. 앙코르라면 또 한 번 불러주지.

"어머어님의 손을 놓고 돌아아 서얼 제에에…… 넘어어 오오던 그으 날바바암이 그리웁구우우."

다시 박수가 터져 나왔다. 그러고 보니 집 떠난 지 거의 두 달이 지나가고 있었다. 집에는 별고가 없는지…….

"아저씨는 뭐 하는 사람이에요?"

"점장이다."

"정말이에요?"

아마드가 눈을 둥그렇게 뜨고 물었다.

"응, 주로 손금을 봐주지."

"그래요? 제 손금 좀 봐주세요."

"이리 내 봐."

오른손을 내밀었다.

"아니 왼손을 내. 인도나 파키스탄 쪽에서는 오른손을 보는데 한국에서는 왼손을 봐."

손금을 보니 복잡하다.

"당신은 세네 명의 여자를 마음속으로 생각할지 모르나 실패하고 네 번째나 다섯 번째 만나는 여자와 결혼해."

그는 흠칫 놀라는 듯했으나 그냥 웃기만 했다.

"앞으로 공무원 생활을 하면 잘 될 거야. 열심히 공부하면 희망적이야."

"나도 좀 봐줘요."

꼬마들도 손을 내밀기 시작했다.

"너는 어린 나이에 여자 생각을 너무 많이 해."

"와하하."

한 녀석이 그의 머리를 쥐어박으며 핀잔을 준다.

"얘는 문제가 많아요."

"그래, 네 녀석은 어떤가 좀 보자."

이 녀석은 결혼을 빨리 할 팔자다.

"이 녀석 너는 이 중에서 제일 먼저 장가갈 팔자인데 엄마 속 좀 썩이겠다."

낄낄거리며 아이들은 다시 웃어댔다.

"우리 마을에서는 남자는 20~25세, 여자는 15~20세가 결혼 적령기예요. 파키스탄의 다른 지역보다 한 5년 정도 빨라요."

"결혼하는 데 돈이 많이 들어?"

"지방에 따라 약간씩 다르지만 우리 마을에서는 그리 많이 들지는 않아요. 여자는 자헤스(포쉬토 말로 혼숫감)로 살림을 약간 장만해오고 남자는 금, 은, 귀걸이, 목걸이 등을 해줘요."

얘기를 하느라 오랜 시간이 흐른 것 같았다.

"난, 저 산성에 올라가겠어."

"제가 저 밑의 모스크까지 안내해드리죠. 빤히 보이는 곳이지만 길을 잘못 들면 고생하거든요."

아이들과 헤어진 후 아마드와 나는 산을 오르기 시작했다.

잘고 뾰족한 돌이 수없이 깔린 산길을 걷는 것은 꽤 힘들었다. 아마드는 샌들을 신었는데도 쉽게 올라가지만 나는 운동화를 신었는데도 매우 조심스럽게 걸어야만 했다.

풀 한 포기 없는 황량한 돌산의 중턱에 모스크의 잔해가 남아 있었다.

이미 올라간 아마드는 벽에 걸터앉아 숨을 헐떡이며 올라오는 나를 보며 웃고 있었다.

같이 돌에 걸터앉아 땀을 식히며 밑을 쳐다보니 방금 올라온 급한 비탈길이 돌무더기에 덮여 있다.

웅장한 경치가 펼쳐지고 있었다. 멀리 힌두쿠시 산맥이 아련히 보이고 광활한 녹색밭이 시원스럽게 펼쳐져 있다.

"이 모스크는 얼마 전에 이탈리아 고고학팀에 의해서 발견되었어요."

모스크라니까 모스크지 형태는 모두 뭉그러져버렸다.

아마드는 말없이 앉아 있다 불쑥 나에게 물었다.

"정말 직업이 점장이예요?"

"아니, 그냥 장난 삼아 한 거지."

"……. 당신이 말한 게 사실이에요. 난 세 번 내 마음에 들었던 여자가 있었어요. 물론 자유롭게 만나지는 못했지요. 그냥 마음에 있었다는 거죠. 그러나 단 한 사람은 서로 잘 알고 있었죠. 사촌 여동생이니까 우리는 자연스럽게 만날 수 있었어요. 정말 우리는 서로 사랑했어요. 그러나 헤어질 수밖에 없었지요. 그녀의 아버지 즉 외삼촌이 저를 싫어했어요. 이유가 뭔지 아세요? 나는 가난뱅이 집안의 돈 없는 사람이었기 때문이에요."

그는 잠시 말을 끊고 먼 하늘을 쳐다보았다. 사촌 여동생과의 사랑은 결코 이들 사회에서 불륜이 아니다. 그들은 사촌끼리 결혼할 수 있다.

"내가 열여덟 살, 그녀가 열네 살 때 일이었지요. 지금 그녀는 돈 많은 부자 아랍에미리트 남자에게 시집가서 잘 살고 있대요. 애가 하나라나요."

아. 여기서도 돈 앞에 사랑이 무너지고 있는가? 카라코람을 넘어올 때 이런 사연을 가졌던 파키스탄 사내도 하나 있었지.

"이 세상에서 가장 중요한 것이 뭔지 아세요?"

"글쎄, 신?"

"저도 그렇게 생각해왔어요. 그런데 말이죠. 지금은 의심이 들어요. 가장 중요한 건 돈 같아요. 죽은 다음의 일은 모르니까 알 수 없잖아요. 그러니 살아서 눈앞에 벌어지는 것을 보면 돈이 결국 힘이에요. 내 생각이 틀린 걸까요?"

아, 어떤 대답을 해주어야 하나? 내가 생각해도 우리의 삶에 있어 돈은 너무도 막강한 영향력을 행사하고 있기 때문이다. 반론을 펴기는 쉽지만 그 반론에는 힘이 실리지 않는다.

그러나 나는 무슨 말이든 아마드에게 해주어야 한다는 의무감을 느꼈다.

서녘 하늘은 이미 붉게 물들기 시작하고 뾰족한 산봉우리에서 날카롭게 미끄러진 능선이 희미한 회색빛 어둠 속으로 잠겨들고 있었다.

아마드는 멀리 지는 해를 하염없이 바라보고 있다. 쓸쓸해 보이기만 한다. 사랑하는 여인은 돈 많은 외국의 부자에게 빼앗기고 답답한 이 시골구석에서 빠져나갈 구멍은 없고……. 돈 없는 가난한 청년의 마음 한구석에 가라앉은 슬픔의 무게가 내 온 가슴을 짓눌러왔다.

"아마드, 돈이 최고라고 했지. 나도 그런 생각이 들어. 우리 나라도 마찬가지야. 어디든지 같아."

아마드는 힘없는 눈초리로 나를 바라보다 가벼운 한숨을 내쉬었다.

"하지만 말이야 아마드, 돈으로 저 넘어가는 해를 멈출 수 있겠어? 돈을 아무리 줘도 저 붉은 놀의 아름다움을 살 수 없잖아?"

그의 어깨에 손을 얹으며 나는 말했다.

"아마드 당신의 종교 이슬람을 잘 모르지만 내가 좋아하는 말이 뭔지 알아?"

"뭔데요?"

"인샬라(신의 뜻대로)."

아마드는 쓸쓸하게 웃었다.

"좋은 말이죠."

해가 거의 산을 넘어가자 골짜기에는 희미한 어둠이 몰려오기 시작했다.

"저기 보이는 성이 바로 라자 기라가 살던 성이에요. 너무 어두워지기 전에 빨리 올라가세요."

아마드는 마을로 돌아가겠다며 작별인사를 했다.

험한 돌길을 헤쳐가며 정상으로 올랐는데, 빤히 보이는데 한 20분은 걸린 것 같다.

정상에는 돌로 쌓여진 성벽이 무너진 채 처참한 몰골로 나를 기다리고 있었다. 사실, 거창한 것을 바라고 올라온 것은 아니었다.

나는 무너진 성터에 걸터앉아 스와트를 내려다보았다.

힌두쿠시 산맥 너머에서 해는 핏빛 노을을 어지럽게 뿜어대며 마지막 몸부림을 치고 있었고, 계곡 끝자락에서 마을로 걸어가는 아마드의 모습이 조그맣게 보이고 있었다.

아마드의 아픔이 여전히 내 마음에 남아 있었다.

아마드. 아픔을 겪은 자만이 진정한 사랑을 알아. 사랑의 아픔을 모르는 자는 진정한 사랑을 모른다네……. 부자가 되고 싶겠지. 그러나 부자는 돈이 가져다주는 편안함과 욕심 때문에 더 이상을 볼 수가 없어.

골짜기에는 어둠이 무서운 속도로 몰려들고 있었다. 황급히 일어나 어둠에서 도망치듯 필사적으로 골짜기를 빠져 나와 마을로 내려왔을 때는 이미 마을은 새까만 어둠에 잠겨버렸다.

차도에서 황량한 벌판을 바라보며 스즈키를 기다린다. 벌판에서 몰아치는 바람이 쌀쌀하다. 몸을 움츠렸다. 지나다니는 사람도 별로 없다. 깜깜한 벌판에 혼자 우두커니 서 있는 느낌이다.

외롭고, 춥고, 배가 고프다.

이럴 때면, 따스하고 아늑하며 편안한 곳이 그리워지며, 관념보다는 차가운 현실이 나를 주눅들게 한다.

아마드, 역시 춥고 배고프면 먹을 것과 따뜻한 방이 그리워지는군. 그러니 부자가 천당 가는 것이 낙타가 바늘귀 들어가는 것보다 어렵다 한들 누가 돈을 마다할 것이며 아픔을 통해 진정한 사랑이 얻어진다 한들 누가 달콤한 사랑을 거부하겠는가 말이다.

염병할 놈의 세상.

울컥 나의 이 끊임없이 변하는 마음에 대한 분노가 솟았다.

미안하네 아마드. 내가 한 말 잊어줘. 돈을 벌어야 해. 어쩔 수 없는 세상이야. 모든 것은 다 쓸데없는 말장난, 관념의 유희일지 모르지.

한참을 기다린 후에야 지나가는 스즈키를 타고 나는 밍고라 시내로 돌아올 수 있었다.

사람이 모인 곳으로 오니 흥겨워진다. 근처 식당으로 가니 눈에 익은 털보 사내가 악수를 청하며 반겼다.

"자, 뭘 드릴까? 시시케밥? 짜파티? 차이? 난?"

"지금 말한 것 다 주시오."

"왓하하, 화끈해서 좋았어. 자 코리아에서 온 이 손님에게 빨리 갖다드려라."

그의 열심히 일하는 모습이 보기 좋다. 그를 위해 그의 가족을 위해 성실히 살고 있는 것이다. 손님이 자꾸자꾸 들어오니 이 털보 사내는 그저 싱글벙글 웃고 있었다.

식사를 하고 거리를 홀로 어슬렁거리는데 손수레에 커다란 솥을 올려놓고 죽을 파는 사내가 있었다.

"이게 뭐요?"

사내는 영어를 잘 못했다. 그러나 그가 자기 손으로 머리를 가리키고 팔을 들어 알통을 만들어 보이는 것을 보니 머리가 좋아지고 힘이 세어진다는 소리 같다.

한 그릇 마셔보니 딱딱한 알갱이가 있고 맛은 약간 짭짤한데 겉으로 보기에는 팥죽처럼 보인다. 사람들이 먹고 돈을 내는데 1루피를 내고 있다.

구레나룻이 덥수룩한 사내는 한 그릇 더 하지 않겠냐는 듯 죽을 더 퍼주려고 한다.

"아니에요. 되었어요. 자, 여기 1루피 있습니다."

"노, 프레센트(선물)."

돈을 받지 않겠다는 것이다.

"왜요?"

"……."

그는 영어를 잘 못했다. 그저 멋쩍게 웃으며 손을 저었다.

아, 이것을 어찌 받아들여야 하나. 이것을 팔아 얼마나 돈을 번다고 나에게 돈을 안 받는단 말인가?

가슴이 뭉클해져 왔다. 그럴 수는 없다. 한사코 거절하는 그의 손에 억지로 돈을 쥐어주었지만, 그는 끝내 받지 않았다.

가난한 팥죽장수에게 받은, 이 죽 한 그릇의 선물을 난 평생 잊지 못할 것이다.

옆에서는 아들로 보이는 열 살여 남짓해 보이는 비쩍 마른 아이가 애를 쓰며 아버지를 거들고 있었다.

난 몇 년간 여행하며 부자들의 환대를 받은 적이 별로 없었다. 그런 사람들은 우선 옷차림부터 훑어본다. 내 옷차림이 초라하니 대접 못 받는 것은 당연하고 섭섭할 것은 없다. 반면 이런 가난하고 초라한 사람들에게서 받은 친절과 호의는 셀 수 없이 많았다. 약한 몸을 이끌고 무사하게 여행할 수 있었던 것은 내가 잘난 것이 아니라 바로 이런 사람들의 도움과 격려와 조그만 친절 때문이었다.

다시 길을 걷는다. 조금 전의 우울한 기분은 어느 샌가 사라지고, 가벼운 환희 속에서 내 몸은 날아갈 것만 같다.

아마드. 아까 한 말 다시 번복해야 할지 모르겠네. 바로 이런 사람들의 순수한 마음을 보는 감동적인 순간에는 정말 행복해. 가난해도 행복하게 살 수 있을 것 같아. 어떤 고난이 닥쳐와도 인샬라(신의 뜻대로)라고 희열에 차서 외칠 수 있을 것만 같아.

비록 순간순간 변하는 원숭이 같은 마음을 갖고 사는 나지만 그래도 희망은 있다고. 나에게 희망이 있다면 아마드 너에게도 희망이 있고 우리 모두에게도 희망이 있지 않겠어?

아. 신이여 저 팥죽장수에게 무한한 축복이 내리기를 진심으로 비옵나이다.

팥죽장수는 지나가는 사람들을 향해 열심히 소리치고 있었다.

실크로드 8

라호르에서 만난 싯다르타

부귀영화는 물론 목숨까지 포기했던 싯다르타. 종국에는 깨달음을 얻고자 했던 그 욕망까지도 훌훌 털고 그냥 그 욕망의 한가운데 앉아 욕망에 불타고 있는 세상을 그대로 본 후 부처가 된 싯다르타. 이것 하나만 보아도 파키스탄에 온 보람이 있는 것이다.

공포의 라호르

라호르는 여행자에게 악명이 높은 곳이었다.

"호텔 매니저가 몰래 들어와 돈을 훔쳐요."
"새벽 6시쯤 호텔 매니저가 숙박부에 이름을 기입을 해달라는 거예요. 졸려서 나중에 써주겠다고 하니 지금 꼭 써야 한다며 독촉을 했죠. 복도에 서서 적고 있는데 매니저가 슬그머니 방문을 닫았어요. 비몽사몽간이면서도 갑자기 이상한 생각이 들어 방문을 열려고 하니 매니저가 황급히 손을 잡는 거예요. 더욱 이상해 손을 뿌리치고 급히 방문을 열려 했더니 매니저는 나를 막으며 "핫산, 핫산" 하고 누군가를 다급하게 불렀지요. 문을 열고 들어가 보니 닫혔던 창문이 열린 채 있더군요. 바로 핫산이란 자식이 들어와 내 가방을 뒤지다가 도망을 간 것이 틀림없어요."
"웬 사내가 차 한잔 하자고 해서 같이 마셨다가 깨어보니 이틀 후였어요. 돈을 잃어버린 것은 물론이죠."
"라호르에 묵다가 인도로 갈 때는 조심하세요. 매니저들이 몰래 배낭에다 마리화나를 넣죠. 그리고 국경검문소에다 전화연락을 해요.

그리고 벌금을 물면 서로 나누어 먹는 것이죠."

이런 이야기들은 당한 사람으로부터 숱하게 들었었고 정보책자에 조차 적혀 있을 정도이니 라호르로 가는 내 마음은 편치 않았다. 이러니 아예 낮에만 잠깐 머물다 가는 사람들도 있었다.

"그래도 구세군회관이나 YMCA는 믿을 만하다 해서 구세군회관에 묵었는데 그곳에서 난 워크맨을 잃어버렸어요. 글쎄 여럿이 같이 묵는 데니 누가 훔쳐갔는지 모르지만 어디든 안전한 곳은 아니죠."

페샤와르에서 만난 이탈리아 친구의 말을 생각하며 난 YMCA로 향했다. 안내창구에서 접수를 받는 청년의 인상은 매우 좋았다. 그가 안내해준 방은 그런대로 괜찮았다.

그러나 그날 밤 문을 잠그다 보니 방심은 금물이라는 생각이 들었다. 문에는 가로 30센티미터 세로 10센티미터 정도의 직사각형 구멍이 뚫려져 있는데 베니어판으로 살짝 가려져 있었지만 밖에서 살짝 밀어보니 판이 반쯤 열리는 것이다. 만약 누가 밖에서 손을 집어넣고 안의 문고리를 제치면 얼마든지 들어올 수 있었다.

매니저를 의심하는 것은 아니지만 수많은 사람들이 묵는 곳이니 알 수가 없다. 안전에 관해서는 늘 만일에 대비해야 한다. 책상과 걸상으로 문을 막고 돈이 들은 전대는 그대로 배에 차고 카메라가 든 조그만 가방은 한쪽 팔에 감고 자기로 했다.

걱정을 하며 자서일까, 잠이 잘 오지 않았다. 중간에 깨어보니 어디서 이상한 소리가 들린다. 바람소리일까? 귀신 울음소리 같기도 하고 사람들이 아우성치는 소리 같기도 하다. 어쩐지 우중충한 건물이라 도깨비라도 나올 것 같더니만.

이러면서도 라호르에 온 이유는 바로 라호르 박물관의 석가고행상을 보기 위해서였다. 라호르 박물관의 석가고행상은 그 사실적 묘사로 유명하며 세계 3대 불상 중의 하나라고 한다. 어떤 불편함을 감수하고라도 꼭 보아야만 하는 불상이었다.

인류의 보물 석가고행상

라호르 박물관에는 많은 유물들이 전시되어 있었지만 나의 최대 관심은 석가고행상이었다. 그런데 이리저리 다니며 유심히 보았지만 쉽게 눈에 띄지를 않았다.

그도 그럴 것이 내가 사진에서 보고 생각했던 고행상은 실제 몸 크기 정도로 생각했는데 막상 보니 보통 사람의 상반신보다 작았기 때문이다.

불상을 보는 순간 '아! 이것이 진짜 불상이로구나' 하는 감탄사가 절로 튀어나왔다.

우리가 늘 보아오던 평화로운 불상의 모습이 아니었다. 긴 머리는 상투 모양으로 틀어올려졌고 머리의 살가죽은 달라붙어 실핏줄이 드러나 있다. 관자놀이는 움푹 파졌고 눈두덩이의 살은 모두 말라붙어 마치 죽은 자의 해골 같다. 푹 파진 눈두덩 안쪽에서 눈은 죽은 자처럼 감겨져 있고 코는 뼈만 남아 살은 다 빠진 상태에서 날카롭게 튀어나와 있으며 콧수염과 턱수염은 말라붙어 있었다. 빗장뼈와 가슴뼈는 앙상하게 그 목과 가슴을 이어주고 그 사이 힘줄은 다 망가진 부챗살처럼 위태롭게 남아 있으며 목뼈는 튕겨나오듯 남아서 간신히 목을 받쳐

주고 목은 머리무게를 이기지 못한 듯 약간 앞으로 숙여져 있다. 가슴은 살가죽이 말라붙어 잔뼈만 미라처럼 앙상하게 남아 있고 뱃가죽은 이미 등과 붙어 있다. 가부좌를 틀고 앉은 다리는 엿가락처럼 늘어진 옷자락에 가리워 있고 팔은 말라비틀어진 고목의 죽은 가지처럼 앙상하게 뼈만 남아 축 늘어져 있다.

기원전 6세기 카필라국의 태자 싯다르타는 이렇게 모든 것을 버린 채 고행 6년만인 나이 35세에 그 누구도 경험하지 못했던 깨달음을 얻는 것이다.

나는 고행상 앞에서 눈길을 뗄 수가 없었다.

부귀영화는 물론 목숨까지 포기했던 싯다르타. 종국에는 깨달음을 얻고자 했던 그 욕망까지도 훌훌 털고 그냥 그 욕망의 한가운데 앉아 욕망에 불타고 있는 세상을 그대로 본 후 부처가 된 싯다르타.

그의 많은 상을 보아왔지만 온 몸에 전율을 일으킬 정도의 감동을 일으킨 부처상은 이것이 최초이자 최후일 것이다. 간다라 미술의 극치인 이것 하나만 보아도 라호르에 온 보람이 있다. 이것 하나만 보아도 파키스탄에 온 보람이 있는 것이다.

모헨조다로의 게릴라들

정확히 오후 4시 15분에 카라치행 열차는 라호르 역 플랫폼을 서서히 빠져나가기 시작했다. 플랫폼에 서 있던 사람들은 손을 흔들며 작별인사를 하고 여인들은 옷소매로 눈물을 닦기도 한다. 어딜 가나 이별이란 슬프다.

파키스탄의 남쪽 아라비아 해 연안에 위치한 카라치는 파키스탄의 가장 큰 도시이며 과거 해상 실크로드의 주요 거점이었다.

라호르에서 카라치까지는 약 스무 시간 걸린다고 했으니 기차는 다음날 12시쯤 카라치에 도착하리라.

그러고 보니 파키스탄은 작은 나라가 아니라는 생각이 들었다. 인도나 중국이라는 거대한 나라와 접해 있어 상대적으로 작아 보이지 면적 80만 제곱킬로미터로 한반도의 3.5배 정도 크기의 나라인 것이다.

좁은 자리에 사람들과 어깨를 마주 대고 좌석에 앉아 하룻밤을 보내는 것은 생각보다 힘들었다. 주위 사람들은 너무 피곤한지 그만 통로에 천을 깔고 드러누워 자기도 했다.

이리저리 뒤척이다 보니 어느 샌가 아침이 왔고 사람들은 떠들기 시작했다.

"잘 잤어요?"

옆자리의 사내가 반갑게 인사한다.

"네, 지금 어디쯤 지나고 있어요?"

"라카나예요. 베나지르 부토 여사의 고향이에요."

"그래요? 저건 인더스 강이요?"

"네, 인더스 강입니다."

푸른 인더스 강을 따라 기차는 하염없이 달리고 있는데, 언제 나타났는지 자동소총을 멘 군인 서넛이 짐검사를 하기 시작했다.

이 신드 지방이 매우 위험한 곳이라는 소리는 여행자들로부터 익히 들어왔었다. 카라치는 안전하지만 교외, 모헨조다로 하랍파 유적지 부근에서는 버스를 납치해 승객들을 인질로 삼아 돈을 요구한다든지, 외국여행자들을 인질로 삼아 돈을 받아낸 일도 일어난 곳이다.

항상 사건이 나는 것은 아니므로 너무 겁먹을 필요는 없다는 생각도 든다.

하지만, 나는 시간에 쫓기고 있었다.

이슬람 신비주의의 위대한 지도자 메브라나 루미를 기리는 터키 코니아에서의 축제를 꼭 보아야만 했기에 나는 서둘러야 했다.

다행히 아무 일 없이 기차는 카라치 시내에 도착했다. 가자마자 구세군 회관에 짐을 풀고 나니 긴장이 풀렸다.

이제 파키스탄의 마지막 도시에 도착했구나.

라호르와는 달리 후덥지근한 여름날씨다. 겨울에도 이렇게 더우니 여름에는 살인적인 더위일 것 같다.

카라치는 파키스탄의 제일 큰 도시답게 현대적인 빌딩도 많이 들어서 있고 거리는 사람들로 북적거렸다.

카라치에서 내가 가장 가보고 싶었던 곳은 조로아스터교 사원인 팔시 사원이었다.

수천년 전 일어났던 조로아스터교는 인도의 뭄바이와 파키스탄의 카라치에서 명맥이 유지되고 있는 것이다.

사원은 길옆에 있었는데 절이나 교회 같은 건물이 아니라 그냥 낡은 건물이었다.

"안에 들어가도 될까요?"

"왜 왔어요?"

경비원이 물었다.

"조로아스터교에 대해서 알고 싶어서요."

"책임자가 지금 미국에 가 있어요. 한 달 후에 오세요."

"네? 전 모레, 터키로 가는데요?"

할 수 없이 포기를 해야 했다.

시간이 남아 청바지를 사러 시장으로 갔다. 입고 있는 청바지가 거의 다 해져서 누더기 같았기 때문이다. 시장에는 청바지 장수들이 많았는데 대개 소년들이었다.

"이거 얼마야?"

"70루피요(2,100원)."

상표를 보니 리(LEE)다. 가짜겠지만 이렇게 싸다는 사실이 믿을 수가 없다. 만져보니 입을 만하다.

이제 이 물가 싼 재미보는 것도 얼마 안 남았다. 터키부터는 갑자기 물가가 비싸질 테니 말이다.

파키스탄이여 안녕

벌써 12월 중순, 파키스탄에 온 지 엊그제 같은데 벌써 1개월이 지나버렸다.

공항 안의 모스크에서 사우디아라비아의 메카로 떠나는 순례자들이 하얀 옷을 입고 기도를 드리고 있었다. 평생의 의무이자 소원인 메카순례를 떠나는 그들의 표정은 상기되어 있었다. 나 역시 동서양을 잇는 다리라 할 수 있는 터키로 떠난다고 생각하니 흥분되기 시작했다.

그러나 기상관계로 비행기는 무려 여섯 시간이나 연착이 되고 말았다. 들어올 때도 매끄럽지 못하더니 나갈 때도 어렵다는 생각이 들었다.

여섯 시간을 공항에서 기다리다 마침내 수속을 마치고 이스탄불행 비행기를 타러 활주로로 나가니 기관단총을 든 군인이 비행기 주위에서 서성대며 날카롭게 승객들을 쏘아보고 있었다.

잔뜩 긴장하며 비행기에 올라탔는데 하얀색 블라우스에 감색 치마를 걸친 스튜어디스들이 활짝 웃는 얼굴로 인사를 한다.

그제서야 긴장이 풀리며 난 이 비행기가 터키항공이란 것을 생각해냈다.

얼굴이 갸름하고 피부가 하얀 스튜어디스를 보는 순간 중국의 서역지방에서 보았던 위구르족이 생각났다. 위구르족들은 터키족과 사촌 정도의 혈족이니 말이나 얼굴이 비슷한 것이다.

중앙아시아에서 살던 돌궐족(터키족)은 10세기경부터 현재의 터키지방으로 이주하다가 후일, 셀주크투르크와 오스만투르크 제국을 일으켰는데, 15세기에는 비잔틴 제국을 멸망시킨 후 엄청난 대제국을 일으키게 된다. 이제 그들의 나라로 가는 것이다.

"안전벨트를 매주세요."

안내방송이 나온 후 비행기는 요란한 폭음을 내며 이륙했다. 창 밖으로 파키스탄 땅이 잠시 보이는가 싶더니 이내 구름에 가려졌다.

쾌적한 비행기의 분위기 탓일까? 아니면 터키에 대한 나의 기대감 탓일까? 그 동안 파키스탄에서의 일들과 우연히 마주쳤던 수많은 사람들의 얼굴들도 차차 잊혀지기 시작했다.

한바탕 꿈을 꾼 것만 같았다.

그러나 사람들의 얼굴은 잊혀져가도 그들이 내게 보여준 수많은 친절과 삶의 아픈 편린들은 세월이 갈수록 나의 마음에 깊게 새겨질 것임을 나는 알고 있다.

특히 밍고라에서 만났던 청년 아마드의 아픔과 팥죽장수의 순박했던 친절은 두고두고 잊을 수 없을 것이다.

안녕 아마드, 안녕 팥죽 아저씨. 당신들의 아픔과 친절은 때로는 절망으로 때로는 희망으로 늘 나와 함께 할 것이오. 당신들의 행복을 위해 신께 기도하오.

앗 살람 왈레이쿰(당신에게 신의 축복이 있기를).

인샬라(신의 뜻대로 하소서).

실크로드 9

다시 찾은 실크로드

두 발로 걷는 자와 차를 타고 달리는 자, 길에서 찬바람을 맞는 자와 차창 밖으로 세상을 바라보는 자의 세상이 같을 리 없다는 것을 나는 잘 알고 있었기 때문이다. 언젠가 지팡이 하나 짚고 히말라야 산맥을, 고비사막을 그렇게 걷고 또 걸으리라.

사막의 눈

11년만에 다시 달려보는 사막의 길은 변함이 없었다. 둔황시에서 둔황역(예전에는 유위엔역)까지는 약 130킬로미터. 그 길은 황량했다.

그 황량한 풍경에 지쳐, 나는 눈을 감은 채 옛 추억 속에 푹 빠져 있었다.

그런데, 얼마나 지났을까, 갑자기 승객들이 웅성거리기 시작했다. 늘 억양이 소란스러웠던 중국말에 익숙했었기에 나는 그것을 무시하며 눈을 뜨지 않았다. 그러나 그 소리는 더욱 심해지고 있었다.

도대체 무엇 때문에 그러는 거야?

눈을 번쩍 뜨고 창밖을 두리번거리니 아……. 눈이 오고 있었다. 4월 말에 사막에서 눈이라니!

광풍에 휘날리는 눈보라는 세상을 난장판으로 만들고 있었다. 지평선은 자취를 잃었고 어느 샌가 황량한 사막 위에는 하얀 눈이 엷게 쌓여지고 있었다.

그 갑작스런 일탈의 풍경 속에서 흥분했는데 빠르게 달리는 버스 차창 밖으로 웬 사내가 보였다. 스쳐 지나가는 짧은 순간이었지만 분

명히 나는 보았다. 푸성귀처럼 위로 솟구친 장발에, 6.25때 중공군이 입었음직한 긴 국방색 외투를 입은 왕서방이 양손을 팔소매에 집어넣은 채 길을 걸어가고 있었다. 짐 하나 안 가진 빈 몸이었던 그는 스치는 버스를 향해 이를 보이며 씩 웃기까지 했다.

저게 귀신인가, 인간인가?

도대체 저이는 어디에서 와서 어디로 가고 있는 것일까?

둔황시에서 둔황역까지의 사막길에서 민가를 본 적이 없었다. 다만 한나라 시대, 명나라 시대의 폐허만 종종 눈에 띄었을 뿐.

중간쯤이었기에, 그가 둔황 시내를 가자면 60킬로미터 정도는 더 걸어가야 한다. 정상적인 걸음으로 가자면 족히 열 시간이 넘을 길이다. 현재 시간 오후 3시이니 쉬지 않고 걸어도 새벽 1시에나 도착할 것이다.

이제 해가 떨어지면 엄청난 추위가 이 사막에 몰려올 텐데 그는 왜 저 길을 걷고 있는 것인가. 둔황역에서부터 걸어 왔다면 새벽 2시부터 걸어왔을 것이다. 도대체 그의 정체는 무엇일까?

아무리 생각해도 감을 잡을 수가 없었다. 어쩌면 사막 어딘가에 마을이 있는지도 모른다. 아무려면 제 살 길 못 찾으랴 하는 생각에 잊기로 했지만, 눈발이 더욱 거세어지고 메마른 사막이 하얀 눈으로 뒤덮여갈수록 그의 겸연쩍은 듯한 혹은 비웃는 듯한 싸늘한 미소가 자꾸 눈앞에 어리고 있었다.

문득, 나도 그렇게 걷고 싶은 충동이 일고 말았다.

두 발로 걷는 자와 차를 타고 달리는 자, 길에서 찬바람을 맞는 자와 차창 밖으로 세상을 바라보는 자의 세상이 같을 리 없다는 것을 나는 잘 알고 있었기 때문이다.

나도 언젠가 저렇게 떠돌리라. 지팡이 하나 짚고 히말라야 산맥을, 고비사막을 걷고 또 걸으리라. 언젠가……

둔황역에 도착하니 기차가 연착된다는 방송이 나오고 있었다. 밤차를 기다리는 동안 눈은 계속 왔고 찬바람이 온 세상을 뒤덮고 있었다.

폐허의 미로 가득 찬 투루판

길은 단축되어 있었다.

예전에 하미에 들러 1박하면서 왔던 길에 비하면 여덟 시간밖에 안 걸리는 길은 얼마나 짧단 말인가.

투루판역에 도착하니 아침이었다. 역에서 시내까지 택시를 탔고 한 시간 정도 되어 투루판 시내에 도착했다.

4월 말 투루판의 하늘은 예전처럼 맑았고 공기는 건조하고 싸늘했다. 발전한 도시 풍경 속에서 기억을 더듬으며 예전에 묵었던 투루판 반점을 찾아내었는데 그곳도 고급호텔로 탈바꿈해 있었다. 또한 호텔 복무원들(한족)이 여기가 일본인가 할 정도로 친절했다.

그 변화를 뒤로 하고 나는 부리나케 구시가지로 향했다. 나의 추억이 서린 그곳은 여전히 그 모습을 간직하고 있을 것만 같았다. 그러나 구시가지 주택가에 도착하는 순간 허탈감에 빠지고 말았다. 폭격을 맞은 것처럼 온 동네는 폐허가 되어 있었던 것이다. 한동안 넋을 잃고 잔해를 바라보다 무너진 돌담집 사이를 돌며 십여 년 전 우연히 들렀던 집을 찾아본다.

골목 끝 집이었는데……. 그때 나는 북소리를 따라 자전거를 타고 갔었고, 그 집에서는 결혼식을 하고 있었다. 신부는 친구들과 같이 앉아 울고 있었고, 신랑은 겸연쩍은 표정을 지었었는데 여기든가, 저기든가······.

그러나 폐허 속에서 그 흔적은 사라져 있었다. 이제 아무도 살지 않는 그곳에는 무거운 적막만이 깔려 있었고 근처에는 볼품없는 시멘트 건물들이 우후죽순처럼 올라가고 있었다.

4월 말, 뜨겁게 불타고 있는 한낮의 대지를 터벅터벅 걸었다. 더위가 만만치 않았다. 한여름에는 기온이 보통 섭씨 50도, 지표면 온도는 80도를 넘는 살인적인 열기를 뿜어댄다는 투루판은 4월 말 아침공기는 선선했지만 한낮의 이글거리는 공기는 수면제라도 탄 것처럼 몽롱하기 그지없었다. 수분이 빨려져 나간 몸은 시든 꽃잎처럼 축 늘어지기 시작했다.

장에 들러 수박과 참외를 사는데 상인들이 모두 병든 닭처럼 꾸벅꾸벅 졸고 있었고 온 도시는 깊은 잠의 늪 속으로 빠져들고 있었다.

호텔 방에서 수박을 먹어보지만 미지근한 수박은 맛이 없다. 참외 역시 푸석푸석한 호박맛이다. 그것을 내던지며 나는 또다시 배신감에 젖는다. 10월 말에 왔을 때는 차고 달기가 기가 막혔는데 서서히 더위가 몰려오는 때여서 그런지 맛이 형편없다.

비몽사몽을 헤매며 잠을 자다 깨어보니 저녁 8시다. 그러나 아직 날이 훤하다. 베이징에서 수천 킬로미터 떨어진 이곳은 해가 늦게 진다. 예전에는 신장타임이라고 하여 일상생활에서는 두 시간 늦게 계산했지만 이제 그런 것은 사라졌다. 모두 베이징 시간으로 통일한 것이다.

밤 10시가 되어서야 서늘한 기운과 함께 저녁 어둠이 서서히 깔리기 시작했고, 12시가 되니 밤기분이 나고 있었다.

다음날, 근교 유적지를 돌아보았다.

인적 없는 화염산 중턱에 자리한 베제크리크 천불동은 매표소 부근의 풍경만 조금 달라져 있을 뿐 서양탐험대와 이슬람교도들의 소행에 의해서 눈이 뽑혀지고 팔이나 목이 잘려진 석굴 안의 불상과 벽화는 예전과 다름없었다. 그저 조용히 남겨두었더라면 정말 소중한 보물일 텐데, 이제는 계곡의 물소리와 따스한 햇살 그리고 어디선가 들려오는 염소 울음소리만 상처난 유적지를 위로하고 있을 뿐이다.

고창고성 역시 폐허 그대로 있었지만 관광객을 태우고 입구에서 중심부까지 왕래하는 당나귀수레와 '이시뷔언(20위안), 안 비싸'라는 한국말을 외치는 위구르족 사내들과 기념품 한 개라도 더 팔려고 위구르족 아이들이 부산하게 맨발로 뛰어다니고 있었다.

서서히 햇살이 뜨거워지기 시작할 무렵 도착한, 메마른 화염산에도 그런 변화는 있었다. 산이야 그대로지만 그 앞에는 고속도로가 뚫려져 있었고 관광객을 위한 주차장과 낙타들이 대기하고 있었다. 이제 이들은 모두 돈맛을 안 것이다. 그 옛날 이 길을 휩쓸던 세상의 가치는 불법(佛法)이었으나 지금은 돈이 되어버린 것이다.

불평도 자꾸 하면 습관될까 두려워 현실을 인정하지만 씁쓸한 기분이야 어쩔 수가 없다.

그러나 내가 가장 사랑하는 폐허 중의 폐허, 교하고성은 큰 변화가 없었다. 조금 보수한 흔적은 보이지만 인적 드문 유적지는 십여 년 전 내가 거닐었던 그 풍경과 별로 다름이 없었다. 다만, 유네스코에서 돈을 지원받아 보수했다는 사실만 빼놓고.

텅 빈 폐허가 고향처럼 정겨웠다.

감회에 젖어가며 나는 골목길을 걷는다. 내 발걸음 소리만 귓가에 들릴 뿐 적막하다.

그때도 이랬었는데……. 이곳에서는 세월이 흐르지 않고 고여 있는 것만 같다.

어느 샌가 한낮이 왔다. 뜨거운 열기에 숨이 턱턱 막힌다. 나는 돌담 밑 그늘에 앉아 허물어진 수많은 불탑과 유적들을 바라본다.

닳고 단 세월의 희미한 흔적들…….

그것을 바라보노라니 내 의식도 흐릿해지고 만다. 그 흐릿함 속에서 모든 것을 놓아버리고 싶어진다. 나 자신조차도.

폐허에 오면 나는 종종 폐인이 되고 싶었다.

세상 속에서 꿈과 희망을 갖는다는 것, 인간이 되겠다는 것, 초월하고 싶다는 것, 삶을 잘 살아보겠다는 것……. 그런 욕망은 내 삶을 이끌어가는 힘이었지만 동시에 위선과 자아의 분열이라는 굴레이기도 했다.

하지만, 황량한 폐허에 앉아 있으면 삶의 의욕도, 지켜야 할 가치와 윤리도, 존재를 유지하고 싶은 욕망도 모두 사라지고 말았다. 그 무상함 속에서 기댈 것 하나 없는 세상을 보는 순간 막막한 슬픔이 몰려왔었다. 그때 나는 종종 바다를 보았다. 언어와 이성을 넘어선 세계에서 넘실거리는 슬프고 푸른 바다……. 그 생명의 힘, 시작도 끝도 없는 아름다움……. 그것은 폐허에서 혹은 세상에서 밀려난 폐인만이 볼 수 있는 아름다움이었다.

그때마다, 나는 불현듯 시인 김영승이 「아름다운 폐인」에서 노래한 것처럼 '갖다 버려도 주워갈 사람 없는 폐인'이 되고 싶었다.

모든 것을 다 놓아버리고, 모든 것에서 버림받은……. 그러면 절망과 좌절도 오히려 슬픔 속에서 축복이 될 것만 같았다. 슬프고 푸른 바다 속에서는 그것조차 사랑할 수 있을 것 같았다.

그러나, 나는 섣불리 그곳에 정착할 수 없었다. 세상에 대한 나의 욕망을 끊지 못한 상태에서 버린 척, 버려진 척, 초월한 척하고 싶은 충동을 늘 억제한 것은 무엇보다도 나 자신에게 솔직해야 한다는 절박함 때문이었다. 그래서 나는 아주 뻑뻑하게 몸부림치면서 살아왔다.

남을 속이면 반성할 수는 있다. 그러나 자신을 속이면 반성조차 못한다. 자신에게 솔직하다는 것, 그것만이 세상을 살아나가는 방법의 전부라는 생각을 했었다.

나는 종종 여행하며 이런 순간들을 즐긴다. 상상, 공상, 잡념, 상념, 사색 등등은 나의 취미이기도 한데, 이런 폐허에 앉아 있으면 자연스럽게 그 속으로 빠져들곤 했다.

그림자가 차차 동쪽으로 기울 때쯤 나는 자리에서 일어섰다. 그 모든 생각들을 미련없이 폐허에 툭툭 털어 버린 후, 터벅터벅 시간 속으로 걸어 나왔다.

거친 숨소리, 한 걸음씩 걸어가며 흘리는 땀 한 방울, 그리고 세월 속에서 되풀이되는 좌절과 희망, 슬픔과 기쁨……. 이런 사라지는 것들이야말로 길을 가고 있는 나에게, 세상의 덧없음과 소중함을 깨쳐주는 아름다운 허상들이라고 생각하면서……. 나는 힘차게 다시 발을

카레즈

내딛었다.

투루판에는 폐허만 있는 것이 아니라 생명이 약동하는 힘도 있었다. 예전에는 보지 못했던 카레즈를 돌아보았다.

카레즈는 예로부터 투루판의 전통적인 우물이며 관개시설이었다. 투루판은 연평균 강우량이 약 20mm이니 사람이 살기에는 턱없이 부족했다. 거기다 날씨가 더워 지상에서 물이 남아날 리 없었다.

이 바짝 마른 대지를 풍요롭게 해준 것이 바로 카레즈였다. 톈산 산맥의 눈이 녹아 지하로 흘러내리고 이 수많은 물줄기 위에 우물을 팠다. 투루판 전체에 이런 카레즈가 1천 개나 있다고 하니 대단한 숫자다.

이 카레즈의 물로 주민들은 식수는 물론 농사를 지었고 카레즈 주변을 넓게 판 후, 그곳에 모여 노래를 불렀고 춤을 추었으며 연애를 했다. 그 모습이 카레즈 근처에 벽화로 남아 있었는데 지금 그들의 모습은 위구르 민속무용 공연을 통해서 직접 볼 수가 있었다.

밤이 되자 날은 서늘해졌고 오아시스 호텔의 야외무대 주변에는 관광객들이 몰려들고 있었다. 서양사람 몇 명이 있었을 뿐 대부분 중국관광객들이었다.

중국관광객들의 매너는 영 형편없었다. 위구르족 무희가 나와 인사말을 할 때마다 낄낄거리며 웃었고 시도 때도 없이 휴대폰에 입을 대고 떠들어대자 웬 서양여자가 나가 받으라고 구박을 할 정도였다.

그러나, 차차 공연이 진행되자 사람들은 열기에 빨려들기 시작했다. 나 역시 화려한 위구르족 무희들의 춤 앞에서 흥분하고 말았다.

위구르족 무희

　공연이 끝날 무렵 나는 무희들의 권유에 못이기는 체하면서 무대로 올라갔다. 처음엔 어색한 몸짓으로 춤을 추었지만 마침내 나는 발광하기 시작했다. 급기야 다리를 구부리고 오리처럼 고개와 손을 흔들며 신바람 나게 무대를 휘젓자 웬 서양여자와 한족 사내들도 합류했고, 결국 무대는 난장판이 되고 말았다. 그 난장판 속에서 나는 온 세상과 나 자신을 불사르고 싶었다.

　공연이 끝난 후, 포도넝쿨이 우거진 오아시스 호텔 앞 산책로를

카레즈의 벽화

걸었다. 유명한 포도 산지로 한여름에는 포도 축제가 벌어지는 투루판이다. 그 무더운 여름에도 사람들은 나름대로 즐겁게 살아가고 있다.

    언젠가 여름에 이곳에 와 섭씨 50도가 넘는 무더위를 맛보리라.

    다른 이유는 없다. 그 무더위 속에서 까무러치고 싶다는 것밖에는…….

우루무치는 공사 중

톈산을 넘는다.

예전에 투르판에서 우루무치까지는 버스로 네 시간 길이었으나 이제 두 시간 길이다. 고속도로가 뚫린 것이다. 버스 안에서는 휴대폰이 계속 울렸고 위구르말 랩송이 울려 퍼졌으며 드넓은 초원에는 풍력발전을 위한 거대한 바람개비들이 가득 차 있었다.

우루무치는 공사 중이었다. 물론 십여 년 전에도 우루무치에는 높은 고층건물들이 들어서 있었지만, 지금은 더 높고, 더 현대적인 건물들이 우후죽순처럼 들어서고 있었다. 기차 역앞은 고가도로 공사가 한창이었고, 낡은 아파트와 민가는 사정없이 헐렸다.

이제 중국정부는 서역 한복판에 마천루를 건설하려는 것일까?

먼지와 매연으로 뒤덮인 그 거리는 한 시간만 걸어도 목이 막히고 코가 매웠다. 그 혼탁한 공기 속에서도 조깅하는 여인이 있었고 구보를 하며 군가를 부르는 군인들도 있었다. 가끔 대로에서 곤봉을 쥐고 혼잡한 거리를 달리며 훈련을 하는 경비원(?)들도 보였다. 사람들의 삶이란 참 끈질기다.

그 거리를 걸으며 옛 흔적을 찾아보려 하지만 당연히 찾을 수 없었다. 신장판디엔 부근에서 따스한 인정을 베풀던 음식점이 있던 곳에는 다닥다닥 붙은 상가들만 남아 있었고, 길거리에서 슬그머니 다가와 상자에 숨긴 카메라를 슬쩍 보여주고 흥정하다 사라지는 이상한 위구르족 사내들이 종종 눈에 띄었다. 또한 신장위구르 자치구 박물관은 공사 중이었고 임시로 마련된 전시장에는 미라들만 남아 있었다.

인민공원으로 갔다. 혹시나 하는 마음에서였다.

그때, 나는 이 공원의 어느 벤치에 누워 떠나온 집과 자유와 니코스 카잔차키스의 묘비를 생각했었는데……. 나는 그때 다짐했던 대로 몇 개월 후 크레타 섬의 니코스 카잔차키스 묘에 갔었다.

공원에 들어서는 순간 발길을 멈춘다. 그때는 낙엽만 수북이 쌓인 적막한 공원이었는데 지금은 온갖 오락시설이 가득 들어차 있었던 것이다.

두리번거리며 예전에 내가 누웠던 벤치를 찾아보지만 찾을 수 없다. 다만, 철조망이 쳐진 눈에 익은 낡은 정자가 보였다. 그때, 그 정자 안에는 세 명의 젊은 여인들이 앉아서 파란 하늘을 바라보며 깔깔 웃어댔는데, 이제 이렇게 퇴락해버린 것이다.

허전했다.

어차피 세상은 변하는 것, 변하지 않는 것이 오히려 이상하지 않은가.

천지를 간다.

인민공원 북문 앞에서 떠나는 버스는 5월 초여서 사람이 별로 없다고 떠나질 않았다. 대신, 잠자리채를 든 소년들처럼 천지 가는 관광객을 채집하고 있던 호객꾼을 따라가기로 했다.

나처럼 잡혀 온 사람들은 미국계 중국인, 일본인, 홍콩인 들이었는데 미니버스에 올라타고 나니 여자 가이드 몇 명이 따라붙었다. 아마, 단체할인입장료를 내기 위해 모자란 인원수를 채우기 위해서인 것 같았다.

미니버스가 톈산 산맥을 향해 가는 동안 그들은 돌아가며 간드러진 노래를 불러댔다. 말하자면 우리를 즐겁게 하기 위한 서비스였던 셈이니, 예전에는 상상도 할 수 없던 일이었다.

한 시간쯤 가서 미니버스는 좁고 가파른 톈산 산맥 산길을 기우뚱거리며 기어올랐다. 이윽고 천지가 다가올 무렵, 길 한쪽에 수많은 유르트(유목민들의 천막)들이 늘어서 있고 그 앞에서 카자흐족들이 손짓을 하고 있었다. 정상 부근에 오니 정상을 향해 오르는 로프웨이들이 보였고, 호텔과 음식점 건물들이 이쪽저쪽에 들어서 있었다. 찬바람만 불어오던 황량했던 예전의 천지풍경이 아니었다.

5월의 천지는 꽁꽁 얼어 있었고 천지 주변에 유르트가 보였다. 천천히 그 주변을 거닐며 예전을 회상했다.

예전에 밤에 홀로 나와 천지 주변을 거닐 때 달빛이 호숫물에 어른거렸고, 웬 짐승 우는 소리가 들렸었는데…… 그때가 그립구나. 그때, 나는 세상을 방랑하는 카자흐라 생각했었지. 그래, 나는 그후 세상을 방랑했었다.

언 호수의 빙판 위를 스쳐 온 싸늘한 바람이 가슴을 채운다. 가슴이 터질 것 같다.

나는 다시 이곳에 왔다. 그리고 또다시 올 것이다. 내 삶이 시들해지고, 내 머리가 백발로 변할 때 나는 다시 이 천지에 서서 먼 톈산 산맥을 바라보리라. 그때, 내가 남겨놓고 간 젊음들을 이 천지에서 다시 찾아보아야지.

사람들이 얼음판을 달리고 있었다. 마치 개미 같다. 푸른물이 출렁거리는 모습과는 또다른 장엄한 천지의 모습이다.

다시 시내로 돌아오는 길, 피곤에 절어 버스 안에서 잠을 잤다. 꾸벅꾸벅 졸다 보니 버스가 이상한 곳에 섰다. 영문도 모른 채 내려서 따라 가보니 약공장이었다. 하얀 가운을 입은 한족 여인의 앙칼지고 쉼 없는 선전을 우선 들어야 했다. 중국어를 잘 모르지만 그래도 나는 다 이해했다. 천지 부근에서 난다는 약초로 만든 만병통치약 선전이었다. 설명을 듣고 안으로 들어가니 또 하얀 가운을 입은 청춘남녀들이 판매대 앞에서 침을 튀기며 약을 팔려고 했다. 수상해 보이는 노인네는 구석에서 맥도 봐주고 있었다.

예전에 우루무치의 상점에서 물건을 사려다 혼난 적이 있었다. 잡담하던 여점원을 귀찮게 했기 때문이다. 그런 그들이 이제 눈에 핏발을 세워가며 이렇게 돈을 벌겠다는 것이다.

타클라마칸 사막의 아름다움

무서운 황사였다.

5월 초, 기차는 황량한 타클라마칸 사막을 뒤덮는 모래바람을 헤쳐가느라 허덕였지만 가도가도 뿌연 차창 밖 풍경은 변함이 없었다.

예전에는 철도가 없어서 버스로 2박 3일 걸리던 길이었는데 이제 기차는 스물네 시간만에 가볍게 돌파하고 있다.

그 뿌연 사막 속에서 끝없이 이어지는 전신주와 가끔씩 보이는 대형 간판 그리고 철로 주변에 심어놓은 풀, 나무 혹은 경작지 들을 보면서 사막보다, 황사보다 더 무서운 것은 인간이란 생각이 들었다.

이제 인간들의 발자취가 닿지 않는 곳은 어디일까?

한숨이 나오고 말았는데 문득, 바로 이 철도 밖으로 1, 2킬로미터만 나가 길을 잃는다면, 여전히 이 사막은 빠져 나올 수 없는 아득한 곳이라 생각하니 오싹한 느낌이 들고 말았다.

그 황량한 길을 기차는 쉬지 않고 달렸다.

침대에 누워 잠이 들었다가 눈을 떠보니 어느 샌가 저녁. 황사바람은 그쳐 있었고, 서서히 사막에 드리워지는 어둠 속에서 풍경은 오히려 선명하게 드러나고 있었다.

메마른 대지, 그것을 둥글게 감은 지평선, 그곳을 일직선으로 뚫어버린 도로, 그 위를 달리고 있는 네모난 차들……. 그 단조로운 풍경 속에서 불현듯, 신이 혹은 세월이 '디자인' 한 조형미가 보이고 있었다. 거친 곡선과 곧은 직선으로 분할된 세상, 그 작은 영역 속에서 시시각각으로 변해가며 나름대로 자신을 드러내고 있는 소박한 사물들……. 그 순간, 있는 그대로의 세상이 참 아름다웠다.

나는 침대에 엎드려 창 밖 풍경을 물끄러미 바라보았고, 어둠이 짙어질수록 풍경은 내 가슴에 짙게 새겨지고 있었는데, 문득, 먼 옛날부터 그렇게 창 밖을 바라보고 있는 것만 같았다. 내 앞에서 흐르고 있던 시간이 스르륵 증발되며 사진처럼 찰칵찰칵 찍혀지던 풍경 속에서, 바라보는 이와 대상의 구분은 사라지고 있었다.

그 흐릿함 속에서 느끼던 해방감……. 그 순간, 내 몸 속으로 무한한 희열이 흘러들고 있었다. 말로, 글로 표현할 수 없는 절대자를 그 희열 속에서 느꼈다고 한다면, 감상적인 나그네의 '자기도취' 일까?

밤이 되자, 컴컴한 사막에 번개가 치고 있었다.

오……. 시시각각으로 변하는 이 사막의 기후. 나는 몸을 오그린 채, 숨을 죽이고 밤하늘을 쳐다보았다.

그 옛날 불법을 찾기 위해, 이 길을 말이나 낙타를 타고 갔던 구법승들……. 그들은 얼마나 위대한가. 사람들이 싫어지다가도, 이런 인간들을 생각하면 나는 숙연해질 수밖에 없다.

기차는 밤새도록 쉼없이 달렸고 어둠도 쉬지 않고 따라왔다. 옆 침대의 할아버지가 방귀를 뀌고 나서 겸연쩍은지 '어험, 어험' 하며 잔기침을 하고 있다. 아주 여러 번……. 냄새가 구렸으나 참을 만했다.

이윽고 아침이 되자 부스럭거리며 일어난 승객들은 소 닭 보듯이 아는 체도 하지 않고 각자의 아침을 먹기 시작했다.

컵라면, 빵, 과일 등 음식은 달랐지만 공통적인 것은 모두 조용히 제것만 챙겨 먹는다는 것이었다. 어제 저녁도 그랬었다. 하룻밤을 같이 지내고 갈 사람들이라면 간단한 인사말도 하고, 친근감을 표시하며, 조그만 음식 같은 것은 서로 나눠 먹을 만도 하련만, 전혀 신경쓰지 않은 채, 각자의 공간 속에 콕 틀어박혀 있었다.

그런데, 음식에 관해서만 그랬지, 서로에 대한 관심은 갖고 있었다. 다만 그것이 천천히 드러날 뿐이었다. 할아버지가 용기를 내어 나의 국적을 물었고, 내가 한국에서 왔다는 것이 알려지자 승객들은 과도할 정도로 말을 붙이기 시작한 것이다. 그들은 필담으로 나에게 많은 것을 물었는데, 남자들의 관심은 주로 월급, 물가 등이었고, 여자들의 관심은 한국의 화장품, 취미, 요리 등이었으며 한국제품을 좋아하고 있었다.

차장은 이동식 텔레비전을 들고 다니며 보라고 권유했다. 그들이 갖고 있는 프로그램 중에는 장동건, 김희선, 송혜교, 안재욱 등이 나오는 것도 있었다. 서역, 이 타클라마칸 사막을 달리고 있는 기차 안에서도 한류열풍은 그렇게 불고 있었다.

창 밖을 보니 황사가 다시 불고 있었다. 기차가 아꺼수를 지날 때쯤은 살을 문질러보니 먼지가 묻어 나오고 입이 텁텁할 정도였다.

카슈가르, 잃어버린 시간을 찾아

오후 4시쯤 되어서 카슈가르에 도착하고 보니, 역 부근에는 아파트 몇 채가 보였는데, 택시를 타고 시내로 들어오는 순간, '내 고향 돌리도, 내 고향 돌리도'라는 중얼거림이 나도 모르게 나오고 말았다.

당나귀수레와 마차가 버스와 뒤섞여 달리던 예전의 모습은 사라지고 넓게 뚫린 대로에 버스와 승용차만 씽씽 달리고 있었다. 모택동 동상 맞은편에 커다란 인민광장이 들어섰고, 거리에는 우루무치보다 더 멋진 현대식 빌딩들이 들어서 있었다.

내 추억이 서린 치니바허빈관을 찾아갔다. 그곳에서 내가 묵었던 400호 다인방을 알아보지만 다인방은 이제 없어져버렸다. 여자복무원은 자기네가 별 세 개짜리 호텔로 바뀌었다는 것을 연신 강조했다.

일단 그곳에 짐을 풀고 나는 서만빈관을 찾아 나섰다. 그러나 그곳도 예전의 모습은 간데없다. 정원은 없어지고 건물이 확장되어 있었다.

허허, 이런……. 그래도 카슈가르만큼은 옛 모습이 남아 있을 줄 알았는데.

저녁나절 석양빛을 받고 있는 신시가지 건물들을 바라보니 마치 내가 종로 어느 거리에 와 있는 것 같은 느낌이 들고 말았다.

일요일날 아침, 나는 잔뜩 부푼 기대를 안고 일요시장을 보러 간다.
그러나, 거리를 메우던 당나귀수레와 마차는 많이 사라지고 대신 경운기와 자전거, 자동차들이 줄을 잇고 있었다. 시장 안도 정리되어 있었다. 간이가게가 질서정연하게 만들어져 상설화되었으며 상인들은 닭장 속의 닭처럼 지나가는 손님을 바라보고 있었다.
산업화된 세계 속에서 건조한 삶을 살아가는 사람들은 무질서한 분위기 속에서 솟아오르는 삶의 열기를 맛보고 싶어 이런 곳을 찾아오는데, 이곳도 이렇게 변한 것이다.
아직, 예전의 모습을 볼 수 있는 곳은 있었다. 쭈그리고 앉아 닭 몇 마리를 파는 사람들, 뱀을 갖다놓고 약을 파는 약장수, 담벼락 밑에서 이발을 하는 사람들, 국수와 밥을 팔면서 손님을 부르느라 늑대처럼 기성을 지르는 사람들, 긴 장대에 묶여 휘날리는 알록달록한 끈을 파는 아이들…… 그러나 그것은 극히 부분적인 풍경이었다.
조금 실망스럽지만 어쩌랴, 나의 잃어버린 세월에 대한 애착보다는 이들의 절박한 삶이 더 절실하고 중요한 것을.
그러나, 나는 현실을 취재하러 다니는 사람은 아니었다. 현실과 꿈과 회상과 상상 속에서 나만의 세계를 그리고자 했던 나그네로서 나의 감상까지 포기해야 할 이유는 전혀 없었다.
나는 고양이처럼 살금살금 카슈가르의 구석구석을 돌아보았다. 구시가지의 미로 같은 골목길을 터벅터벅 걷노라면 놀던 아이들이 깜짝 놀라 도망가며 문 뒤에서 몰래 훔쳐보았고, 마주 오던 아름다운 전

통복장을 입은 위구르 여인이 살짝 낯을 붉히며 고개를 숙였다. 그 순간, 비밀스런 나만의 장소를 발견한 것 같아 온몸에 짜릿한 희열이 흘렀다.

나는 잃어버린 시간을 찾는 기분으로 계속 구시가지를 걸었다. 아무리 시내가 변했다지만 옛 풍경이 그대로 남아 있는 길도 있었다. 서만빈관에서 치니바허빈관까지 이어지는 길에는 그때처럼 높은 가로수들 밑에서 낮은 토담집들이 낮게 이어지고 있었다.

뒷짐을 지고 천천히 걷다보니 양순대인 웹갸이습을 팔고 있는 사내의 모습도 보였다. 웹갸이습은 한국의 순대 못지 않게 맛있었다. 위구르족 사내와 여인들이 내가 먹는 모습을 보고 순박한 웃음을 짓고 있었다. 그제야 비로소 고향에 온 푸근함을 느끼고 만다.

에이티갈 모스크의 뒷골목도 역시 옛 모습이 남아 있었다. 조그만 골동품점, 철물점, 잡화점, 학교 그리고 허름한 음식점들이 보였고, 그 앞은 시시케밥을 굽는 연기가 자욱했다. 손님을 부르는 종업원들의 목소리가 힘찼다.

그리고 에이티갈 모스크 쪽에 나오는 순간, 아아, 잃었던 고향이 마술처럼 나타나는 것 아닌가.

모스크 앞에는 야시장이 펼쳐지고 있었다. 넓은 공터에서 와글거리는 인파와 고기 굽는 연기와 좌판에 앉아 떠들며 먹고 있는 사람들…….

나는 우두커니 서서 그 광경을 바라보았다.

그때, 배낭족 친구들과 함께 이곳 어딘가에 앉아서 저녁을 먹었었는데……. 아, 잃어버린 나의 시간들. 캐나다 퀘벡에서 왔다는 어느 커플, 인도 찬디가르 출신으로 영국에서 산다는 젊은 여인, 그리고 미국에서 온 청년······. 모두 하고 싶은 일을 하면서 살고 싶다던 그들이었는데, 이십대 후반이었으니 지금쯤 삼십대 후반이 되어 있겠지. 그들은 과연 하고 싶은 일을 하면서 살아왔을까? 그때, 콩깍지 속의 콩처럼 쪼르르 같이 앉아 음식을 먹던 우리들······. 세상으로 흩어져 나간 우리들은 제 삶을 온전히 살아냈을까? 나는 힘든 삶을 견디며 살아왔는데······.

자꾸 콧등이 시큰거려왔다. 혹시라도 그들이 눈앞에 어른거릴 것 같아 주변을 돌고 또 돌아보았지만, 여행자들은 별로 보이지 않고 있었다.

그렇다.

세월은 영원히 알 수 없는 세계로 가버린 것이다. 이제 다시 십여 년이 흐른 후에 이곳에 오면, 나는 지금의 순간들을 또 그리워하겠지. 그리고 이 세상을 떠날 때, 눈을 감으며 지나온 세월들과 사람들을 또 그리워하겠지.

세월이 흐르면 그리움은 쌓여간다.

그리움을 쌓아가는 것이 삶이고, 그 그리움을 가슴 한가득 안고 어디론가 훌쩍 떠나는 것이 죽음이라면, 나는 인생을 꽤 잘 살아온 셈이다.

나는 카슈가르에서 또 한 줄의 나이테를 내 가슴속에 만들었다. 켜켜이 쌓인 수많은 나이테를 반추하며 걷던 그 길들이 슬프고 또 행복했다.

나는 다시 기차를 타고 타클라마칸 사막을 횡단해 우루무치로 향했다. 예전에 왔던 길을 따라가고자 했다면 나는 파미르 고원을 넘어 파키스탄으로 가야 했다. 그러나 나는 나의 베이스캠프가 있는 한국으로 돌아가야만 했다. 나는 어느덧, 방랑자가 아니라, 여행자가 되어 있었기 때문이다.

사막에서는 초저녁부터 번개가 쳤고 조금씩 눈이 흩날리고 있었다. 그것을 바라보며 조용히 누워 있자니 은근히 슬퍼졌다. 별 다른 이유는 없다. 여행 중 가끔씩 도지는 병이다.

가슴이 뻥 뚫린 것처럼 허전해서 일기장에 몇 자 끄적거려 보았다.

내 삶은
하늘을 떠가는 한 조각 돛단배 같아
늘 흔들렸고 불안했네.
어느 날,
타클라마칸 사막을 횡단하다
흔들리는 기차 안에서 이런 생각이 들었지
한번 들어가면 다시 돌아올 수 없다는 이 사막 어딘가에서
하얀 뼈로 빛나고 있는 구법승들은 행복하다.
이 슬픈 육신은 검은 철마를 타고
빠져나올 수 없다는 곳을 빠져나가려고 하기에
그만큼 외롭고 고통스럽고 슬픈 것이겠지.
차라리, 어느 외진 길에서 찬란한 백골로 남았어야 하는데……

나는 정박할 곳을 놓쳤고, 돌아갈 곳을 잃은 것일까?

이제, 내 뼈를 묻을 곳은 한 조각 슬픈 돛단배…….

이때, 차장이 지나가다 얼굴을 들이밀며 내 글을 보기 시작했다. 뜻을 알 리 없는 그는 '한글' 자체에 감탄한 표정을 지었다. 그의 과장스런 몸짓이 갑자기 나를 즐겁게 했는데, 그가 가고 나서 계속 글을 이으려니 흥이 나지 않았다.

나는 일기장을 덮고 눈을 감았다.

그래, 슬프기는 뭐가 슬픈가. 몸 성해서 이렇게 잘 돌아다니면 행복해서 춤이라도 춰야지…….

팔베개한 내 몸을 싣고 기차는 힘차게 굴러가고 있었다. 세상도 기차 따라 어디론가 잘 흘러가고 있었다.

여행정보편

어떤 안내서가 좋을까?

중국
- 둔황
- 투루판
- 우루무치
- 이닝
- 카슈가르

파키스탄
- 서스트
- 훈자
- 길기트
- 라왈핀디
- 이슬라마바드
- 페샤와르
- 택실라
- 스와트 계곡
- 라호르
- 카라치

해외여행 초창기인 90년대 초반까지만 해도 나는 먹고, 마시고, 자고, 이동하는 것에 관한 세세한 정보와 자신이 당한 어려움을 남들에게 알리고 싶어했다. 개인의 감상이나 역사적 설명보다도 실제 여행할 사람들에게는 이런 것들이 매우 소중하다고 생각했기 때문이다. 그런데, 이제 웬만한 지역은 여행안내서가 넘쳐나고 어디서나 여행정보를 얻을 수 있는 시대가 되었다. 이런 변화 속에서 내 마음은 편해졌다. 먼저 가본 사람으로서 남들에게 정보를 전해주어야 한다는 어떤 '의무감'으로부터 해방된 것이다.

그래서 나는 여행기를 쓰면서 가급적이면 여행정보나 고생하던 얘기는 생략하고 풍경, 유적지, 사람, 재미있는 사건 혹은 나의 내면적인 얘기에 초점을 맞췄다.

그러나, 여행정보가 부족한 나라들은 어쩔 수 없다. 다음에 갈 사람들의 고생이 눈에 훤하게 보여서다. 겨울 시베리아 횡단기인 『겨울의 심장』에서도 여행정보를 부록으로 실었듯이 이번 실크로드 여행기에도 싣는다. 물론, 본격적인 여행안내서가 아니라 부족한 면이 있지만, 떠나기 전 여정을 짜고 예산을 잡는 데는 도움이 될 것 같아서이다. 또한 기행문에서 상세하게 다루지 못한 여행현실이 이런 정보를 통해 전달되었으면 좋겠다.

파키스탄편은 아쉽게도 내가 다시 가보질 못했으나, 2001년에 그곳을 여행했던 여행전문가 김선겸이 제공한 여행정보를 중점으로 추렸다. 그러나, 본격적인 여행을 하려면 역시 체계적이고 지도가 자세히 나와 있는 여행안내서를 꼭 가지고 가기를 바란다.

어떤 여행안내서가 좋을까?

1995년에 후배들과 함께 나는 『지구촌 여행 중국』(동아일보사 발행)이라는 배낭여행 안내서를 낸 적이 있었다. 세 명이 모두 합해 1년 동안 중국을 취재하여 낸 책이라, 배낭여행자들의 가려운 데를 긁어주는 책이라는 자부심도 있었고, 애정도 있었으나 곧 절판이 되었다. 그후 나는 여행안내서에서 손을 떼었으나, 1992년부터 세계 각지를 여행하며 잡지에 글과 사진을 싣고 있는 여행전문가 김선겸은 계속 유럽, 호주, 지중해 여행안내서를 내왔고, 이번에는 그의 주도하에 예전의 중국 여행안내서를 전면적으로 수정, 보완하여 『길라잡이 중국』(도서출판 실타래, 2003년 발간 예정)이라는 새로운 책으로 선보일 예정이라고 한다. 중국 전체뿐만 아니라 실크로드에 관한 자세한 여행정보도 그 책을 참고하면 크게 도움이 되리라 믿는다.

파키스탄의 경우는 아쉽게도 배낭여행자들의 가려운 데를 긁어주는 한국어 여행안내서는 아직 발견한 기억이 없다. 할 수 없이 서양여행자들이 많이 갖고 다니는 『론리 플래닛』에서 나온 영문판 여행안내서를 추천하는 수밖에 없다. 다만, 이 책도 몇 년 전 판이기에 현실과 차이가 날 수도 있으니, 방금 생생하게 겪고 와 한국인의 시각으로 정리한 이 책의 최신 정보를 같이 활용하면 더욱 도움이 되리라 믿는다.

또한, www.geotravel.co.kr이라는 여행정보 사이트에 파키스탄 여행정보가 도시별로 자세히 실려 있으니 적지 않은 도움이 될 것이다.

중국 실크로드는 옛날의 장안, 즉 시안(西安)부터이나 너무 방대한 지역이라 건너뛰고 둔황부터 정보를 싣는다. 모든 정보는 2002년 5월 기준인데, 너무 빠른 속도로 변하는 중국이니 약간의 변동을 예상하기 바란다.

중국 여행정보

비자 예전에는 중국대사관에서 신청했으나 지금은 교보빌딩 9층에 있는 영사과에서 얻을 수 있다(02-738-1173). 계속 상황이 변할 수 있으므로 전화를 걸어 확인하는 것이 좋다. 중국으로 가는 배 안에서 선상비자를 얻을 수도 있다. 배표를 구입할 때 물어보면 상세하게 가르쳐준다.

환율 1위안(元) = 148.80원 정도(2003년 1월 현재)

서역의 시차 예전에는 베이징 시간과 서역의 신장타임의 시차가 두 시간 이었다. 본문에서 묘사되었듯이 서역에서는 생활은 신장타임으로 기차, 버스, 은행 등 공공기관에서는 베이징 시간을 사용해서 늘 어디 시간이냐고 확인을 해야 했는데, 지금은 둔황이든, 우루무치든, 카슈가르든 모두 베이징 시간으로 통일해 쓰고 있다. 해가 베이징보다 두 시간 정도 늦게 뜬다.

둔황(敦煌)

둔황 가는 길

시안에서 둔황까지 기차로 약 서른두 시간 걸린다.

여러 열차가 있는데, 그중의 하나인 밤 20시 10분 기차를 타면 둔황역에 이틀 후인 새벽 4시 4분에 도착한다. 요금은 잉워(硬臥―딱딱한 침대, 즉 2등칸 침대)가 아래 침대인 下鋪는 301위안, 中鋪는 291위안이고 가장 위에 칸인 上鋪는 조금 더 싸다. 딱딱하다고 표현했지만 사실 여행하는 데 아무 문제가 없어 대부분의 여행자들이 이것을 이용한다. 모포도 준다. 1등칸인 루안워(軟臥―부드러운 침대, 1등칸)는 매우 비싸다.

중국기차에서 식당칸은 대개 12, 13호실에 있었는데(어떤 것은 7호칸에도 있었지만 대부분 뒷부분에 있었다), 일단 들어가면 전표를 파는 사람들이 있다. 메뉴판을 보고 선택한 후 돈을 내고 전표를 끊어 종업원에게 준 후, 자리에 앉아 기다리면 갖다준다. 주의할 점은 점심시간에 가면 사람이 너무 붐벼 앉을 자리가 없으니 조금 서두르는 게 좋다.

갖고 다니면서 파는 도시락도 있는데 보통 20위안. 그리고 식사시간이 지난 후에 남은 것 팔 때는 10위안에 할인해준다. 가장 값싸게 먹으려면 미리 컵라면을 준비하라. 기차 안에 항상 뜨거운 물이 준비되어 있다. 밥이나 라면을 먹을 때 소리가 나므로, 대개 복도쪽 창가에 있는 자리에 앉아 먹는다.

둔황역

예전엔 유위엔역이 둔황역으로 이름이 바뀌었다.

이름은 둔황역이지만 둔황시내와는 130킬로미터 떨어져 있다. 둔황역에서 둔황시내까지 가려면 택시(1인당 30위안), 미니버스(15위안)합승을 타고 약 두세 시간 정도 가면 된다. 황사바람이 심할 때는 조금 늦어질 수도 있다. 근처의 버스터미널에서 공공버스도 오가는데 뜸한 편이고 또 사람이 없으면 막상 출발시간이 되어 안 떠난다고 하니 믿을 수가 없다. 물론 미니버스나 택시도 사람이 다 차야 떠나는 것은 마찬가지인데, 성수기 때는 문제없지만 비수기 때는 하염없이 기다려야 한다. 그래도 공공버스 기다리는 것보다는 나을 것이다. 만약 급한 사람이라면 4인용 택시비 120위안을 내고 택시로 갈 수는 있다. 가끔 호객꾼이 달라붙는데 수수료를 챙기므로 이들을 상대하지 말고 직접 운전사와 흥정하라. 나처럼 새벽 4시에 도착하는 기차를 타면 해 뜨기 전까지 너무 시간이 걸리므로 가급적이면 밤에 도착하는 기차를 타고 이곳에서 1박을 하며 쉬든지, 아니면 낮에 도착하는 기차를 타고 내리자마자 둔황으로 출발하는 것이 좋을 것이다.

역 바로 오른편에 있는 유티에반점(柳鐵飯店)은 쾌적한 트윈베드에 120위안, 기차를 기다리느라 몇 시간 휴식 취할 경우 80위안 정도를 받는다. 여럿이 함께 묵는 다인방도 있는데, 침상 하나에 20위안부터 50위안까지다. 옆의 식당에서 식사를 할 경우 두세 명이 먹을 정도의 닭고기 탕수육 20위안 정도, 푸짐한 마파두부 8위안, 세숫대야보다 조금 작은 그릇에 담겨져 나오는 해물

삼선탕이 10위안 정도로 저렴한 편이다.

그리고 역 맞은편의 양우반점(良友飯店, 트윈이 80위안으로 남루한 곳)도 있고 그 외에도 몇 군데의 숙소와 저렴한 식당이 있으므로 밤늦게 혹은 새벽에 도착했을 경우에도 걱정할 필요는 없다.

둔황시내의 숙소
페이티엔빈관(飛天賓館). 버스터미널 바로 맞은편에 있어 편리하나 가끔 도난사건이 발생해서 요즘은 평판이 좋지 않다. 트윈베드가 180위안인데 비수기 때는 140위안 정도. 다인방은 훨씬 싸서 약 30위안 정도이다. 체크아웃한 후, 짐 맡기는 데 하나당 2위안. 그 외에 비천비관에서 얼마 안 떨어진 큰 길거리에 있는 둔황빈관(敦煌飯店)도 비슷한 수준이니 시도해보면 좋을 듯. 밍산빈관(鳴山賓館)도 배낭족이 많이 가는 곳이다. 둔황빈관은 고급으로 트윈이 600위안 정도다.

볼거리
명사산은 거대한 모래산으로 사하라 사막 같은 데서 볼 수 있는 풍경을 볼 수 있다. 늦은 오후에 가는 게 좋다. 물, 모자, 수건 등을 가지고 가면 좋다. 입장료 50위안. 성수기 때는 시내에서 그곳으로 떠나는 미니버스가 많다. 호텔에서 운영하는 미니버스를 이용하는 것도 편리한데, 왕복 15위안 정도 받는다. 이곳에서 모래썰매를 20위안에 탈 수도 있다.

막고굴은 천불동(千佛洞)이라고도 부르는데, 예전에는 많이 개방했지만 지금은 굴 보존을 위해 8~9개만 개방하고 있다. 입장료는 80위안, 한국어 가이드(중국 사람)를 쓰면 20위안을 추가로 내어 100위안을 내야 한다. 237굴, 335굴, 깃털 달린 모자를 쓴 사람들 아마 신라왕자가 아닐까라고 추측. 막고굴 앞 박물관에는 유명한 석굴 몇 개를 복원해놓았으니 놓치지 말 것. 막고굴 입장료 속에서 다 포함되어 있고 별도의 입장료는 없다. 버스터미널에 이곳까지 가는 버스도 있고 미니버스도 있는데, 호텔의 미니버스는 1인당 왕복 20위안 정도를 받는다.

교통

시내 버스터미널에서 둔황역 가는 버스 출발시간은 7:30, 9:30, 11:00, 12:30, 14:00, 16:00, 18:00, 19:30. 요금은 15위안. 성수기 때든 비수기 때든 표를 미리 예매하는 것이 좋다.

음식

둔황역 앞의 거리에는 많은 음식점들이 있다. 배낭족들의 휴식처인 조그만 charley johng's cafe에는 한국 배낭족들이 남겨놓은 정보노트들이 있으니 참고할 수 있다. 맞은편에는 shirley's cafe도 있는데, 영어메뉴가 있고 중국 대중음식처럼 양이 많은 게 아니라 1인용으로 시켜 먹을 수 있는 편리함 때문에 배낭족들이 많이 이용한다. 그 외에도 조그만 음식점들과 고급음식점들도 많다.

투루판(吐魯番)

숙소

버스터미널 근처에 새로 생긴 투루판 대반점(吐魯香大飯店)의 쾌적한 트윈이 140위안(아침식사는 포함되어 있지 않다). 뤼즈빈관(綠洲賓館, 일명 오아시스 호텔)의 위구르족 전통스타일 트윈은 280위안인데 160위안까지도 할인해주었다(아침식사 포함). 여유가 있다면 이곳을 이용하는 것도 좋은 추억이 될 듯, 마치 위구르족 족장이 된 기분이 들었다. 여럿이 같이 묵는 다인방은 1인당 25위안. 이곳에서 아침은 카페에서 뷔페식으로 먹었는데 꽤 친절하고 좋았다. 중국의 유명인사들이 다 이곳에서 묵었고 정원을 거닐기도 좋다. 그 외에 투루판빈관도 있는데 예전과 달리 현대식 건물로 바뀌었다. 가격은 오아시스와 비슷하다.

볼거리

교하고성 입장료 30위안, 고창고성 입장료 20위안, 베제크리크 천불동 입장료 20위안, 고창고성 안에서 마차를 타는 경우 15위안인데, 꼭 탈 필요는 없다. 걸어가도 20분 안에 갈 수 있기 때문이다.

투루판의 유적지를 돌아보려면 모두 수십 킬로미터 떨어져 있어서 자동차를 이용해야 한다. 여행자들이 많은 성수기 때는 미니버스들도 많이 다니는데 1인당 50위안 정도다. 비수기 때는 차를 대절해야 한다. 기사 딸린 승용차 한 대를 빌려 하루 종일 이용하는 데 약 250위안 정도. 길거리를 다니다 보면 흥정하는 사람들도 있는데, 안전한 방법은 호텔에서 소개받는 것이다.

위구르 댄스는 투루판대반점, 투루판빈관, 오아시스 호텔 등 큰 호텔에서 하는데, 항상 하는 것이 아니라 단체손님들이 있을 때 저녁시간에 한다.

투루판반점에서는 댄스공연을 식당에서 하는데 별도의 입장료는 없고 대신 그곳에서 매우 비싼 음식을 먹어야만 한다. 반면 오아시스 호텔은 야외무대에서 댄스공연을 하는데 입장료가 30위안으로 훨씬 낫다. 공연이 있는가는 안내창구에 물어보아야 하는데, 이상한 것은 거기서는 공연이 없다고 해도 막상 저녁시간이 되면 하는 경우도 있다. 그러니, 북경시간으로 저녁 9시 정도에 호텔 안의 야외무대로 가서 확인해보기 바란다.

음식

각 호텔마다 위구르족 음식, 중식, 서양식의 음식점이 있다. 다인방을 제외하고 숙박비에 아침음식값이 포함되어 있는데 투루판반점이나 오아시스 호텔은 뷔페식으로 괜찮은 식사였다.

배낭족을 위한 값싼 음식점은 오아시스 호텔, 투루판빈관 맞은편에 있다. 특히 투루판반점을 바라보고 왼쪽으로 몇십 미터 떨어진 음식점에서 파는 시시개밥(양고기 꼬치구이)과 고기, 도마도, 고추 등이 버무러진 매콤한 비빔국수 같은 빠이면이 맛있었다. 가격도 10위안으로 저렴하니 배낭족에게는 괜찮은 음식.

교통

시안에서 직접 기차를 타고 투루판으로 올 경우 약 마흔 시간 정도가 걸린다. 둔황에서 투루판 가는 방법은 여러 가지가 있는데 가장 손쉬운 방법은 약 여덟 시간 정도 걸리는 기차를 타는 것이다. 둔황역에 도착하자마자 기차표를 예매한 후 둔황시내로 가거나, 둔황의 각 호텔에 있는 여행사에서 기차표 예매도 해주니 약간의 수수료를 내고 이용해도 편리하다.

단, 둔황에서 기차표를 사는 경우, 중간역이라 침대표를 팔지 않는다. 그러므로 일단 좌석표(80위안)를 사서 기차에 탄 후, 13번과 14번 객차 사이에 있는 이동매표소에서 침대표를 추가로 사야 한다. 기차마다 다를 수도 있으니 표를 살 때 어디서 사는지 확인해보는 것이 좋다. 표를 사려고 서로 아우성을 치니 중국어에 자신 없으면 수첩에 미리 목적지와 上鋪, 中鋪, 下鋪 등 원하는 침대와 개수를 적어서 보여주는 것이 편리하다. 잉워표(硬臥—딱딱한 침대, 즉 2등칸 침대)가 약 77위안 정도다.

투루판역은 예전에 따허옌(大河沿)이라고 불리웠는데 지금은 투루판역으로 불리운다. 투루판 시내와는 떨어져 있어서 미니버스를 타면 된다. 약 10위안 정도이다.

가끔, 자신들의 관광상품을 팔기 위해 여기부터 호객꾼들이 나타나 싼값으로 자기 승용차를 타라고 하는데 이런 것을 타면 좀 시달리게 되니 가급적이면 이런 차는 피하는 게 좋다. 택시를 타고 고속도로를 탈 경우 고속도로 이용료 10위안도 부담해야 한다.

▶ 알아두면 편리한 위구르말
야크쉬므스즈(안녕하세요).
아즈락 슈프랑(깎아주세요).
베커멧(비싸요).
라크밧(고맙다).
베히 야크시(좋다).
스즈니 스위만(사랑합니다).

우루무치(烏魯木齊)

숙소

보게다빈관(博格達賓館)이 추천할 만하다. 쾌적하고 친절한 곳이다. 트윈이 388위안인데 비수기 때는 180위안까지 깎을 수 있다. 아침식사 가격이 포함되어 있는데 만두, 빵, 야채 네 개, 죽, 삶은 계란, 고기 등이 나오는 괜찮은 식사다. 다인방은 1인당 20위안으로 배낭족이 이용하기에도 매우 좋은 곳. 우루무치 역 앞에서 버스를 타고 갈 수도 있지만 내려서 꽤 걸어가야 하므로 택시를 타는 것도 좋은 방법이다. 택시비는 약 12위안 정도 나온다. 만약 버스를 타고 와 버스터미널에서 가게 되어도 그 정도로 예상된다. 신장반점(新疆飯店)은 역 건너편에 있으나 예전과 달리 고가도로가 생기는 바람에 공사 중이어서 가기가 매우 복잡했다. 오래되어 시설이 좀 떨어지는 편. 트윈은 220위안인데 비수기 때는 물론 할인이 된다. 다인방이 1인당 20위안, 25위안, 35위안 등이다. 아요우빈관(亞歐賓館)은 역에서 나오면 바로 왼쪽에 있는 곳인데 트윈이 180위안으로 비수기 때는 110위안으로 할인해준다. 다인방은 20위안, 38위안, 45위안 등이 있는데, 『론리 플래닛』에서 소개하기를 이곳에서 묵으면 수수료 없이 기차표를 예매해준다고 해서 묵어보았는데 그런 것은 없어졌다. 이곳은 꼭 필요한 사람이 아니라면 별로 권하고 싶지 않은 곳이다. 어둡고 축축하고 화장실도 시원찮고 불이 종종 나가고 관리인들이 열쇠를 맡고 있어 드나들기도 매우 불편한 곳이다.

볼거리

천지는 입장료가 60위안. 인민공원 전문(前門) 앞으로 가면 오전 중에 대형버스들이 떠난다. 왕복요금은 53위안(보험료 3위안 포함)인데, 비수기 때는 사람이 없어 출발하지 않을 때도 있다. 대신 근처에서 여행사 직원들이 호객한다. 사람들이 모여지면 미니버스를 타고 간다. 1인당 교통비만 40위안. 천지까지 왕복 약 다섯 시간 정도 걸리고 천지에서 두 시간 정도 보내므로 천지 구경에만 하루 정도를 투자해야 한다.

인민공원은 입장료 5위안이고, 신강성 박물관은 2002년 5월 당시 공사중이어서 다른 곳에 임시로 전시하고 있었다. 타클라마칸 사막에서 발견된 미라들이 볼 만하다. 입장료. 25위안

교통

투루판에서 우루무치로 가려면 버스를 타는 것이 가장 편리하다. 투루판 버스터미널에서 우루무치까지 버스가 많다. 약 두 시간 내지 두 시간 반 정도 걸리고 요금은 26위안이다.

음식

여럿이 갔다면 저녁에 보게다빈관에서 코스요리를 먹어볼 만하다. 50위안(8,500원)에서 100위안(1만 7천원)까지 있는데 음식도 맛있고 푸짐하며 종업원들이 꽤 친절한 편이다.

이닝(伊寧)

이곳은 아쉽게도 다시 가보지 못했다. 다만, 그곳을 여행했던 여행자들에 의하면 내가 예전에 묵었던 이리빈관(伊犁賓館)은 다인방이 40위안, 2인실이 360위안 정도이고 그 외에 버스정류장 근처에 있는 우의빈관(友誼賓館)도 비슷하다. 우루무치에서 이닝까지 예전에는 1박 2일의 길이였지만 지금은 당일날 아침버스를 타면 그날 저녁에 도착할 수 있다. 이닝에서 카슈가르까지는 예전에 2박 3일 정도 걸렸지만 지금은 아침에 타면 다음날 낮에 도착할 수 있다. 이닝에는 카자흐스탄의 알마티까지 가는 버스도 있고 요금은 30달러 정도. 계속 서쪽으로 갈 사람은 카자흐스탄의 비자를 한국에서 받아가는 것이 좋다. (이 지역에 관한 좀더 자세한 정보는 외국여행안내서 『론리 플래닛』의 중국편을 참고하기 바람.)

카슈가르(喀什; 카스)

숙소
치니바허빈관(其尼巴合賓館)은 트윈이 280위안인데 비수기 때는 200위안으로 할인. 다인방은 아쉽게도 없어졌다. 서만빈관(色滿賓館)은 화장실 딸린 트윈이 150위안, 260위안 등이 있는데 비수기 때는 할인이 가능하다. 화장실이 딸리지 않은 트윈은 60위안, 비수기 때는 40위안이다.

볼거리
일요시장은 보통 10시 정도부터 활기차다. 아바 호자의 묘는 입장료 15위안, 전시실은 4위안이다. 일요시장에서 언덕길을 따라 계속 가면 되는데, 버스도 있지만 마차를 흥정해서 타면 낭만적인 풍경을 즐기면서 갈 수 있다. 마차비는 왕복 5위안 정도. 인민공원은 매우 크고 수목이 우거진 아름다운 공원이다. 맞은편 광장에는 거대한 모택동 동상이 서 있다. 입장료는 2위안이다.

교통
우루무치에서 카슈가르까지는 기차가 편리하고 빠르다. 우루무치역에서 카슈가르까지 가는 기차가 오전, 오후에 출발하는 것이 있는데, 오후에 출발하는 기차는 3단 침대로 아래 침대인 下鋪가 281위안이고 中鋪와 上鋪는 조금 더 싸다. 오전에 출발하는 기차는 침대가 세 개가 아니라 두 개씩 되어 있고 下鋪가 345위안. 시간은 약 스물네 시간 정도 걸린다.

카슈가르 역에서 우루무치까지는 오전에 출발하는 기차보다 오후에 출발하는 기차가 더 비싸다.

기차역에서 시내의 에이티살 모스그 앞까지 버스가 다닌다. 택시를 타면 미터기로 가지 않고 10위안을 요구한다. 10분 정도 소요된다.

파미르 고원을 넘어 파키스탄으로 가는 버스표는 치니바허빈관에서 걸어서 15분 거리에 있는 국제 버스터미널에서 판다. 요금은 270위안 정도. 5월 1

일부터 11월 30일까지 공식적으로 길이 열리나 기상 상태에 따라 약간씩 변동이 있을 수 있다.

낮 12시에 출발하는데 대개 늦게 출발하고 약 여덟 시간 후 타슈쿠르간에 도착해 1박을 한다. 예전과 달리 중국측 출입국 관리소는 타슈쿠르간에 있는데, 일일이 짐검사를 하기에 출국 수속에 서너 시간이 걸린다. 그후에도 파미르 고원을 달리다 두 번 정도의 여권검사를 한다. 파키스탄의 국경도시 서스트는 그 다음날 도착하므로 모두 1박 2일이 소요된다.

음식

웹갸이습이라 부르는 양창자로 만든 순대는 이 지방 사람들이 즐겨 먹는 것으로 우리의 순대만큼 맛있다. 일요시장에서는 '출레'라고 하는 수정과 맛이 나는 음료수와 석류즙을 짜서 파는 음료수도 맛있다.

쇼핑

일요시장은 물론, 에이티갈 모스크 앞의 기념품 가게에서 직접 수작업으로 꽃무늬를 새긴 청동꽃병, 쟁반, 주전자, 가방 등을 기념품으로 살 수 있다. 일반인을 상대로 하는 상설 시장은 어느 정도 가격이 형성되어 있지만 기념품을 사는 곳에서는 심할 정도로 깎아야 한다.

파키스탄 여행정보

비자 2002년 11월 현재, 파키스탄 대사관에 문의하니 비자면제협정이 파기되었다고 한다. 즉, 예전과 달리 이제 비자를 얻어야 입국할 수 있다. 관광비자인 경우 준비물은 여권, 사진 2장, 신청서(그곳에 비치)와 함께, 영문으로 적은 여행스케줄을 작성해 가야 한다. (가급적이면 자세한 일정과 숙소 등을 기입하는 것이 좋을 듯.) 학생은 재학증명서, 직장인은 재직증명서가 필요하다. 비자세는 3개월 단수가 4만원. 자세한 것은 파키스탄 대사관(02-796-8252)으로 문의하기 바란다.

환율 1PKR = 21.01원(2003년 1월 현재).

서스트

국경도시다. 이곳에 머물 이유는 없겠지만 버스가 늦게 도착하면 머무는 수밖에 없다. 예전과 달리 저렴한 숙소부터 비싼 숙소까지 많이 생겼다.

배낭여행자들이 가장 많이 가는 곳은 출입국 관리소에서 조금만 걸어가면 나오는 MOUNTAIN REFUGEE로 다인방은 30루피, 2인실은 100루피 정도고 뜨거운 물이 나오는 곳은 200~400루피 정도. 그 외에 ASIA STAR HOTEL은 다인방이 1인당 100루피다.

2~3만원 정도에 쾌적한 밤을 보내고 싶다면 출입국 사무소에서 도보로 3분 거리에 있는 HOTEL RIVERIA를 추천한다. 이곳은 서스트에서 제일 좋은 곳으로 정식 가격은 1인실이 1,200루피, 2인실이 1600루피지만 실제로는 흥정이 가능해서 1인실에 800루피에 잘 수도 있다. 이곳에서 쓰고 남은 숭국돈도 환전할 수 있다. 작은 마을이어서 모두 찾기가 쉽다.

훈자

서스트에서 합승차를 타고 내려오면 훈자까지 약 두 시간 걸린다. 훈자는 넓은 지역의 포괄적인 지명인데 여행자들이 많이 모이는 곳은 카리마바드라는 마을이다. 차가 이곳으로 직접 오기도 하는데, 만약 지나치는 차를 탔다면 가네쉬라는 곳에서 내려 오른쪽 산길을 약 20분 정도 올라가면 카리마바드다. 한국 여행자가 많이 머무는 곳은 OLD HUNZA INN이나 그 옆의 HAIDER INN인데, 1박에 50루피 정도다. 이곳에서 지프를 렌트해서 주변의 빙하를 돌아보는 사람들이 많다. 렌트비는 운전사 포함해서 800~1,000루피인데 먼저 흥정해야 한다. 커플 여행자나 중급 여행자는 HOTEL MULBERRY INN이 좋다. 시설이 좋고 레스토랑에서 바라보는 설산 풍경이 멋있다. 2인실이 200~500루피 정도 한다.

카리마바드에서 길기트로 직접 가는 버스는 없고 일단 알리아바드(50루피)를 거쳐 길기트(50루피) 순으로 이동해야 한다.

길기트

길기트에서 가장 인기있는 숙소 중 MADINA GUESTHOUSE는 다인방이 100루피, 더블은 250루피다. MOUNTAIN REFUGEE는 다인방 50루피, 싱글 150루피, 더블 250루피다. 길기트에서 라왈핀디까지 야간버스가 운행하며 요금은 410~460루피 정도. 카르가의 석불을 보려면 개인적으로 차를 대절해 갈 수밖에 없다.

길기트에서 라왈핀디까지 가는 버스표는 나트코 예약사무소(NATCO BOOKING OFFICE)에서 살 수 있고 오전, 오후에 몇 대가 있는데, 예나 지금이나 가는 도중 검문이 많아 열일곱 시간 정도 걸린다.

라왈핀디

가장 인기있는 숙소는 POPULAR INN으로 다인방이 100루피. 터미널에서 택시나 릭샤를 타고 LIAQUAT CHOWK에 있는 POPULAR INN으로 가자고 하면 된다. 이곳이 만원이면 사다르 바자르에 있는 호텔 AL-AZAM을 가는 것이 낫다. 싱글이 100루피 정도.

라왈핀디와 이슬라마드 사이에는 미니버스가 수시로 운행하며 약 30분 정도 걸린다. 요금은 10루피이다.

POPULAR INN 주변에 인터넷을 이용할 수 있는 곳이 몇 군데 있다. 한글을 이용할 수 있는 곳도 있다. 비용은 한 시간에 15~20루피 정도이다.

이슬라마바드

이슬라마바드는 숙박비가 꽤 비싼 편으로 허름해 보이는 숙소들도 250루피 정도다. 가장 싼 곳은 투어리스트 캠프장으로 많은 배낭여행자들이 이용한다. 아바파라 마켓 근처에 있다.

페샤와르

예전에 배낭족에게 인기있었던 카이버 호텔은 사라졌다. 대신 배낭족들은 TOURIST INN MOTEL이란 곳을 많이 찾는데 다인방이 50루피로 저렴하나 좀 지저분한 편이다. 어쨌든 이곳에서 카이버 패스나 다라가는 투어를 주선하기도 한다. 릭샤를 타고 PESHWAR CANTONMENT 기자역 근처에 있는 TOURIST INN MOTEL로 가자고 하면 쉽게 갈 수 있다. 여기가 너무 열악하다고 생각하면 시내 쪽으로 몇백 미터 떨어진 곳으로 가면 괜찮은 숙소가 몇 군데 있다.

한글이 깔린 PC를 사용할 수 있는 인터넷 카페가 TOURIST INN MOTEL 에서 나와서 오른쪽으로 5분 정도 걸어가면 중앙우체국 근처에 있다.

페샤와르 근처의 다라에 가려면 개인적으로 갈 수도 있지만, 투어에 동참하는 것이 가장 편리하다. 주의할 점은 혼자서 가다가 발음이 비슷한 '바라'로 가는 경우 매우 위험하다. 이곳은 분위기가 험악하고 범죄가 자주 발생하는 치외법권지역으로 결코 갈 곳이 아니다.

(아프간 난민의 부슈캐쉬를 보려면 오토릭샤를 타고 일단, 펠다우스라는 곳으로 와서 그곳에서 약 10분쯤 걸어가면 호나산 캠프 가는 스즈키터미널이 나온다. 나는 예전에 그곳에서 타고 갔는데 지금 사정은 확실하지가 않다.)

페샤와르 지방과 간다라 지방(택실라와 스와트 계곡)을 효과적으로 구경하는 법
중국 실크로드를 거쳐 파키스탄에 온 경우 일단 라왈핀디로 오게 된다. 나는 비자문제 때문에 본문에서 묘사된 대로 라왈핀디-이슬라마바드-페샤와르-택실라-라왈핀디-스와트 계곡(밍고라)-라왈핀디 등을 거치며 비효율적으로 여행했는데 현명치 못한 방법이었다. 가장 좋은 방법은 라왈핀디-택실라-라왈핀디-페샤와르-스와트 계곡(밍고라, 혹은 마디안)-라왈핀디가 효율적이다.

라왈핀디에서 택실라까지는 한 시간 거리이므로 당일치기로 갔다온 후, 페샤와르와 스와트 계곡을 보고 나서 다시 교통의 요충지인 라왈핀디로 나와 다른 곳으로 이동하면 된다.

택실라

나는 예전에 페샤와르에서 가느라 세 시간이 걸렸는데, 라왈핀디에서는 약 한 시간 걸린다. 라왈핀디에서 당일치기가 좋은데, 만약 택실라에서 충분한 시간을 보내고 싶다면 유스호스텔을 이용하면 된다. 파키스탄 학생들로 만원인 경우가 많은데, 숙박비는 70루피. 택실라의 유적지를 도는 방법은 마차

(통가)를 타고 도는 방법이 있으나 비싸다. 가끔 지나다니는 스즈키를 이용하거나 걸어다녀도 된다.

스와트 계곡

스와트 계곡에는 많은 마을이 있고 수많은 숙소가 있다. 사이두 샤리프는 행정적인 수도고 밍고라는 생활의 중심지여서 예전에는 밍고라에서 많이 묵었었는데, 요즘은 여행자들이 밍고라에서 약 50킬로미터 정도 떨어진 마디안이란 마을로 간다. 마디안은 자연이 매우 아름다운 작은 마을로 추천할 만한 숙소는 RIAZ GUEST HOUSE이다. 깨끗하고 전망 좋고 친절하다. 다인방이 50~60루피 정도한다.

밍고라에서 묵을 경우 버스터미널 근처에 여러 종류의 숙소들이 있다. 밍고라에서 사이두 샤리프는 걸어갈 수도 있고 미니버스도 많이 다닌다.

페샤와르에서 밍고라까지는 미니버스로 세 시간 반 정도 걸리고 요금은 60루피다. 밍고라에서 더 가면 마디안인데 한 시간 반 정도 걸리고, 버스비는 약 20루피 정도 한다.

예전에 라왈핀디에서 밍고라까지 갈 때는 중간에 버스를 갈아탔었다. 버스 탈 때 목적지를 잘 확인해야 한다.

라호르

예나 지금이나 역 부근의 숙소에서 수많은 사람들이 피해를 보았고 지금도 여전하다. 난, 서양여행자들이 괜찮았다고 추천하는 곳이 기자역 맞은편에 있는 SHABISTAN HOTEL, CLIFTON HOTEL, PARKWAY HOTEL 등이 안전하고 깨끗한 편이라고 한다. 요금은 싱글이 250루피, 더블이 300루피 정도. 내가 예전에 묵었던 YMCA는 싱글이 50루피라는 소리도 있고 없어졌다는 소리도 들린다.

안전하다고 해도 늘 긴장하는 것이 좋다. 하물며 평판이 안 좋은 곳은 더 말할 나위도 없다. 특히, SWAT INN이란 곳은 안 가는 것이 좋다. 호객꾼들이 접근해서 한국인이나 일본인이 많다고 유인한 후, 여자들이 샤워할 때 구멍을 통해 몰래 훔쳐본다고 한다. 여기만 그런 게 아니라, 거의 모든 숙소가 다 이 지경이다. 여자만 위험한 게 아니다. 어떤 한국남자 여행자는 주인이 마사지를 해준다고 해서 장난 삼아 잠깐 했는데 나중에 보니 돈이 없어졌다고 한다. 물론, 마취된 적도 없었다고 한다. (아마, 마취되었을 것이다. 그가 기억을 하지 못할 뿐이지)

라왈핀디에서 라호르를 가는 경우 한국의 대우버스를 이용하면 좋다. 요금은 300루피로 파키스탄 버스보다 비싸지만 쾌적하다. 버스는 수시로 있고 정시 출발하며 신문, 과자, 음료수도 준다. 소요시간은 약 여섯 시간 정도. 라왈핀디에서 릭샤를 타고 대우버스터미널에 가자면 된다.

라호르에서는 동쪽의 인도로 가는 버스가 있다. 남쪽의 카라치로 갈 경우 버스, 기차를 이용할 수 있다. 기차의 경우 약 스무 시간 소요된다. 예전에는 7:00, 16:15, 18:30분에 있었으나 현재는 확인하기 바란다.

카라치

나는 카라치에서 구세군회관(SALVATION ARMY)에서 묵었었는데 별로 추천하고 싶지 않고 지금도 있는지 모르겠다. 다만, 현재 사다르 부근에 무수히 많은 숙소가 생겼다고 하니 그곳으로 가는 것이 좋을 것이다. 다인방은 대개 100루피 정도 한다.

파키스탄에서 인도로 가는 경우

라호르에서 버스를 타고 국경에 갈 수 있다. 약 여섯 시간 정도 소요. 국경을 넘으면 인도 엄리처다. 버스 요금은 110루피 정도이다. 인도 비자는 미리 한국에서 받아 가는 것이 좋다.

파키스탄에서 이란으로 가는 경우

퀘타(QUETTA)를 거쳐 국경도시 타프타(TAFTAR)로 갈 수 있다. 일주일에 한 번씩 기차가 있으며 오후에 타면 다음날 아침에 도착한다. 요금은 250루피 정도이다.

이란 비자는 한국에 있는 이란대사관에서 받을 수 있지만 예전에는 비자를 받은 후 1개월 이내에 입국해야 했다. 그래서 중국, 파키스탄을 거쳐 육로로 이란에 가는 사람들은 가는 중에 1개월이 지나므로 파키스탄에 가서 받는 경우가 많았다. 상황이 계속 바뀌니 이란대사관에 먼저 문의를 하는 것이 좋을 듯하다.

파키스탄의 이슬라마바드, 퀘타, 라호르, 페샤와르 등의 이란영사관에서 비자를 받을 수 있는데, 다른 곳은 모르겠지만 이슬라마바드의 경우 매우 불친절하고 열흘만에 비자를 준다고 해놓고도 주지 않아서 매우 힘들기도 하다. 다른 여행자들도 비슷한 경험을 했다고 한다. 어떤 여행자들은 페샤와르에서 열흘만에 받았다고 하니 그쪽에서 신청하는 것은 어떨지. 터키에서는 이란 비자를 신청하면 관광비자를 주는데 파키스탄에서는 7일 혹은 10일짜리 통과비자를 주어서 이란여행이 촉박한 단점이 있으나 어쩔 수 없다. 이란을 넘어서 터키로 갈 경우 터키는 삼 개월 이내 체류한다면 비자가 필요없다. 그곳은 여행자의 천국이다.

파키스탄에서 비행기를 타고 이스탄불까지 가는 경우

1991년 12월의 정보라 너무 낡았지만 파키스탄 물가가 별로 변하지 않았다는 것을 감안해서, 혹시 이런 코스로 가는 분들을 위해 가격을 소개한다.

나는 라왈핀디의 어느 여행사에서 표를 샀는데 표값이 약간씩 달랐다. 파키스탄항공이 터키항공보다 조금 더 비싸고 같은 터키항공도 여행사마다 조금씩 달랐다. 그때, 약 370달러에 해당하는 파키스탄 돈을 주고 샀었는데 지금은 올랐을 것이다. 내 경우, 비행기표를 산 곳은 라왈핀디고, 탄 곳은 카라치였는데 물론, 카라치까지 올 필요는 없다. 곧바로 이슬라마바드에서 출발할 수 있다.

| 참고도서 |

실크로드 여행에서 여러 책들의 도움을 많이 받았다. 여행기여서 일일이 각주를 달지 않았고 인용된 내용은 극히 일부분이었지만, 바로 그 책들 덕분에 내 실크로드 여행은 풍요로웠다. 학식이 부족한 여행자의 답답함을 풀어준, 그 책의 저자와 역자들에게 지면을 통해 감사를 드린다.

  여행의 큰 즐거움은 지식으로부터도 해방된 이탈과 자유에서 오기도 하지만, 실크로드만큼은 역사와 문화를 알고 가면 더욱 즐거운 여행이 될 것 같다. 여행기에 소개한 지식 정도에 만족하지 못하고, 좀더 전문적인 지식을 원하는 분들을 위해 참고도서를 밝힌다.

BETWEEN the OXUS and the INDUS (COLONEL R. C. F. SCHOMBERG 저, ALI KAMRAN 출판사) 훈자 지역의 역사, 인종, 문화 등에 관한 책이다.
ON ALEXANDER'S TRACK TO THE INDUS (SIR AUREL STEIN 저, INDUS 출판사) 알렉산더의 원정로 중 간다라 지방 특히, 스와트 계곡의 전투와 진로에 대한 상세한 기록이다.
THE PATHAN BORDERLAND (JAMES W. SPAIN 저, INDUS 출판사) 현재 파키스탄 및 아프가니스탄에서 살고 있는 파탄족의 역사, 문화에 대한 책이다.
FOREIGN DEVILS ON THE SILK ROAD (PETER HOPKIRK 저, OXFORD UNIVERSITY PRESS) 서역지방의 잃어버린 도시와 유직들에 대한 소개와 20세기 초 그곳을 탐험한 스웨덴의 스벤 헤딘. 프랑스의 폴 펠리오 등의 탐험가들에 대한 얘기. 이 책은 『실크로드의 악마들』(김영종 역, 사계절)이란 제목으로 번역됐다.

『고대사의 비교언어학적 연구』(姜吉云 저, 새문社) 언어를 통해 단군 조선, 고구려, 백제, 신라, 가야 등의 우리 고대사를 분석한 학술서적으로 배달민족의 배달이란 말의 유래 및 우리 민족과 터키, 몽골, 만주, 인도의 드라비다족 등과의 관련도 상세히 밝힌 책이다.

『마르코폴로의 동방견문록』(마르코폴로 저, 김호동 역주, 사계절) 마르코폴로의 여행기로서 13세기 무렵의 서아시아, 중앙아시아, 중국, 인도 등의 실정을 잘 전해주고 있다. 특히 김호동 교수의 정확한 역주와 체계적인 해설이 돋보이는 책이다.

『실크로드:시공디스커버리 총서』(장 피에르 드레주 저, 이은국 역, 시공사) 실크로드에 대한 해설과 화보가 곁들여진 압축적인 정보서이다.

『실크로드』(NHK 취재반 저, 李翼成, 金均 역, 도서출판 恩光社) 이 책은 12권 시리즈로 되어 있는데 NHK에서 방영된 다큐멘타리 〈실크로드〉의 취재록으로 중국 시안에서부터 이탈리아 로마까지의 장대한 여정을 다루고 있다.

『실크로드의 미술』(국립중앙박물관 편저) 실크로드 지역의 역사 및 미술사에 관한 책이다.

『실크로드의 역사와 문화』(나가사와 가즈도시 저, 이재성 옮김, 民族社) 중국의 서역, 중앙아시아 등지의 역사, 문화에 대한 상세한 학술서이다.

『알렉산더 대왕:시공디스커버리 총서』(피에르 브리앙 저, 홍혜리나 역, 시공사) 화보를 곁들인 알렉산더 대왕의 일대기다.

『왕오천축국전』(往五天竺國傳;慧招箸, 을유문화사) 인도여행을 마치고 중국에서 입적한 신라의 혜초 스님이 쓴『왕오천축국전』을 해설한 책이다.

『유목민이 본 세계사』(스기야마 마사키 저, 이진복 역, 학민사) 흉노족, 돌궐족, 위구르족, 몽골족 등의 유목민들의 역사에 대한 서적이다.

『중앙아시아미술』(국립중앙박물관 편저) 중앙아시아에 관한 유물화보와 그 지역의 역사 및 미술사에 대한 해설이 나와 있는 책이다.

『황하에서 천산까지』(김호동 저, 사계절) 중앙아시아의 소수민족 역사를 전공한 서울대학교 동양사학과 김호동 교수가 실크로드와 티베트, 몽골을 직접 여행한 후, 기행문 형식을 빌려 티베트, 위구르, 몽골족 들의 역사에 대해 소상하고 재미있게 안내해주고 있다.

그 외에 근래에 나온 책으로, 권위 있는 실크로드 학술서로 인정받고 있는 『씰크로드학』(정수일 저, 창작과비평사), 『고대 문명 교류사』(정수일 저, 사계절) 등이 깊은 지식을 원하는 분들에게는 크게 도움이 될 것 같다.

|주|

1) 위먼관(玉門關; 옥문관이라고도 함) 고대 중국의 서쪽 요지였던 간쑤성 둔황현 부근에 있던 관문.
2) 혜초(慧[惠]超; 704~787) 신라의 고승. 『왕오천축국전』(往五天竺國傳)을 지음.(→『왕오천축국전』 참조)
3) 리히트호펜(Richthofen, Ferdinand von; 1833~1905) 독일의 지리·지질학자. 주요 저서로는 『중국본토』, 『쓰촨(四川)·구이저우성(貴州省)』이 있다.
4) 로카곶(Cape Roca) 포르투갈 최서단, 북위 38°46′, 서경 9°30′에 있는 곳.
5) 법현(法顯) 동진(東晋) 시대의 중국 명승.
6) 카무르 하미의 옛 명칭으로 또다른 명칭으로는 이오(伊吾)가 있다.
7) 남생(男生; ?~679) 고구려의 재상으로 연개소문(淵蓋蘇文)의 장남.
8) 돌궐(突厥; 투르크족 혹은 터키족) 6세기 중엽부터 약 200년 동안 몽골고원을 중심으로 활약한 투르크계 민족.
9) 토번(吐蕃) 7세기 초에서 9세기 중엽까지 활동한 티베트왕국 및 티베트인에 대한 당·송나라 때의 호칭.
10) 『서유기』(西遊記) 중국 명나라의 장편 신괴(神怪) 소설.
11) 삼장법사(三藏法師) 불교성전인 경장(經藏), 율장(律藏), 논장(論藏)에 모두 정통한 사람을 이르는 말. 삼장 비구(比丘) 또는 삼장 성사(聖師)라고도 부르며 줄여서 삼장이라고도 한다. 한 가지 장에 정통하기도 어려운 일이었으므로 삼장에 모두 정통한 법사란 극진한 존경의 뜻이 포함된 호칭이었다. 중국에서는 인도와 서역에서 불경을 들여와 한자로 번역하는 일에 종사하던 사람들을 역경삼장이나 삼장법사라고 불렀다. 가장 알려진 사람은 중국 최대의 번역승려인 현장이며 쿠마라지바와 진체(眞諦)도 삼장법사로 불렸다. 특히

현장이 천축(天竺)에서 불경을 들여온 일을 소설화한 『대당삼장취경시화』(大唐三藏取經詩話)와 명나라 때의 장편백화소설인 『서유기』(西遊記)가 세상에 소개된 뒤부터는 손오공, 저팔계, 사오정 등을 제자로 삼아 천축으로 모험과 고난의 여행을 하는 구법승려인 현장을 일컫는 경우가 많다.

12) 스투파 유골을 매장한 인도의 화장묘.
13) 『한서』(漢書) 중국 후한시대의 역사가 반고(班固)가 저술한 기전체(紀傳體)의 역사서.
14) 한무제(武帝; BC 156~BC 87) 중국 전한(前漢) 제7대 황제(재위 BC 141~BC 87).
15) 구자국(龜玆國) 쿠처에 세워진 서역북도 최대의 오아시스.
16) 소정방(蘇定方; 592~667) 중국 당나라의 무장.
17) 게르(Ger) 몽골족의 이동식 집. 파오라고도 한다.
18) 목왕(穆王; 목천자라고도 함) 주(周)나라의 제5대 왕. 『목천자전』(穆天子傳)은 중국에서 가장 오래 된 역사소설이다.
19) 서왕모(西王母) 중국 고대의 선녀.
20) 『왕오천축국전』(往五天竺國傳) 신라시대(727년) 때 혜초(慧超)가 고대 인도의 5천축국을 답사한 여행기. 현재는 프랑스 루브르 박물관에 소장됨.
21) 고선지(高仙芝; ?~755) 고구려 출신의 당나라 장수.
22) 건륭제(乾隆帝; 1711~1799) 중국 청(淸)나라 제6대 황제(재위 1735~95).
23) 자이르 독립 당시에는 콩고공화국이라고 하였으나 1964년 콩고민주공화국, 1971년에는 자이르공화국, 1997년 5월 콩고민주공화국(Democratic Republic of the Congo)으로 국명을 고쳤다.
24) 갈반타(渴槃陀) 파미르 고원의 동쪽 경사면인 타슈쿠르간 지방의 옛 이름.
25) 소발률국(小勃律國) 지금의 파키스탄 길기트 지방에 있던 왕국
26) 도카라(Tokhara) 중앙아시아의 아무다리야 강 유역. 현재의 발흐를 중심으로 하는 지방.
27) 가람(伽藍) 승려들이 사는 사찰 등의 건축물.
28) 수피즘(Sufism) 이슬람교도의 일부가 신봉하는 일종의 신비주의 신념 또는

사상.
29) 간다라 미술 기원 전후경부터 5세기경 사이에 파키스탄 페샤와르 지방에서 만들어진 그리스 · 로마풍의 불교미술.
30) 파르티아(安息國; Parthia) 고대 이란 왕국(BC 247~AD 226).
31) 밀린다 왕문경(나선비구경[那先比丘經]이라고도 함) 그리스 왕 밀란다(Milinda)와 학승 나가세나(Nagasena) 사이에 오고간 대화를 엮은 불교경전.
32) 조로아스터교(Zoroastrianism) 불을 신성시하고 유일신을 예배하던 고대 페르시아의 종교. 배화교라고도 부른다.
33) 쿠샨 왕조(Kushan Dynasty) 기원 전후부터 5세기 중엽까지 존재한 북서 인도에서 중앙아시아에 미치는 왕조.
34) 장건(張騫; ?~BC 114) 한나라 때 여행가로 중국 사상 최초로 서역교통을 개척한 사람.
35) 쿠줄라카드피세스(BC 10 ?~AD 70 ?) 쿠샨 왕조의 창시자.
36) 토마(Thomas; ?~?) 12사도 중 하나. 12사도는 베드로, 베드로의 동생 안드레아, 야고보, 요한, 필립보, 바르톨로메오, 토마, 마태오, 알패오의 아들 야고보 · 타대오, 혁명당원인 시몬, 그리고 예수를 판 가리옷 사람 유다이다
37) 첸나이(마드라스) 이 도시의 명칭은 현재 식민지 시절의 명칭인 마드라스에서 예전의 명칭인 첸나이로 다시 바뀌었다.
38) 자이나교(Jainism) 인도에 현존하는 유서 깊은 종교.
39) 마하비라(BC 448?~BC 376?) 자이나교(敎)의 개조(開祖).
40) 불족석(佛足石) 인도에서 불상이 만들어지기 이전에 석가의 상징으로 발자국을 돌에 새긴 것.
41) 석가(釋迦; BC 563 ?~BC 483 ?) 현재의 네팔 남부와 인도의 국경 부근인 히말라야 산 기슭의 카필라 성(迦毘羅城; Kapilavastu)을 중심으로 샤키야족(釋迦族)의 작은 나라가 있었다. 석가모니는 그 나라의 왕 슈도다나와 마야부인 사이에서 태어났다. 석가모니는 크샤트리야 계급출신이라고 하지만, 샤키야족 내부에 카스트의 구별이 있었던 것 같지는 않다. 또한 그가 순수한 아리아인이라는 것도 확실하지는 않으며, 오히려 네팔계 민족에 속하는 종족이

라는 추측도 있다. 그러나 압도적인 아리아 문화의 영향하에 있었던 것만은 의심할 나위가 없다. 마야 부인은 출산이 가까워짐에 따라 당시의 전통대로 친정에 가서 해산하기 위해 고향으로 가던 도중 룸비니 동산에서 석가를 낳았다. 이는 아소카 왕(阿育王)이 석가모니의 성지를 순례하면서 이곳에 세운 석주(石柱)가 1896년에 발견되어 해독됨으로써 확인되었다.

42) 미륵(彌勒; Maitreya; 270 ?~350 ?) 석가모니불의 뒤를 이어 57억 년 후에 세상에 출현하여 석가모니불이 구제하지 못한 중생을 구제할 미래의 부처.

| 찾아보기 |

ㄱ

가네쉬(Ganesh) 217, 404
가와자 아랄 218
가짜구리 267
간다라 미술 260, 277, 298, 322
간다라 지방 406
갈반타국(渴槃陀國) 201
건륭제(乾隆帝;1711~1799) 173
게르(Ger) 75, 91
고선지(高仙芝;?~755) 144, 202
고창고성/고창성(高昌故城) 52, 367, 397
고창국 62, 65
곡다라 333
곤도파레스(Gondophares) 304
광저우(廣州;Guangzhou;광주라고도 함) 16, 22, 80
교하고성/교하성(交河故城) 52, 56, 68, 367, 397
구유크칸 97
구자국(龜玆國) 64, 143, 144
『그리스인 조르바』(1947) 79
길기트(Gilgit) 226, 227, 404

꺼얼무 16

ㄴ

나가르 마을(Nagir) 222
나가세나 300
나와즈 샤리프 262
난징(南京;Nanjing;남경이라고도 함) 46
남생(男生;?~679) 37
누란(樓蘭;Lou-lan) 143
니야(尼雅;Niya;니아라고도 함) 143
니체(Nietzsche, Friedrich Wilhelm;1844~1900) 311

ㄷ

다라(Darra) 253, 405
당태종 66
『대당서역기』(大唐西域記) 201, 231
대월씨 253
대월지국(大有氏國) 300
돌궐족(突厥族) 37
『동방견문록』 29
둔황(敦煌;Dunhuang;돈황이라고도

함) 12, 16, 362, 393

ㄹ

라왈핀디(→핀디 참조) 229, 405
라자 기라(Raja Gira) 335
라카포시 봉(Rakaposhi) 222
라호르(Lahore) 181, 188, 349, 407
라호르 박물관 352
란디코탈(Landikotal) 277
레 198
로카곶(Cape Roca) 23
리야사트 스와트 337
리히트호펜(Richthofen, Ferdinand von; 1833~1905) 22

ㅁ

마디안 407
마르코폴로 (Polo, Marco ; 1254~1324) 24
마우리아 왕조 299
마하비라(BC 448?~BC 376?) 307
막고굴 12, 395
메난드로스(Menandros ; BC 342~BC 292)
메브라나 루미(1207~1273) 356
명사산 12, 395
모헨조다로 260
목왕(穆王 ; 목천자라고도 함) 87
몽골(蒙古 ; Mongolia ; 몽고라고도 함)

무샤라프 대통령 262
무제(武帝 ; BC 156~BC 87) 57, 300
미란(米蘭) 21
미륵(彌勒 ; Maitreya ;270?~350?) 324
민타카 고개 207
밀린다 왕(메난드로스 왕) 300
『밀린다왕문경』(혹은 나선비구경〔那先比丘經〕) 300
밍고라(Mingora) 297, 322, 407

ㅂ

바라나시 300
바리코트 335
박격달봉(博格達峰) 76, 87
박트리아(大夏 ; Bactria ; BC 246~BC 138) 왕국 299
발티트 포트(성채) 221
배화교(→조로아스터교 참조) 310
법현(法顯) 24, 207
베나지르 부토(→부토 참조)
베이징(北京 ; Beijing ; 북경이라고도 함)
베제크리크 천불동 61, 67, 367, 397
병마용갱 12
부슈캐쉬 283
부카라 327
부토, 베나지르(Bhutto, Benazir ; 1953~) 101, 259
부토, 알리(Bhutto, Zulfikar Ali ; 1928~1979) 262

북방 스키타이족 300
『불국기』(佛國記: 高僧法顯傳) 24
불족석(佛足石) 323
비마운드(Bhirmound) 303, 306
비마카드피세스 300
빈드야 산맥 300

ㅅ

사다르 시장 251
사이두 샤리프(Saidu Sharif) 322, 407
사이비딘 113
사카 왕국 300
삼구혁명(三區革命) 113
삼장법사(三藏法師) 43
샤키야족 324
서돌궐 38, 65
서스트 215, 403
서역 16
서역남도 24
「서역전」 159
『서유기』(西遊記) 42
서왕모(西王母) 88
석가(釋迦; BC 563 ?~BC 483 ?) 323
석가고행상 352, 353
선넙 카날라 궁전 309
세리카 201
세림(사이람)호 106
소공탑(蘇公塔) 52
소륵국(疎勒國; 캬슈가르) 64, 159

소발륙국(小勃律國) 202
소사업(蕭嗣業) 65
소정방(蘇定方; 592~667) 65, 66
수피즘(Sufism) 246
스와트 계곡 298, 317, 406, 407
스와트 박물관 322
스키타이(Scythian) 300, 307
스투파(탑) 56, 307
시보족 124
시안(西安; Xi'an; 서안이라고도 함) 392
시카프 306
시카프 유적지(Sirkap remains) 303
신드 지방 356
신장위구르 자치구(新疆維吾爾自治區;
  Xinjiang Uygur; 신강성이라고도 함)
  37, 38, 75, 76, 85, 104, 136, 199,
  202, 203, 375
싯다르타 354
쌍두독수리 307

ㅇ

아꺼수 134
아리안족 333
아바 호자의 묘 171, 401
아사나진 왕 323
아소카 왕 299, 309
아시리아(Assyria) 309
아카메니드 제국(achamenid) 306
아프가니스탄(Afghanistan) 21, 101,

159, 207, 238, 253, 255, 265, 275, 279, 284, 298, 305, 324
아후라마즈다(Ahura Mazdah) 310
안나푸르나 산(Annapurna Mt.) 198
알렉산더 대왕(Alexandros the Great; BC 356~BC 323) 218, 252, 299
알리아바드 404
알마티(Almaty; 옛 이름은 알마아타) 120, 400
알티트 포트(성채) 221
양관(陽關) 24
엄리쳐 408
에이티갈 모스크 171, 184, 385, 401
와크지르 고개 207
『왕오천축국전』(往五天竺國傳) 143, 207
우데그람 333
우데그람 유적지(Udegram Remains) 334
우디아나(스와트의 옛 이름) 323
우루무치(烏魯木齊; Urumqi; 오노목제라고도 함) 22, 73, 76, 80, 374, 399
위먼관(玉門關; 옥문관이라고도 함) 21, 24
유르트(yurt) 75, 91, 376
유위엔(柳園) 18, 28, 362
이닝(伊寧; Yining; 이령 혹은 쿨자라고도 함) 22, 73, 97, 109, 110, 118, 400
이리 강(伊犁江) 119, 120
이슬라마바드(Islamabad) 405

인민공원 77

ㅈ

자위관(嘉峪關; 가욕관) 16
자이나교(Jainism) 307
자이나교 사원 309
자이르(→콩고민주공화국 참조)
잔디알 신전(the temple of Jandhial) 310
장건(張騫; ?~BC 114) 300
조로아스터교 사원(Zoroastrianism) 357
조로아스터교 신전(Zoroastrianism) 310
조우취엔 16
졸리안 314
주취안(酒泉; 주천이라고도 함) 80, 136
중파공로(中巴公路) 193
『지리학』 201
지아울 하크 262
직미법(直眉法) 167
진시황릉 12

ㅊ

『차라투스트라는 이렇게 말하였다』 311
차사국(車師國) 57
천불동(千佛洞) 395
천지 76, 85, 87
첸나이(마드라스) 304

칭기즈칸(成吉思汗; Chingiz Khan; 성길사한이라고도 함; 1155?~1227) 277

ㅋ

카니슈카 왕 300
카라샤르(焉耆; Kharashahr; 옌치 혹은 언기국이라고도 함) 64, 65
카라치 181, 349, 408
카라코람 고개(Karakoram Pass) 23, 144, 151, 193, 199, 206, 226
카레즈(Karez) 370
카로슈티어 143
카르가 석불 230, 231, 404
카리마바드 217, 226, 404
카무르 29
카슈가르 위구르족 독립운동 38, 113, 154
카스(喀什; Kashi; 옛 이름은 카슈가르 〔소륵국; Kashgar; Kaxgar〕) 38, 142, 148, 151, 154, 381, 401
카이버 패스 275, 405
카자흐스탄(Kazakhstan) 6, 22, 75, 119, 132, 159, 400
카자흐족 75, 86, 91
카잔차키스, 니코스(1883~1957) 79, 375
카필라국 324, 354
코니아(Konya) 246, 356
코르라 134

코친(Cochin) 304, 305
콩고민주공화국(Democratic Republic of the Congo) 184
쿠샨 왕조(Kushan Dynasty) 300
쿠줄라카드피세스(BC 10?~AD 70?) 300
쿠처(庫車; Kucha; 고차라고도 함) (→구자국 참조) 142
쿤룬 산맥(崑崙山脈; 곤륜 산맥이라고도 함)
쿤제랍 고개 206
쿨자(→이닝 참조) 110
퀘타(Quetta) 409
키르기스스탄(Kyrgyzstan) 159

ㅌ

타림 분지(Tarim Basin) 38
타슈켄트(石國; Tashkent) 65
타슈쿠르간 192, 402
타지크족 202, 210
타지키스탄(Tadzhikistan) 159
타클라마칸 사막(Takla Makan Des.) 23, 109, 133, 142
타프타(Taftar) 409
탈라스 강변 전투 144
택실라 297, 406
톈산남로 22, 34
톈산북로 22, 74, 75
톈산 산맥(天山山脈; 천산 산맥이라고도

함) 38, 86, 134, 374
토마(Thomas) 303
토번(吐蕃; 티베트) 38
토인비(Toynbee, Arnold; 1852~1883) 310
토카라(Tokhara) 207
토카함(Torkham) 278
토하라어(Tokharaian language; 토카라어라고도 함) 143
투루판(吐魯蕃; 토로번이라고도 함) 22, 34, 52, 365, 370, 396
투르크메니스탄(Turkmenistan) 159
티베트(→토번 참조)

ㅍ

파르티아 왕국(安息國; Parthia) 299, 300
파미르 고원(Pamir Plat.) 22, 23, 64, 217, 220
파오 91
파탄족 253
팔시 사원(parsee temple) 357
페샤와르 249, 405
펠다우스 283
포쉬토 337
프톨레마이오스(Ptolemaeos, Klaudios; 85?~165?) 201
피랄리(Pirali) 203, 206
핀디(→라왈핀디 참조)

ㅎ

하랍파 문명 260
하랍파 유적지 356
하미(哈密; Hami; 혹은 이오국이라고도 함) 18, 28, 29
하크(Hag, Mohammad Ziaul; 1924~1988)
한무제(→무제 참조)
『한서』(漢書) 57, 159
향비(香妃) 173
허시후이랑(河西回廊; 하서회랑이라고도 함) 21
허톈(和蚊; Khotan; 화전이라고도 함) 300
현장(玄奘; 602?~664) 22, 24, 58, 63, 201, 231
혜초(慧[惠]超; 704~787)(→『왕오천축국전』 참조) 22, 143, 207
호나산 캠프 283
화염산(火焰山) 42, 52, 67, 367
화청지 12
훈자(Hunza) 217, 220, 226, 404
훈자 미르(왕) 221
흉노족(匈奴族) 253
히말라야 산맥(Himalayas) 21
힌두쿠시 산맥(Hindu Kush Mts.) 21

실크로드 여행
ⓒ 이지상 2003

초판인쇄 | 2003년 1월 20일
초판발행 | 2003년 1월 27일

지은이 | 이지상
펴낸이 | 김정순
펴낸곳 | (주)북하우스
출판등록 | 1997년 9월 23일 제1-2228호

주소 | 110-795 서울시 종로구 운니동 98-78 가든타워빌딩 802호
전자메일 | editor@bookhouse.co.kr
홈페이지 | www.bookhouse.co.kr
전화번호 | 741-4145~7
팩스 | 741-4149

ISBN 89-5605-048-1 03810

* 잘못된 책은 바꿔드립니다.